Christoph Gerin-Swarovski

Steuerliche Behandlung des derivativen Firmenwertes von Industrieunternehmen

GABLER EDITION WISSENSCHAFT

Christoph Gerin-Swarovski

Steuerliche Behandlung des derivativen Firmenwertes von Industrieunternehmen

Mit einem Geleitwort von Prof. Dr. Erich Pummerer

Deutscher Universitäts-Verlag

Bibliografische Information Der Deutschen Nationalbibliothek
Die Deutsche Nationalbibliothek verzeichnet diese Publikation in der Deutschen Nationalbibliografie; detaillierte bibliografische Daten sind im Internet über <http://dnb.d-nb.de> abrufbar.

Dissertation Universität Innsbruck, 2006

1. Auflage Dezember 2007

Lektorat: Frauke Schindler / Stefanie Brich

Der Deutsche Universitäts-Verlag ist ein Unternehmen von Springer Science+Business Media.
www.duv.de

Umschlaggestaltung: Regine Zimmer, Dipl.-Designerin, Frankfurt/Main
Gedruckt auf säurefreiem und chlorfrei gebleichtem Papier
Printed in Germany

ISBN 978-3-8350-0817-5

Geleitwort

Ausgangspunkt der Arbeit ist die derzeit im Steuerrecht normierte lineare pauschale Abschreibung eines derivativen Firmenwertes. Die auf Basis einer pauschalierten Abschreibung des Firmenwertes ermittelte Steuerbemessungsgrundlage führt unter Umständen zu einer Verzerrung zwischen dem Erwerb einer Unternehmensbeteiligung an einem personenbezogenen Unternehmen (bzw. beim Asset-Deal bei Kapitalgesellschaften) und dem Erwerb einer Finanzanlage.

Ziel der Arbeit ist die Entwicklung eines empirisch fundierten Modells zur determinantenspezifischen Abschreibung eines derivativ erworbenen Firmenwertes von Industrieunternehmen. Kern der Arbeit ist die Untersuchung der Frage, für welche Komponenten, die üblicherweise dem Firmenwert zugeordnet werden, Käufer bereit sind, ein gesondertes Entgelt anzusetzen. Damit wird die pauschale Größe „Firmenwert" in ihre Bestandteile zerlegt. Dies ermöglicht eine bessere Einschätzung über die „Haltbarkeit" eines Firmenwertes.

Da die entwickelte Abschreibungsmethodik nicht die Schätzung zukünftiger, dem derivativen Firmenwert zurechenbaren Einzahlungsüberschüsse erfordert, könnte eine solche Abschreibungsmethode im Vergleich zur theoretisch begründbaren Ertragswertabschreibung eher für eine willkürfreie Ermittlung der Steuerbemessungsgrundlage einsetzbar sein. Die intersubjektive Nachvollziehbarkeit des entwickelten Abschreibungsmodells wird durch den Rückgriff auf empirische Daten erreicht. Die Operationalisierbarkeit des Ansatzes wird anhand eines abschließenden konkreten Beispiels aufgezeigt.

Die meisten Beiträge, die sich mit dem Problem bemessungsgrundlageninduzierter Steuerwirkungen beschäftigen, sind theoretischer Natur. Das Spannende an dieser Arbeit ist meines Erachtens, dass theoretische Überlegungen mit praktischen Erfahrungen beim Erwerb von Industrieunternehmen miteinander konfrontiert werden. Dabei zeigt sich, dass das geltende Steuerrecht durch die pauschalierte Abschreibung die Überlegungen, die Entscheidungsträger zum Ansatz eines Entgelts im Rahmen des Firmenwertes bewegen, nicht nachvollzieht. Die Arbeit kann daher aus meiner Sicht als gelungener Versuch gesehen werden, in der betriebswirtschaftlichen Steuerlehre die Diskrepanz zwischen theoretischen Überlegungen und der praktischen Erfahrungen abzubauen. Ich wünsche Herrn Dr. Gerin-Swarovski vor diesem Hintergrund, dass die Arbeit zum Ausgangspunkt für weitere Diskussionen über die steuerliche Abschreibbarkeit eines derivativen Firmenwertes führt. Dann hat die wissenschaftliche Arbeit ihren Zweck sicher erreicht.

Erich Pummerer

Vorwort

Die vorliegende Arbeit, die nach einer Alternative zur derzeit bestehenden Praxis bei der Behandlung des Firmenwertes im Jahresabschluss sucht, findet ihren Ursprung in erbschaftsrechtlich veranlassten Diskussionen. Diese gründen ihrerseits in Überlegungen zur Frage nach der Dispositionsfreiheit des Firmenwertes in Verlassenschaften. Ich danke meinem Großvater, der mir auch post mortem, wegen seiner offenen Denkhaltung sowie mit seiner Aufgeschlossenheit gegenüber Neuem, heute noch Vorbild ist. Die Offenheit, Sachverhalte immer aus unterschiedlichen Perspektiven zu betrachten, ermöglicht ein besseres Verständnis gelegentlicher Meinungsvielfalt und lässt oftmals unerwartet neue Lösungsalternativen entdecken.

Meiner lieben Frau Tanja möchte ich dafür danken, dass sie mir über viele Jahre hinweg geduldig und tolerant jene Freiheit gab, die für die Fertigstellung dieser Arbeit nötig war, obwohl damit oftmals Bürden verbunden waren, die geteilt ungleich leichter zu bewältigen gewesen wären.

Ich danke meinem Doktorvater Prof. Dr. Erich Pummerer, für die wertvollen Anregungen, die konstruktive Diskussion und für die Unterstützung und Förderung des gesamten Projektes. Ebenso sei Prof. Dr. Rudolf Steckl für sein Entgegenkommen und die kritische Prüfung meiner Arbeit gedankt.

Meinen Freunden, allen voran Claudia, sei gedankt für die zahllosen, inhaltlich wertvollen Diskussionen und Peter für den Ansporn sowie die zahlreichen interessanten Literaturhinweise.

Mein besonderer Dank gilt jedoch meinen Eltern. Sie haben mir die Ausbildung ermöglicht und damit die notwendige Grundlage für diese Arbeit gelegt. Mit ihrem Glauben an mich waren sie mir immer eine starke moralische Stütze.

Christoph Gerin-Swarovski

Inhaltsverzeichnis

Abbildungsverzeichnis

Theoretischer Teil

1. Einführung

1.1 Problemstellung

Die steuerliche Behandlung eines Firmenwertes, der aus einer entgeltlichen Übertragung von Unternehmen im Zuge von Merger- & Aquisition-Transaktionen entsteht, gewinnt auch in Österreich zunehmend an Bedeutung. Das derzeitige Steuersystem normiert einen pauschalen Bewertungs- und Bilanzierungsansatz für den aktiven Unterschiedsbetrag „Firmenwert“. Diese Rechnungslegungspraxis steht vor dem Hintergrund der in Wissenschaft und Praxis einheitlichen Annahme, dass sich der derivative ebenso wie der originäre Firmenwert aus vielen unternehmensspezifisch unterschiedlich ausgeprägten Determinanten (Humankapital, Strukturkapital, Organisationskapital und intellektuelles Kapital) zusammensetzt. Eine auf diese einzelnen Determinanten bezogene Identifikation, Bewertung und Feststellung der Nutzungsdauer wird bisher jedoch nicht vorgenommen.

Vielmehr wird in Österreich die Diskussion und steuerbilanzielle Behandlung des derivativen Firmenwertes bislang von dessen rechtlichem Gestaltungsrahmen dominiert. Aus betriebswirtschaftlicher Sicht bleiben wertbestimmende Bestandteile sowie der Einfluss, den die wirtschaftlichen Verhältnisse auf diese nehmen, bei der vorwiegend rechtlichen Diskussion weitgehend unberücksichtigt.[1]

Aus steuerbilanzieller Sicht ist der Firmenwert eine verfahrensbedingte Differenzgröße, um den der Kaufpreis eines Unternehmens(-anteils) die Werte (Teilwerte) der bilanzierten Vermögensgegenstände sowie die bestehenden Schulden im Zeitpunkt des Erwerbs übersteigt. Dieser derivative Firmenwert kann als eine Vorauszahlung der zukünftigen Unternehmenserfolge, die ihren Ursprung in der bisherigen Tätigkeit des Verkäufers haben, betrachtet werden. Dementsprechend ist der derivative Firmenwert beim Veräußerer im Jahr des Verkaufes (mit Ausnahme der Ablöse in Rentenform) zu versteuern und stellt beim Erwerber in weiterer Folge in Form einer pauschalen Abschreibung Aufwand dar.

Der derivative Firmenwert ist aufgrund einer gesetzlichen Fiktion (§ 6 Z 1 EStG) abnutzbar und über einen Zeitraum von 15 Jahren linear abzusetzen. Gemäß den IAS/IFRS und US-GAAP ist für den derivativen Firmenwert keine planmäßige Abschreibung vorgesehen. Allerdings kann ein derivativer Firmenwert auch in diesen Rechnungslegungssystemen außerplanmäßig abgeschrieben werden. Die Zweckmäßigkeit dieser Position ist umstritten.[2] Zudem ist die kapitalmarkt-

---

[1] Vgl. Doralt, W., Firmenwert und Marke – Fragen einer künftigen Steuerreform, RdW 1998, S. 521.

[2] Vgl. Churyk, N., Reporting goodwill: are the new accounting standards consistent with market valuations? Journal of Business Research, forthcoming 2005; Pellens, B./Sellhorn, T., Neue Goodwill-Bilanzierung nach US-GAAP, Der Betrieb 2001, S. 713.

orientierte Rechnungslegung für die Bestimmung der Steuerbemessungsgrundlage irrelevant.[3]

Da die derzeitige gesetzliche Fiktion des EStG keine theoretische betriebswirtschaftliche Begründung hat und die Verhältnisse des Einzelfalles unberücksichtigt lässt,[4] wirkt die derzeitige steuerliche Abbildung des Goodwill entscheidungsverzerrend bei der Wahl zwischen Real- und Finanzinvestition.[5]

Ein Steuersystem verursacht dann keine Entscheidungswirkungen bei Investitionsentscheidungen, wenn die Abschreibung von abnutzbaren Wirtschaftsgütern entsprechend der ökonomischen Abnutzung erfolgen kann.[6] Zusätzlich sind andere notwendige Bedingungen für ein investitionsneutrales Steuersystem wie bspw. eine vollständige Verlustverrechnung einzuhalten.[7,8]

Die Ermittlung der Änderung des ökonomischen Gewinnes, der einem Wirtschaftsgut zugerechnet werden kann, erfordert die Abschätzung des durch das Wirtschaftsgut zukünftig zu erzielenden Cashflow. Um die Verzerrungswirkung einer pauschalen Abschreibung des derivativen Firmenwertes messen zu können, ist daher die Bestimmung der für die Erzielung von Cashflows determinierenden Faktoren des Firmenwertes erforderlich.

1.2 Zielsetzung

Ziel der Arbeit ist, einen operationalisierbaren theoretischen Rahmen für die Bestimmung der Determinanten des Firmenwertes zu erarbeiten und diesen mittels einer Primärerhebung empirisch zu testen. Damit soll ein Modell einer determinantenspezifischen Abschreibung des derivativen Firmenwerts von Industrieunternehmen entwickelt werden.

Der Neuheitswert der Arbeit besteht einerseits in der Beantwortung der Frage nach der Dauer zukünftiger Cashflows, die ein Unternehmen aufgrund eines im Zuge ei-

[3] Vgl. Rädler, A., The impact of IAS accounting on tax accounting, Steuer & Wirtschaft International (SWI) 2003, 465; Schneider, D., Konzernrechnungslegung nach IAS als Besteuerungsgrundlage?, Betrieb-Berater 2003, 299; Herzig, N., IAS/IFRS und steuerliche Gewinnermittlung, Die Wirtschaftsprüfung, Heft 5/2005, 211.

[4] Vgl. Nobes, C./Norton, J., International Variations in the Accounting and Tax Treatments of Goodwill and the Implications for Research, Journal of International Accounting, Auditing & Taxation 1996, S. 179.

[5] Vgl. Cheng, R./Dunne, K./Nathan, K., Target Shareholders' Returns: The Effect of Diversity in Accounting Standards and Tax Treatments in Cross-Border Acquisitions, Journal of Accounting and Public Policy, 16/1997, S. 35.

[6] Vgl. Schneider, D., Steuerlast und Steuerwirkung, Oldenbourg 2002, S. 97.

[7] Vgl. Bond, S./Devereux, M., Generalised R-based and S-based taxes under uncertainty, Journal of Public Economics 87 (2003) 1291.

[8] Vgl. Oestreicher, A./Spengel C., Steuerliche Abschreibung und Standortattraktivität, Schriftenreihe des ZEW, Band 66, 2003.

nes Unternehmenskaufes erworbenen derivativen Firmenwerts generieren kann. Für Österreich liegen bisher keine empirischen Arbeiten zu diesem Thema vor.

1.3 Untersuchungsmethodik und Aufbau

Nach Definition der für die weitere Arbeit wesentlichen Begriffe werden in einem nächsten Schritt die theoretischen Grundlagen zur Bestimmung eines Firmenwertes durch eine Unternehmensbewertung diskutiert. Aus dem Ergebnis dieser Unternehmensbewertung kann jedoch nur eine Gesamtgröße „Firmenwert" abgeleitet werden, nicht aber dessen Struktur. Daher werden anschließend mögliche Determinanten des Firmenwertes diskutiert. Grundlage für diese Diskussion sind die Arbeiten von Edvinson[9] (das Modell von Skandia), Stewart[10] (Markt- Buchwertdifferenz), Kaplan und Norton[11] (Balanced Scorecard), Sveiby[12] (Intangible Assets Monitor) sowie von Lev[13].

Basierend auf einem für österreichische Industrieunternehmen angepassten Modell zur Beschreibung des derivativen Firmenwertes erfolgt ein empirischer Test mit Hilfe einer Primärerhebung bei in Österreich ansässigen Industrieunternehmen. Dabei werden Interviews mit Personen geführt, die aufgrund ihrer Tätigkeit mit dem Thema „Firmenwert" als Experten anzusehen sind. Die zur Teilnahme an diesen Experteninterviews einzuladenden Personen werden über eine Zufallsauswahl aus möglichen Stakeholdern (Unternehmensberater, Geschäftsführer, Gesellschafter und Anteilseigner sowie Wirtschaftsanwälte) ermittelt.

Wesentliches Ergebnis der Arbeit soll ein theoretisches Modell zur Abschreibung entsprechend der den Firmenwert determinierenden Faktoren sein. Dieses Modell ermöglicht für Österreich erstmals die theoretisch fundierte Anwendung eines Abschreibungsansatzes für den Firmenwert. Aus dem Unterschied zur pauschalen Abschreibung des Firmenwertes lässt sich die entscheidungsverzerrende Wirkung der steuerlichen Gewinnermittlung bestimmen. Um die Ergebnisse darzustellen sowie schließlich die mögliche Operationalisierbarkeit des Ansatzes zu zeigen, werden die theoretischen Erkenntnisse im Rahmen eines Fallbeispieles angewandt.

Die Arbeit ist im Wesentlichen in einen theoretischen, konzeptionellen und in einen, mittels empirischer Daten erarbeiteten, praktischen Teil gegliedert. Diese Bereiche sind ihrerseits wiederum in jeweils mehrere Unterkapitel unterteilt.

---

[9] Vgl. Edvinson, L./Malone, M., Intellectual Capital: The proven way to establish your company's real value by measuring its hidden brainpower, London 1997, S. 51.

[10] Vgl. Stewart, T., Der vierte Produktionsfaktor: Wachstum und Wettbewerbsvorteile, München/Wien 1998, S. 219.

[11] Kaplan R./Norton D., The balanced scorecard: measures that drive performance. Harvard Business Review, 1992.

[12] Sveiby, K., The New Organizational Wealth: Managing and Measuring Knowledge-Based Assets, San Fransisco 1997.

[13] Vgl. Lev, B., Intangibles: Management, Measurement, and Reporting, New York 2001.

Die folgende Tabelle zeigt die Struktur der Arbeit im Überblick:

Abschnitt 1: Theoretischer Teil

Kapitel 1	Kapitel 2	Kapitel 3	Kapitel 4	Kapitel 5
Einführung	Grundlagen	Unternehmensbewertung und Firmenwert	Quantitative und qualitative Bewertungsansätze des intellektuellen Kapitals	Ausgewählte Determinanten des Firmenwertes

Abschnitt 2: Konzeptioneller Teil

Kapitel 6
Gesamtkonzept zur Festsetzung der Nutzungsdauer von Determinanten

Abschnitt 3: Empirischer Teil

Kapitel 7	Kapitel 8
Umfrage und Umfrageergebnisse	Fallbeispiel

Abschnitt 4: Zusammenfassung

Kapitel 9
Zusammenfassung

Abbildung 1: Inhaltsübersicht

Der Aufbau dieser Arbeit orientiert sich an den Fragestellungen, die sich im Zuge einer Unternehmensakquisition hinsichtlich der Behandlung eines erworbenen Firmenwertes stellen.

Ausgehend von der eigentlichen Problemstellung und dem Anliegen dieser Arbeit, dessen wirtschaftliche Bedeutung in deren Einleitung behandelt wird, werden definitorische Grundlagen erläutert. Da sich der Firmenwert ausschließlich aus dem tatsächlich bezahlten Kaufpreis ableitet, steht an vorderster Stelle der Problembearbeitung die Thematisierung der unterschiedlichen Unternehmensbewertungsverfahren. Auch wenn aufgrund der Vielfalt der unterschiedlichen Bewertungsansätze kaum ein vollumfängliches Bild gezeichnet werden kann, soll zumindest auf alle bedeutenden und praxisrelevanten Unternehmensbewertungsverfahren kurz eingegangen werden.

Ein systematischer Abriss der derzeit aktuellen bilanziellen Behandlungsalternativen nach nationalen und internationalen, handels- sowie steuerrechtlichen Vorschriften bildet einen weiteren Teilabschnitt dieser Arbeit.

Nach der Analyse der Bewertungsmethoden und einer Beschreibung der bilanziellen Regelmechanismen werden die den Firmenwert wesentlich mitbestimmenden Determinanten behandelt und näher erläutert. Da Existenz und Gewicht dieser Determinanten in den einzelnen Unternehmen sehr unterschiedlich ausgeprägt sind, wurde mit Hilfe einer Umfrage diese Unterschiedlichkeit zu bestätigen gesucht.

Den Kern der Arbeit bildet jenes Kapitel, in dem ein Modell zur determinantenspezifischen Abschreibung eines derivativen Firmenwertes entwickelt wird. Dieses Modell ermöglicht für Österreich erstmals die Anwendung eines auf empirischen Daten beruhenden Abschreibungsmodus.

Eine umfassende Primärerhebung, die mit Hilfe eines an eine Vielzahl von mehrheitlich im Industriebereich ansässigen Unternehmen ausgesandten Fragebogens durchgeführt wurde, sollte dabei die oben bereits angesprochene unternehmensindividuelle Unterschiedlichkeit der den Firmenwert bestimmenden Determinanten hinsichtlich ihrer Ausprägung bestätigen.

Abschließend wird die Operationalisierbarkeit der Erkenntnisse anhand eines Fallbeispieles gezeigt.

Im letzten Abschnitt werden die Ergebnisse der Arbeit zusammengefasst.

2 Grundlagen

2.1 Begriffsklärung „Firmenwert“ und „stille Reserven“

Der Firmenwert ist ein Wert, der grundsätzlich aus nicht bilanzierbarem, weil originärem, immateriellem Unternehmensvermögen besteht, wobei die ihn bestimmenden Faktoren maßgeblich auf das Ergebnis eines Unternehmens und damit auf das, was man unter dem Unternehmenserfolg versteht, wirken. Aus rein finanztechnischer Sicht stellt sich der Firmenwert im weiteren Sinne als Ausdruck zukünftiger Gewinn- bzw. Erfolgschancen eines Unternehmens dar.

Zu den am häufigsten erwähnten, den Firmenwert bestimmenden Faktoren zählen:

- Der gute Ruf und das Image eines Unternehmens (Bekanntheitsgrad)
- Die Glaubwürdigkeit eines Unternehmens
- Die aufgebaute und bekannt gemachte Marke eines Unternehmens
- Marktposition
- Wettbewerbsvorteile
- Die gut arbeitende Organisation eines Unternehmens als Ganzem (Vertrieb, Technik, Finanz, Kommunikation)
- Kaufmännische und technische Erfahrung
- Der Kundenstamm eines Unternehmens (Kundentreue)[14]
- Die qualifizierten und loyalen Mitarbeiter, Belegschafts- und Managementqualitäten
- Die Lieferantenstruktur eines Unternehmens und deren Verlässlichkeit
- Günstige Einkaufsmöglichkeiten
- Der Umgang mit eventuell unliebsamen Gesellschaftern, denen man aufgrund ihres von der Unternehmung als störend empfundenen Verhaltens für ihr Ausscheiden mehr bezahlt, als aufgrund objektiver Bewertungskriterien üblich wäre
- Dividenden und Ausschüttungspolitik einer Unternehmung
- Die vorhandenen Kontrollaktivitäten im und um das Unternehmen und deren Qualität
- Nicht bilanzierbares Wissen und Gedankengut der Mitarbeiter (damit sind keine Rechte, Patente etc. gemeint)
- Das Umweltbewusstsein der Unternehmung
- Die Rechtssicherheit im Umfeld des Unternehmens
- Kommunikationsaktivitäten der Unternehmung
- u. a. m.[15]

Die gute Lage (Standort, Platzwert) eines Betriebes findet nach der Rechtsprechung regelmäßig ihren Niederschlag nicht im Firmenwert, sondern im Verkehrswert (gemeiner Wert) der betrieblich genutzten Liegenschaft (Grund und Boden) bzw. im

---

[14] Vgl. VwGH 23. 2. 72, 699, 700/71, ÖStZB 211, VwSlg 6237 F.

[15] Vgl. Wöhe, G., Einführung in die Allgemeine Betriebswirtschaftslehre, 19. Auflage, S. 1124.

Wert des Nutzungsrechtes an der betreffenden Liegenschaft. Der Aufwand für die gute Lage ist entweder dem erworbenen Grund und Boden oder einem (Nutzungs-) Mietrecht zuzurechnen.[16]

Gem. § 203 Abs. 5 HGB ist der Firmenwert eine reine verfahrensbedingte Differenzgröße, die durch den entgeltlichen Erwerb eines Unternehmens(-anteils) die Werte (Teilwerte) der bilanzierbaren Anlagegegenstände sowie die bestehenden Schulden im Zeitpunkt der Übernahme übersteigt. Er kann im weiteren Sinn als die Vorauszahlung der zukünftigen Unternehmenserfolge betrachtet werden. Entsprechend ist er beim Veräußerer im Jahr des Verkaufes (mit Ausnahme der Ablöse in Rentenform) sofort zu versteuern und stellt beim Erwerber einen steuerrechtlich verwertbaren Abzugsposten beim Jahresgewinn dar.

Als Geschäfts- oder Firmenwert darf der Unterschiedsbetrag angesetzt werden, um den die Gegenleistung für die Übernahme eines Betriebes die Werte der einzelnen Vermögensgegenstände abzüglich der Schulden im Zeitpunkt der Übernahme übersteigt. Die Nutzungsdauer und damit verbunden die Abschreibung des Firmenwertes ist planmäßig längstens auf die Geschäftsjahre, in denen er voraussichtlich genutzt wird, zu verteilen.

Er ist von den restlichen selbständigen körperlichen und unkörperlichen Wirtschaftsgütern im Unternehmen abzugrenzen.[17]

Ein Firmenwert kann nur dann aktiviert werden, wenn jene für die Übernahme des Betriebes gewährte Gegenleistung die Summe der Werte der einzelnen Wirtschaftsgüter übersteigt. Das heißt, dass der Anteil des Kaufpreises der für eine Unternehmung bezahlt wird, der über dem Eigenkapital einer Gesellschaft liegt, zunächst den über Buchwert bewerteten Aktiva zugewiesen werden muss. Erst der diesen Wert der Summe aller Aktiva übersteigende Teil des Kaufpreises kann als derivativer Firmenwert im Jahresabschluss berücksichtigt werden.

Eine Möglichkeit zur weiteren Disaggregation und damit Aufsplittung der Restgröße „Firmenwert“ wird in der folgenden Darstellung (s. S. 11) gezeigt.[18]

Dies zeigt, dass man sich trotz eines solchen Strukturierungsversuches immer noch auf einer pauschalen Ebene der Firmenwertklassifizierung befindet. Auch hier ist eine objektivierte qualitative und quantitative Bewertung der einzelnen Bereiche schwer durchführbar. Eine Aufspaltung kann bei der Bewertung der Determinanten des Firmenwertes insoweit behilflich sein, als gegebenenfalls eine Gliederungsoption für das Intellectual Capital gegeben wird. Es wird aber auch deutlich, dass man durch eine mit Akribie vollzogene Aufteilung des Firmenwertes zwar eine den wirtschaftlichen Verhältnissen eher entsprechende Abschreibung erzielen kann, als dies das Handels- oder das Steuerrecht derzeit zulassen, dennoch wird es, je nach

[16] Vgl. Margreiter, M./Wakounig, M./Glega, G., Steuerliche Sonderbilanzen in der Praxis, Wien 1996, S. 47.

[17] Vgl. Zur Unternehmensbewertung: Fachgutachten Nr. 74 der Kammer der Wirtschaftstreuhänder (1989); Tichy G.E., Unternehmensbewertung, Grundlagen-Methoden-Praxen (1992).

[18] Vgl. Sellhorn, T., Ansätze zur bilanziellen Behandlung des Goodwill im Rahmen einer kapitalmarktorientierten Rechnungslegung, in: Der Betrieb, 2000, S. 889.

Going Concern-Goodwill (zum Beispiel durch Standortvorteile, Belegschaftsqualität usw.)
+ Synergien-Goodwill (zum Beispiel durch Zusammenlegung von Aktivitäten, Übertragung von Know-how)
+ Restrukturierungs-Goodwill (zum Beispiel durch effizientere Ressourcennutzung oder Abbau nicht betriebsnotwendiger Ressourcen)
+ Strategie-Goodwill (zum Beispiel durch Überwindung von Markteintrittsbarrieren oder Ausschaltung störender Konkurrenten)
+ Flexibilität (zum Beispiel durch die Möglichkeit, die Anteilsquote am Akquisitionsobjekt zu erhöhen)
= derivativer Goodwill

dem Detaillierungsgrad der gewählten Gliederung, immer ein Pauschalansatz bleiben.[19]

Unter den stillen Reserven eines Unternehmens/Betriebes wird in der Judikatur jener Vermögens- oder Werteteil von Gütern verstanden, der nicht in der Bilanz aufscheint. Diese Nichtbilanzierung findet ihren Ursprung entweder in der Entwicklungs- und Entstehungsgeschichte der Güter, wie es etwa bei selbst erstellten immateriellen Anlagegütern (Patente, Rechte etc.) der Fall ist, oder in der gewöhnlichen alterungs- und verbrauchsbedingten Abschreibung von Vermögensgegenständen, deren Zeitwert über dem ausgewiesenen Buchwert liegt.

Wie oben dargestellt, ist der Kaufpreis, den ein Erwerber eines Betriebes oder Teilbetriebes für diesen bezahlt, auf die sich im Unternehmen befindlichen Vermögensgüter entsprechend ihrer Teilwerte aufzuteilen. Dabei ist es auch für immaterielle Vermögensgüter unbedeutend, ob der Verkäufer die Vermögensgüter selbst erstellt, erschaffen oder entgeltlich erworben hat.

Eine ähnliche Definition des Firmenwertes enthalten auch die SFAS (Statement of Financial Accounting Standards):[20]

“The excess of the cost of an acquired entity over the net of the amounts assigned to assets acquired and liabilities assumed. The amount recognized as goodwill includes acquired intangible assets that do not meet the criteria for recognition as assets apart from goodwill”.

Demnach setzt sich der Firmenwert aus sechs übergeordneten Sammelkreisen zusammen:

---

[19] Vgl. Dawo, S./Heiden, M., Aktuelle Entwicklungen zur Erfassung immaterieller Werte in der externen Berichterstattung. Neuorientierung durch die Verwendung kennzahlenbasierter Konzepte, Deutsches Steuerrecht 40/2001, S. 1716–1726.

[20] Vgl. http://www.fvginternational.com/SFAS/SFAS_141_142.html (6. 8. 2004).

- "The excess of the fair values of the acquired enterprise's net assets over the book values of the acquired at the date of acquisition.
- The fair values of other net assets that were not on the books of the acquired enterprise.
- The fair value of the going concern element of the acquired enterprise's existing business.
- The fair value of the expected synergies from combining the acquiring enterprises' and acquired enterprises' net assets and businesses.
- Overvaluation of the consideration paid by the acquiring enterprise stemming from errors in valuing the consideration tendered.
- Overpayment or underpayment by the acquiring enterprise."[21]

2.2 Begriffsklärung und Bedeutung des „intellektuellen Kapitals"

Eine allgemeingültige Definition zum Intellectual Capital lässt sich aus der Literatur nicht ableiten. Eine der wohl einfachsten Begriffsklärungen lautet: "Intellectual capital is the term given to the combined intangible assets which enable the company to function."[22] Die Erkenntnis über die Bedeutung des Intellectual Capitals für eine Unternehmung hinsichtlich seiner Erfassung und Bewertung findet im Zitat von Boulton/Libert/Samek ihren Niederschlag: "organizations are creating value in totally new ways using assets and combinations of assets heretofore unrecognized under traditional accounting systems – and certainly unmeasured. (…)

Companies will need to measure all of their value-creating assets, including the difficult-to-measure intangibles. Being approximately right is more important in these areas than being precisely wrong."[23]

Die Definition des ICM Gatherings, ein Zusammentreffen von acht Unternehmen, die zu einem sehr frühen Zeitpunkt die Vorteile und Ergebnisbeitragspotenziale des intellektuellen Kapitals diskutierten, beschreibt das intellektuelle Kapital als „knowledge that can be converted into profit". [24]

Alle Definitionen stimmen darin überein, dass das Intellectual Capital wissensbasiert ist und seine Determinanten identifizierbar und in einer Organisation einsetzbar sind. Die Identifikation und Bewertung stellt jedoch laufend eine Herausforderung dar. Folgende Darstellung illustriert mögliche Faktoren des Intellectual Capital:[25]

[21] http://www.fvginternational.com/SFAS/SFAS_141_142.html (6.8.2004).

[22] Vgl. Brooking, A., Intellectual Capital: Core Asset for the Third Millenium Enterprise, International Thomson Business Press, New York 1996, S. 12.

[23] Vgl. Boulton, R./Libert, B./Samek, S., Cracking the Value Code, New York 2000, S. 16ff.

[24] Vgl. Harrison, S./Sullivan, P., Profiting from intellectual capital, learning from leading companies, Journal for Intellectual Capital, MCB University Press, Palo Alto 2000, S. 33–46.

[25] Vgl. Luthy, D., Intellectual Capital and its Measurement, Utah 1998, S. 9–10.

Market Assets
- Service Brands
- Product Brands
- Corporate Brands
- Champions
- Customers
- Customer Loyalty
- Repeat Business
- Company Name
- Backlog
- Distribution Channels
- Business Collaborations
- Franchise Agreements
- Licensing Agreements
- Favorable Aontracts

Intellectual Property Assets
- Patent
- Copyright
- Design Rights
- Trade Secrets
- Knowhow
- Trade Marks
- Service Marks

Human-centered Assets
- Education
- Vocational Qualifications
- Work-related Knowledge
- Occupational Assessments and Psychometrics
- Work-related Competencies

Infrastructure Assets
- Management Philosophy
- Corporate Culture
- Management Processes
- Information Technology Systems
- Networking Systems
- Financial Relations

Zusammensetzung und Kombination dieser Faktoren sind unternehmensspezifisch sehr unterschiedlich ausgeprägt, was durch das folgende Zitat verdeutlicht wird „...each firm exists within a context that shapes its view of what is or is not of value".[26] Eine vollständige und damit richtige Bewertung des intellektuellen Kapitals

[26] Vgl. Harrison, S./Sullivan, P., Profiting from intellectual capital, learning from leading companies, Journal for Intellectual Capital, MCB University Press, Palo Alto 2000, S. 36.

– allein durch die Bezahlung eines Preises dafür – ist durch einen Unternehmenskauf noch nicht sichergestellt. Ein Versuch zur Bewertung der Faktoren des Intellectual Capital wird durch eine ganze Reihe von Quantifizierungsansätzen unternommen,[27] diese sollen hier jedoch noch nicht näher erläutert werden.

Das Verhältnis, in dem die Faktoren des Intellectual Capital zueinander stehen, wird durch die Höhe des bezahlten Kaufpreises nicht beeinflusst. Ungeachtet dessen ist zu hinterfragen, für welche Faktoren des intellektuellen Kapitals ein Käufer welchen Anteil am Firmenwert zu bezahlen bereit ist. Ziel dieser Arbeit ist jedoch vielmehr die Entwicklung eines Modells, das nach erfolgter Zuteilung des Intellectual Capital auf dessen Determinanten eine individuelle Abschreibung derselben ermöglicht.

Es wurden bereits zahlreiche Versuche zur Definition des intellektuellen Kapitals mit Hilfe eines Differenzverfahrens unternommen, bei dem die meistgenutzte Formel zur Bestimmung des Wertes des intellektuellen Kapitals sich aus der Differenz zwischen dem Marktwert des Eigenkapitals und dessen Buchwert bestimmt (womit automatisch auch eine Definition gegeben wird). Die von außen schwer zu analysierenden immateriellen Werte von Unternehmen ohne bilanzielle Ansatzmöglichkeit stellen dabei einen entscheidenden Faktor bei der Generierung zukünftiger Cashflows dar. Die Differenzbildung zwischen dem Marktwert des Eigenkapitals und dem Buchwert des Eigenkapitals ermittelt somit den Wert des immateriellen Vermögens/intellektuellen Kapitals derivativ.

Intellektuelles Kapital = Marktwert des Eigenkapitals – Buchwert des Eigenkapitals

Zur Vergleichbarkeit des Verhältnisses zwischen immateriellen Vermögenswerten und dem buchhalterischen Eigenkapital bietet sich die Darstellung mit Hilfe des Verhältnisses von Markt- zu Buchwerten *(market to book ratio)* an.[28] Diese Definition lässt die Existenz stiller Reserven im Anlagevermögen außer Acht und beschreibt damit mehr als den Teil, der den tatsächlichen Wert des intellektuellen Kapitals ausmacht.

2.3 Relation „Firmenwert" und „intellektuelles Kapital"

Im Firmenwert finden sich einzelne Elemente vereint, die auch im Zusammenhang mit den Begriffen des so genannten Intellectual Capital und damit Intellectual Property und Knowledge Assets genannt werden.

Der derivative und damit entgeltlich erworbene Geschäfts- oder Firmenwert ist somit ein monetäres Maß für das Intellectual Capital eines Unternehmens. In weiterer Folge werden die Begriffe „Firmenwert" und „Intellectual Capital" analog verwendet. Auch im Modell von Skandia (siehe unten) wird von einer Definition des Intellectual Capital ausgegangen, die sich aus der Differenz des Marktwertes einer Unter-

[27] http://www3.bus.osaka-cu.ac.jp/apira98/archives/htmls/25.htm (1.6.2004).

[28] Vgl. Lukas, A., Unternehmensbewertung und intellektuelles Kapital, Berlin 2004, S. 153ff.

nehmung abzüglich der in ihrer Bilanz ausgewiesenen Buchwerte ergibt.[29] Eine Analyse der bestehenden Literaturquellen bestätigt eine inhaltliche Identität der individuellen Faktoren, die einerseits das Intellectual Capital bestimmen und andererseits als die Determinanten des Firmenwertes bekannt sind.

Der Unterschied zwischen den beiden Begriffen liegt nicht in deren inhaltlicher Ausprägung, sondern vielmehr im Umfeld einerseits ihrer theoretischen und andererseits ihrer praktischen Verwendung. Werden die Determinanten des Intellectual Capital meist im Zusammenhang mit wissenschaftlichen Studien und Analysen über deren Natur sowie Ausprägungsmerkmale erwähnt, wird der Begriff „Firmenwert“ meist nur im Zusammenhang mit der technischen Behandlung und damit bilanziellen Erfassung von Unterschiedsbeträgen genannt.

Während Teile der Faktoren des Firmenwertes bzw. des intellektuellen Kapitals im Jahresabschluss durchaus im Wertegerüst ihren Niederschlag finden können, erfahren wieder andere keine Berücksichtigung. Der monetäre Wert dieser Faktoren kann nur im Veräußerungsfall, also nach einem entgeltlichen Vorgang, aufgedeckt werden – dies jedoch nur geschlossen und als Konglomerat der immateriellen Vermögenswerte. Eine Aufschlüsselung der Bestandteile des Firmenwertes ist dabei kaum üblich, was vermutlich in der meist unterlassenen Einholung detaillierter Informationen seine Ursache hat.

[29] Vgl. Seicht, G./Lorson, C./Heiden, M., Jahrbuch für Controlling und Rechnungswesen 2002, Intellectual Capital Statement und Goodwill-Impairment, 2002, S. 374 ff.

3 Die Unternehmensbewertung als Basis für die Ermittlung und weiterführende Behandlung des Firmenwertes

3.1 Unternehmensbewertung

Der Firmenwert in einem handels- oder steuerrechtlichen Jahresabschluss leitet sich direkt aus dem Kaufpreis ab, den ein Erwerber für ein Unternehmen bezahlt hat. Obwohl es grundsätzlich immer auf das Verhandlungsgeschick der Parteien ankommt, werden den Verhandlungsgesprächen stets Bewertungsprozesse vorausgehen, die einen Angebotspreis oder eine Preiserwartung rechtfertigen. Ohne derartige, anhand der unten beschriebenen Methoden ermittelte Unternehmenswerte scheint eine sachlich vernünftige Verhandlungsführung kaum möglich.

Die folgenden Überlegungen dienen somit als Grundstein der Firmenwertermittlung. Um zu Firmenwertüberlegungen zu gelangen und sich über die Zusammensetzung der Bestandteile des Firmenwertes Gedanken machen zu können, muss zunächst klar sein, wie hoch dieser Firmenwert ist. Die Höhe leitet sich direkt aus dem Kaufpreis ab, der durch Gegenüberstellung mit dem Eigenkapital und den stillen Reserven der Gesellschaft zum Firmenwert bzw. Goodwill oder Badwill führt.

Welche der Unternehmenswertermittlungsmethoden schließlich zur Anwendung kommt, auf welches der in weiterer Folge näher beschriebenen Wertermittlungsverfahren man sich zu guter Letzt einigt, bleibt dem Verhandlungs- und Argumentationsgeschick der Akteure überlassen. Die folgenden Ausführungen sollen einen Überblick über die gängigsten Bewertungsverfahren geben, es soll aber auch deren historische Entwicklung beschrieben werden, um dem Leser einen Eindruck darüber zu vermitteln, warum sich einige Verfahren fortentwickelt haben und andere im Laufe der Zeit verworfen wurden. Auch für die Argumentation in Verhandlungen kann die Kenntnis der historischen Entwicklung von nicht unbedeutendem Einfluss sein, um nämlich den angewandten Bewertungsansatz begründen zu können.

3.1.1 Standardmethoden zur Unternehmensbewertung

3.1.1.1 Historische Entwicklung und Unternehmensanalyse

3.1.1.1.1 Historische Entwicklung

Da die Unternehmensbewertung ein in Praxis und Theorie viel behandeltes und heftig diskutiertes Thema ist, kommt es hinsichtlich der unterschiedlichen Bewertungsansätze immer wieder zu Zweifeln an der Zuverlässigkeit einer korrekten Aussage.[30]

---

[30] Vgl. Mandl, G./Rabel K., Unternehmensbewertung, eine praxisorientierte Einführung, Graz 1999, S. 5–25.

- *Objektive Bewertung*

Dieser Ansatz wurde bis in die 60er Jahre vertreten. Dabei ging man davon aus, dass es einen objektiven Unternehmenswert gibt, der für Käufer und Verkäufer immer zum gleichen Ergebnis führe. Auch geht man bei diesem Ansatz davon aus, dass der Unternehmenswert unabhängig von Kauf- oder Verkaufsinteressen ermittelt werden kann und für beide Interessengruppen – also sowohl für den Käufer als auch für den Verkäufer – gleichermaßen Gültigkeit haben muss. Da jedoch bei dem Verkauf einer Unternehmung die Interessen des Veräußerers und ihres Erwerbers stets divergieren, hat die Berechnung des Wertes des Unternehmens denjenigen Betrag zu ermitteln, welcher den Interessen beider vorgenannten Parteien gleichermaßen gerecht wird.[31] Besondere individuelle Eigenschaften, Absichten, Interessen, Fähigkeiten, Beziehungen oder andere subjektive Faktoren des Erwerbers blieben daher bei einer Bewertung unberücksichtigt.[32] Nur die im Unternehmen vorzufindenden, gegenwärtigen und vergangenen Tatsachen durften beim Einsatz eines durchschnittlich befähigten Geschäftsführers berücksichtigt werden. Zukünftige Entwicklungen wurden außer Betracht gelassen. Nur so käme man, das war die vertretene Auffassung, zu einem für alle gültigen Wert des Unternehmens.

Im Grunde lief diese Einstellung auf eine Bewertung der Substanz des Unternehmens hinaus. Die Kritik, die man dieser Auffassung entgegenhielt, war getragen von der doch wesentlichen Bedeutung subjektiver Erwartungen, Verhältnisse und Interessen der Parteien (Käufer, Verkäufer), die jeder Unternehmensbewertung zugrunde liegt.

- *Subjektive Bewertung*

Der in die Kritik geratene objektive Bewertungsansatz wurde in den 60er Jahren weitestgehend durch die subjektiven Bewertungsgedanken abgelöst. Die subjektive Unternehmenswertvorstellung des Käufers unterscheidet sich dabei von jener des Verkäufers im Wesentlichen durch die vom Käufer erzielbaren Synergieeffekte.[33] Das heißt, man ermittelt, was das Unternehmen einem konkreten Käufer oder Verkäufer unter Berücksichtigung seiner subjektiven Ziele, Möglichkeiten (Synergien, alternative Investitionen etc.) und Erwartungen tatsächlich wert ist. Der so ermittelte Unternehmenswert zielt auf jene Grenzen ab, zu denen die Verhandlungspartner individuell bereit sind, einen Unternehmenskauf abzuschließen – d. h. darauf, was der Käufer maximal zu zahlen bereit ist bzw. wie viel sich der Verkäufer mindestens von einem Verkauf erwartet.[34] Meist befindet sich der Preis, der schließlich für das Unternehmen bezahlt wird, zwischen diesen beiden Preis- und Werteinschätzungen. Damit repräsentiert der subjektive Unternehmenswert eigentlich nur eine interne Entscheidungsgrundlage, mit der ein Verhandlungspartner in die Einigungsgespräche geht.

---

[31] Vgl. Moral, F., Die Abschätzung des Wertes industrieller Unternehmungen, 2. Auflage, Berlin 1923, S. 130.

[32] Vgl. Mellerowicz, K., Der Wert der Unternehmung als Ganzes, Essen 1952, S. 13.

[33] Vgl. Born, K., Unternehmensanalyse und Unternehmensbewertung, Stuttgart 1995, S. 40–42.

[34] Vgl. Münstermann, H., Wert und Bewertung der Unternehmung, Wiesbaden 1999, S. 79 ff.

Der Blick in die Zukunft und damit verbundene zukünftige Entwicklungen der Gesellschaft spielen dabei, im Gegensatz zum objektiven Ansatz, eine wesentliche Rolle. Dieser Ansatz repräsentiert also die Abkehr vom Substanzwert- hin zum Ertragswertverfahren. Der dabei verwendete Kalkulationszinssatz leitet sich aus der besten alternativen Kapitalverwendungsmöglichkeit ab.

Die Unvollkommenheit dieser Form der Unternehmensbewertung zeigt sich im mangelnden Interessenausgleichspotenzial, das dieses Modell den beiden verhandelnden Parteien bietet. Dies ist bedingt durch die – wenn überhaupt, dann – meist nur sehr eingeschränkte Nachvollziehbarkeit der subjektiven Einflussfaktoren.[35]

• *Funktionale Bewertung*

Diese Bewertungsmethode entstand aus der Auseinandersetzung der beiden oben genannten Ansätze (objektive und subjektive Bewertung). Sie wurde in den 70er Jahren entwickelt und unterscheidet mehrere Funktionen. Eine Unternehmensbewertung kann demnach für die unterschiedlichsten Zwecke vorgenommen werden. Je nachdem, was mit einer Bewertung bezweckt werden soll (Ermittlung der Basis für die Erbschaftssteuer, Ermittlung einer fairen Größe zur Schlichtung von über Werte streitenden Parteien, Ermittlung eines Wertes zum Zwecke eines Verkaufes [Entscheidungswert = für den Käufer der maximal zahlbare Preis/für den Verkäufer der mindestens zu erhaltende Preis] etc.),[36] werden sich unterschiedliche Unternehmenswerte ergeben. Aus diesem Grund ist in einem ersten Schritt der Bewertungszweck zu definieren. Somit leitet sich nach dem funktionalen Ansatz die probate Bewertungsmethode aus dem Zweck der Unternehmensbewertung ab. Diese Zweckbestimmung stellt folglich eine Grundfrage der Bewertung dar.[37]

• *Sonderfall USA*

Hier hat man dem Prozess der Unternehmensbewertung die Prinzipien der Finanzierungs- und Investitionsrechnung zu Grunde gelegt. Die Bedeutung der Substanz spielte immer schon eine eher untergeordnete Rolle.

Die Amerikaner unterscheiden grundsätzlich drei Bewertungsansätze.[38]

– Im „Comparative Company Approach“, auch bekannt als „Market Approach“, leitet sich der Unternehmenswert als ein „Fair Market Value“ ab aus:
  ▷ den Börsewerten vergleichbarer börsenotierter Unternehmen (Similar Public Company Method)

[35] Vgl. Mandl, G./Rabel K., Unternehmensbewertung. Eine praxisorientierte Einführung, Graz 1997, S. 8f.

[36] Vgl. Matschke, M., Funktionale Unternehmensbewertung. Der Arbitriumwert der Unternehmung, Band II, Wiesbaden 1979, S. 17.

[37] Vgl. Moxter, A., Grundsätze ordnungsmäßiger Unternehmensbewertung, Wiesbaden 1983, S. 6f.

[38] Vgl. Sanfleber-Decher, M., Unternehmensbewertung in den USA, ((Ort?))1992, S. 597–603.

  - ▷ den bezahlten Transaktionspreisen ähnlicher Unternehmen (Recent Acquisition Method)
  - ▷ den erzielten Werten von Börsenneulingen bei ihrer erstmaligen Börsenplatzierung vergleichbarer Unternehmen (Initial Public Offering)

- Im „Income Approach" leitet sich der Unternehmenswert ab aus:
  - ▷ der Summe der abgezinsten zu erwartenden Free Cashflows aus der Unternehmung

- Im „Cost Approach", der ausgesprochen selten zur Anwendung kommt, leitet sich der Unternehmenswert ab aus:
  - ▷ dem Substanzwert der Gesellschaft

3.1.1.1.2 Analyse der Unternehmensdaten und des Unternehmensumfeldes

Für die Bewertung einer Unternehmung und die realistische Einschätzung ihrer zukünftigen Erfolgsaussichten (erzielbare Preise, veräußerbare Absatzmengen, notwendige Investitionen und Verbesserungspotenzial der aktuellen Kostensituation) ist eine Betrachtung der Umwelt, in der sie tätig ist, notwendig.[39] Die daraus abgeleiteten Chancen und Risiken des Unternehmens geben Informationen, die in weiterer Folge der Bewertung und Gewichtung der den Firmenwert bestimmenden Determinanten dienen.

Nur soweit ein klares Bild des Unternehmensumfeldes vorhanden ist, können die Entscheidungsträger (Käufer, Verkäufer, Vorstand, Geschäftsführer etc.) die Stärken und Schwächen des Unternehmens (Ressourcen) im Kontext des Marktes und somit das Erfolgspotenzial eines Unternehmens objektiv beurteilen. Eine objektive Kauf- oder Verkaufsentscheidung kann folglich erst nach Durchführung einer Umfeldanalyse getroffen werden. Die damit verbundene notwendige Einbeziehung möglichst aller Fachbereiche wie Forschung und Entwicklung, Produktion, Einkauf, Vertrieb, Marketing, Recht, Umwelt, Steuern und Personal stellt die Voraussetzung einer seriösen Bewertung dar. Die Qualität einer Unternehmensbewertung lässt sich somit aus der Tiefe, Breite und Zweckmäßigkeit der im Vorfeld durchgeführten Analysen ableiten.

Neben der geschichtlichen Entwicklung der zu bewertenden Gesellschaft, die bedeutende – im jeweiligen Geschäftsfeld durchaus übliche – Meilensteine in der Unternehmensentwicklung verdeutlicht, sind die Eigentümerstruktur mit allen ihren personellen Beziehungen (verwandtschaftlich, privat, geschäftlich), aber auch die Rechte und Pflichten der Gesellschafter näher zu hinterfragen. Zum Zwecke der Risikominimierung können im Rahmen einer realwirtschaftlichen Analyse Erfolgsfaktoren wie Management, Mitarbeiter, Organisation, Technologie etc. durchleuchtet werden[40] und folgende Bereiche einer näheren Analyse unterzogen werden:

---

[39] Vgl. Born, K., Unternehmensanalyse und Unternehmensbewertung, Stuttgart 1995, S. 65 ff.

[40] Popp, M., Vergangenheits- und Lageanalyse. In: Peermüller, Volker H., Praxishandbuch der Unternehmensbewertung, 2. Auflage, Berlin 2002, S. 127 ff.

- *Analyse der politischen, gesellschaftlichen, technischen und wirtschaftlichen Entwicklung*

Dabei sind politische (Rechte, Gesetze, Verordnungen, Wahlen, wirtschaftspolitische Aussichten, Stabilität, Inflation etc.), gesellschaftliche (moralisch-kulturelle Normen, Umweltbewusstsein, Freizeitverhalten, Einstellung zur Arbeit etc.), technische (jüngste Forschungsergebnisse, Patente, Forschungsförderungen, Innovationskraft und -qualität etc.) und wirtschaftliche (Exportkraft, Kursentwicklung, Inflation, Steuern, Staats-haushaltssituation, Einkommensentwicklung, Lebenserhaltungskosten, Marktentwicklung für wesentliche Kundengruppen etc.) Entwicklungstendenzen gleichermaßen zu berücksichtigen, für eine Zeitspanne von fünf bis zwanzig Jahren realistisch zu prognostizieren und die Auswirkungen auf die Unternehmung einzuschätzen.

- *Analyse des Verkaufssortiments und der angebotenen Dienstleistungen*

Eine Analyse des Sortiments soll ein klares Bild über die Vor- und Nachteile und die Anwendungs- bzw. Einsatzbereiche der vertriebenen Produkte geben. Dies insbesondere unter Berücksichtigung der Konkurrenzprodukte. Zu hinterfragen ist jedenfalls der für den Kunden ersichtliche oder spürbare Nutzenvorteil gegenüber jenen Produkten der Konkurrenz. Darüber hinaus sind die umsatzstarken Produkte hinsichtlich ihrer derzeitigen Lebenszyklusphase einzuschätzen und neue Produkte, die kurz vor ihrer Markteinführung stehen oder Innovationen darstellen, zu beschreiben. Die zugesagten Garantien sowie Reklamationen und Retourwaren sind zu erfassen und bei der Bewertung mit zu berücksichtigen.

- *Analyse der Verkaufsorganisation, Absatzwege, Absatzgebiete, Kundenstruktur und der gesetzten Werbemaßnahmen*

Dabei werden Informationen eingeholt, die über folgende Bereiche Aufschluss geben können:[41]

- Marktanteile in den jeweiligen Regionen
- Umsatz nach Region
- Deckungsbeitrag nach Region
- Vertriebsmitarbeiter (nach Innendienst und Außendienst getrennt) und deren Auslastung pro Region
- Vertriebsverträge (Handelsvertreter)
- Anzahl der Kunden, geordnet nach Region, Struktur und Bedeutung (Größe)
- Auftragsabwicklung und Liefertreue
- Werbeaufwand und Verkaufsförderungen (Werbekostenzuschüsse etc.)

Entscheidend ist dabei, ein abschließendes Urteil über die Qualität des Marketingkonzeptes abgeben zu können und die wesentlichen Unterschiede zu den Marketingkonzeptionen der Konkurrenten hervorzuheben.

---

[41] http://www.redmark.de/downloadServiceDetail?chorid=00561721&DID=404338 (2.11.2004).

- *Analyse des Absatzmarktes*

Zuallererst sind die einzelnen Segmente, in denen das Unternehmen mit seinen unterschiedlichen Produkten tätig ist, zu identifizieren. Die Segmentierung kann nach Produktkriterien (Zusammensetzung, Erscheinungsform etc.), nach der Art und Weise, wie vertrieben wird, oder nach Kundengruppen erfolgen (siehe unten). Eine realistische, zukunftsorientierte Einschätzung der Marktentwicklung ist ebenso wichtig wie die Erfassung des aktuellen Absatzmarktes. Mittels der so genannten „5-Forces-Analyse“[42] lässt sich die Wettbewerbssituation innerhalb einer Branche feststellen. Ziel ist dabei, jene Position zu finden, in der sich das betreffende Unternehmen am besten gegen die grundlegenden Kräfte innerhalb dieser Branche verteidigen kann.

- *Analyse der Konkurrenz*

Diese dient der Identifikation der Mitbewerber, ihrer Umsätze und Marktanteile, dem Feststellen ihrer Fähigkeiten und freien Ressourcen, der Ermittlung ihrer Strategien (z.B. Konzentration auf Automatisierung, Kostenführerschaft, progressive Preispolitik, Merger-& Akquisitionstätigkeiten, Erschließung neuer Märkte, Innovationskraft etc.) und dem Hervorheben ihrer Stärken und Schwächen[43] (Finanzkraft, Produktqualität, Preisniveau, Sortimentsbreite, Vertriebssystem, Management, Standort, Rohstoffbeschaffung, Kapazität und Kapazitätsauslastung, Fortschrittlichkeit der Fertigung, Umweltprobleme, Forschungsqualität etc.) im Vergleich zu dem zu bewertenden Unternehmen, um daraus für dieses eine Beurteilung der Chancen und Risiken hinsichtlich seiner zukünftigen Umsatz-, Kosten- und Ergebnisplanung ableiten zu können. Das Hervorheben von Wettbewerbsvorteilen ist integraler Bestandteil der Analyse der Konkurrenzsituation.[44] Idealerweise beinhaltet diese Analyse eine Gliederung der Wettbewerber nach Regionen und die historische Entwicklung ihrer Marktanteile (zumindest jene der wesentlichen Konkurrenten), um jene erkennen zu können, von denen die größte Bedrohung ausgeht. Auch potenzielle Konkurrenten etwa mit Substitutionsprodukten sind dabei zu berücksichtigen.

- *Analyse der Produktion*

Dabei werden die Produktionsanlagen, die eingesetzten Technologien, der Produktionstyp (Einzel-, Serien-, Massen-, Werkstattfertigung etc.) sowie die von unternehmensspezifischem Know-how wesentlich getragenen Bereiche in einer auch für Nicht-Techniker verständlichen Weise beschrieben.

Außerdem sind Alter und Zeitmäßigkeit der maschinellen Anlagen, deren Zustand im Hinblick auf Instandhaltungs- und Reparaturkosten sowie die Produktionskapazität und ihre Auslastung auch in Bezug auf einen eventuellen Reinvestitionsbedarf

---

[42] Vgl. Porter, M., Strategie – Die brillanten Beiträge der weltbesten Experten, New York 1996, S. 13ff.

[43] Vgl. Kranebitter, G., Due Diligence, Risikoanalyse im Zuge von Unternehmenstransaktionen, München 2002, S. 135.

[44] Vgl. Hinterhuber, A., Strategische Erfolgsfaktoren bei der Unternehmensbewertung, 2. Auflage, Wiesbaden 2002, S. 117f.

zu hinterfragen und festzuhalten. Diese Analyse erfordert detaillierte Kenntnisse der geprüften Technologien sowie ihrer Entwicklungspotenziale. Daher ist sie von Technologieexperten durchzuführen und sollte die Schritte Identifikation und Bewertung vorhandener Produkt-, Produktions-, Informations- und Kommunikationstechnologien umfassen.[45]

- *Analyse der Forschung und Entwicklung*

Die dabei zu erhebenden Informationen[46] sollen neben Kostentransparenz und Personalstand Aufschluss geben über die

- Grundlagenforschung, d. h. die Entwicklung völlig neuer Produktideen,
- Produktentwicklung, d. h. die Weiterentwicklung bestehender Produkte
- Verbesserung der Produktionsverfahren.

Jedenfalls sind die erzielten Ergebnisse dieser Bereiche der letzten 5 Jahre und ihr jeweiliger wirtschaftlicher Gehalt für die Unternehmung zu ermitteln. Darüber hinaus sind Potenzial und Entwicklungsstadium von sich in Entwicklung befindlichen Produkten zu erheben und dabei noch zu überwindende Probleme, bis jetzt gewonnene Erkenntnisse und der Vergleich zur Konkurrenz aufzuzeigen.

Alles das ist notwendig, um den Einfluss der Forschung und Entwicklung auf das zukünftige Ergebnis und seine Nachhaltigkeit abschätzen zu können. Eine Produktivitätsmessung ist auf Grund der meist langen Zyklen zwischen Entwicklung und Markteinführung eines neuen Produktes nicht einfach. Demzufolge ist eher eine qualitative Wertschätzung vorzunehmen, wobei Indikatoren wie Projektbeurteilung, Technologiebeurteilung, Produktivitätsbeurteilung, Beurteilung von Allianzen u. a. m. bestenfalls ein Hilfsmittel für die Festsetzung einer numerisch ablesbaren Größe darstellen.[47]

- *Analyse der Beschaffung, Ver- und Entsorgung*

Diese Analyse soll Aufschluss darüber geben, wie sich die Mengen, Qualitäten und Preise von für die Produktion benötigten, essenziellen Rohstoffen/Energiesorten aller Voraussicht nach entwickeln werden und wie sich der Markt für diese Rohstoffe/Energiesorten entwickelt hat.[48] Eine graphische Darstellung der Einkaufspreise und Einkaufsmengen im Zeitverlauf ermöglicht dazu rasch einen Überblick. Die Frage nach der Lieferantenstruktur, der Anzahl der Lieferanten für ein und denselben Rohstoff, der Abhängigkeit von einzelnen Lieferanten aufgrund von Monopolstellungen oder Kartellbildungen, Substitutionsmöglichkeiten und der zukünftigen Bedarfsentwicklung sind hinsichtlich der Abwendung von Risiken, aber auch zur

[45] Vgl. Kranebitter, G., Due Diligence, Risikoanalyse im Zuge von Unternehmenstransaktionen, München 2002, S. 137 ff.

[46] http://www.iuk.bwl.uni-muenchen.de/lehre/vorlesung/finanzanalyse/fa_2.pdf (23. 8. 2004).

[47] Vgl. Hinterhuber, A., Strategische Erfolgsfaktoren bei der Unternehmensbewertung, 2. Auflage, Wiesbaden 2002, S. 153 f.

[48] http://www.alphalogs.de/maut_projektangebot.pdf (30. 9. 2004).

Einschätzung des wirtschaftlichen Potenzials notwendig. Hinsichtlich einer eigenen Energieerzeugung zur Deckung des Eigenbedarfes (Menge, Kosten, Kapazität) sollte zusätzlich eine Rentabilitätsstudie erstellt werden.

- *Analyse des Umweltschutzes*

Im Bereich der Betriebsabfälle und des allgemeinen Umweltschutzes sind ausgesprochen gewissenhafte Analysen anzustellen. Dieses Umfeld kann bei ungenügender Prüfung einen kostenintensiven Sanierungsaufwand bedeuten und damit dramatische Auswirkungen auf den Fortbestand des Unternehmens haben. Altlasten und zukünftige gesetzliche Entwicklungen sind ebenso zu prüfen wie Rechtskonformität, vorliegende Genehmigungen für Betriebsanlagen und Erfüllungsgrad der umweltschutzbedingten Sollwerte.

- *Analyse des Personals*

Dieser Bereich ist hinsichtlich möglicher Kostenreduktionen, Rationalisierungspotenzial, Synergieeffekte sowie eventueller Produktivitätssteigerungen hinsichtlich des zu akquirierenden Unternehmens zu analysieren.[49]

Folgende Grunddaten und -informationen sind diesbezüglich einzuholen:

- Personalstandsentwicklung der letzten Jahre, wenn möglich klassifiziert nach Arbeitern, Angestellten, Lehrlingen, Teilzeitkräften, Facharbeitern etc., Tarifgruppen
- Altersstruktur, Betriebszugehörigkeit, Fluktuation
- Bonizahlungen, Gratifikationen, Prämien, Sozialleistungen, Krankenstandskosten
- Lohnniveau (Frauenanteil)
- Art der Entlohnung (Zeit-, Akkord-, Prämienlohn)
- Wochenarbeitszeit, Urlaub, Krankenstand, sonstige Ausfallzeiten wie etwa Streik etc. (vs. Leistungszeit)
- Qualifikation und Ausbildungsgrad der Mitarbeiter
- Zukünftige Kosten des Personalbereiches (versicherungsmathematisches Gutachten hinsichtlich freiwilliger Pensionszusagen, Witwen- und Waisenversorgung etc.)
- Stärke des Betriebsrates
- Loyalität, Betriebsklima, Motivation

Die Qualität und der Wert der dem Personalbereich zuzuordnenden Leistungen kann mittels unterschiedlicher Indikatoren in jedem der oben angesprochenen Bereiche gemessen werden. Sie sollen es ermöglichen, das Ausmaß zu indizieren, in dem es gelingt, vorhandene Potenziale zu nutzen.[50]

Der Vergleich mit Personaldaten der Konkurrenz (soweit möglich) gibt Auskunft über aktuelle und zukünftige Wettbewerbsvor- und -nachteile. Insbesondere Kenn-

---

[49] Vgl. Kreikebaum, H./Jahnke, R./John, T., Personalberatung im Europäischen Binnenmarkt, Empirische Analyse, Anforderungen, Konsequenzen, Gabler Verlag, Wiesbaden 1994, S. 103 f.

[50] Vgl. Hinterhuber, A., Strategische Erfolgsfaktoren bei der Unternehmensbewertung, 2. Auflage, Wiesbaden 2002, S. 155.

zahlen wie „Betriebsleistung je Arbeitnehmer" und „durchschnittliche Personalkosten" sollten im Zeit- und im Branchenvergleich wertvolle Informationen liefern.

• *Analyse des Managements, der Führungsstruktur und der Strategie*
Die Einschätzung der tatsächlichen Fähigkeiten des Managements, mit der bestehenden Organisations- oder Führungsstruktur die gesetzten Ziele mittels der Strategie zu erreichen, stellt hinsichtlich der Erfolgsbeurteilung der Unternehmung und damit bei der Unternehmensbewertung einen essenziell wichtigen Grundfaktor dar. Die Eignung des Managements lässt sich wohl am besten anhand bereits bewältigter Probleme und Aufgaben beurteilen. Kurzfristig kann jedoch ausschließlich auf den ersten Eindruck im Gespräch im Vergleich zu anderen Managern zurückgegriffen werden. Ähnliches gilt jedoch auch für die Einschätzung der in der Organisation weiter unten angesiedelten hierarchischen Ebenen.

• *Analyse der Ergebnisrechnungen der Vergangenheit*
Aussagen über wahrscheinliche Entwicklungen hinsichtlich Absatzmenge, Ertragskraft, Markt etc. lassen sich nur insoweit treffen, als sie aus einer Beurteilung der Vergangenheit abgeleitet werden. Meist werden dazu die letzten fünf Wirtschaftsjahre als Basis herangezogen, weil dieser Zeitraum als geeignet erachtet wird, die Zufälle einzelner Jahre zu neutralisieren, ohne dass andererseits das zugrunde gelegte Datenmaterial zu stark an Aktualität und Repräsentativität eingebüßt hätte. Darüber hinaus spielt die Situation hinsichtlich Ertragskraft und Margen der Konkurrenten, natürlich nur soweit vorhanden, eine wesentliche Rolle für eine realistische Einschätzung der zukünftigen Ertragsentwicklung.

Ein bei der Bewertung der Ertragslage einer Unternehmung in jedem Fall zu setzender Schritt ist die Bereinigung des bei der Gewinn- und Verlustrechnung ausgewiesenen Jahresergebnisses um Rücklagenbewegungen, Auf- oder Abbau von Reserven, außerordentliche Aufwendungen und Erträge, dem Fremdvergleich nicht standhaltende Geschäfte, Eigentümervergütungen jedweder Art, Kostensenkungen, die sich kurzfristig positiv, aber langfristig negativ auf die Ergebnissituation auswirken, und Scheingewinne (Differenz zwischen Abschreibungen, basierend auf Anschaffungskosten, und Abschreibungen, basierend auf Wiederbeschaffungswerten).

Immer ist dabei auch auf die Auslastung der Kapazitäten und ihren Einfluss auf das Ergebnis bei Veränderung zu achten. Eine Analyse der Produktgruppen und ihrer Deckungsbeiträge ist, nach Regionen sowie nach Kundengruppen gegliedert, ein bedeutendes Mittel zur Einschätzung zukünftiger Betriebserfolge.

• *Analyse der Finanzlage*[51]
Ein Kapitalspiegel (Bankenspiegel und Darlehensspiegel von Drittkapitalgebern) wird einen raschen Überblick über die Finanzierungsstruktur einer Unternehmung ermöglichen und gleichzeitig ein mögliches Potenzial, aber auch eventuell verborge-

[51] http://www.fh-landshut.de/~hskopp/docs/wp/m&a4.ppt (30.9.2004).

ne Risiken aufdecken. Dabei sind Rückzahlungsfristen, Konditionen, dingliche Sicherheiten ebenfalls gesondert hervorzuheben und zu prüfen. Des Weiteren ist insbesondere auf langfristige Mietverträge, aber auch Leasingverträge (kurz- und langfristig) Bedacht zu nehmen. Diese erhalten hinsichtlich ihrer Beurteilung als Financial Leasing (Finanzierungsleasing-Verträge mit Darlehenscharakter) oder als Operating Leasing (Dienstleistungsleasing-Verträge analog zur Miete oder Pacht) besondere Bedeutung.

Ein weiterer Faktor, der bei der Finanzierung einer Unternehmung eine bedeutende Rolle spielt, ist das Nettoumlaufvermögen, das einerseits das Potenzial, sich über Lieferanten zu finanzieren, aufzeigt und andererseits auch hinsichtlich des Finanzierungsbedarfes für Vorräte und Forderungen ein Bild ermöglicht. Dabei ist es unbedingt notwendig, sich die Entwicklung des Umlaufvermögens im Zeitverlauf anzusehen und eine Einschätzung hinsichtlich der Haltbarkeit des in der Bilanz ausgewiesenen Standes zu treffen. Da man zur Verbesserung des Bilanzbildes meist einen Jahresendeffekt beim Nettoumlaufvermögen feststellen kann (Lieferantenverbindlichkeiten steigen, Lieferforderungen sinken, Vorräte sinken) und die Analyse der Finanzlage eine Zeitpunktbetrachtung ist, sollte diesbezüglich die unterjährige Entwicklung berücksichtigt werden, weil daraus der tatsächliche Finanzbedarf während des Geschäftsjahres abgeleitet werden kann.

- *Analyse der rechtlichen Verhältnisse*

Die Analyse der rechtlichen Verhältnisse[52] soll Klarheit verschaffen über:

- Verträge jeder Art (insbesondere im Hinblick auf verborgene, bestehende oder potenzielle, zukünftige Risiken)
- Behördenauflagen und -vorschreibungen, Behördenkontakte und öffentlich-rechtliche Verhältnisse im Allgemeinen
- Rechtsstreitigkeiten
- Eigentumsverhältnisse (Firmenbuchauszüge, Liegenschaften und Bestandsverhältnisse, insbesondere im Hinblick auf verbücherte Lasten)
- Lizenzen und andere Rechte an immateriellem Vermögen (Immaterialgüterrecht)
- gesellschaftsrechtliche, arbeitsrechtliche Verhältnisse
- die kartellrechtliche Situation

- *Analyse der steuerlichen Verhältnisse*

Die Analyse der steuerlichen Verhältnisse soll Steuerrisiken aus Vorjahren ausschließen,[53] die in Zukunft schlagend werden könnten. Dazu werden Bescheide und Prüfberichte der Prüfer der Finanzbehörde eingesehen, aber auch Steuerzahlungssenkungspotenzial gesucht und daraus auf das für die Zukunft zur Verfügung stehende Kapital geschlossen.

---

[52] Vgl. Baumbach, O., Die Bewertung von Handels- und Dienstleistungsunternehmen, Nürnberg 1997, S. 4.

[53] Vgl. Berens, W./Branner, H., Due Diligence bei Unternehmensakquisitionen, 2. Auflage, Stuttgart 1999, S. 238.

Die Analyse der oben genannten Bereiche ermöglicht eine realistische Einschätzung der Marktsituation sowie der Situation, in der sich die Unternehmung im Markt befindet. Des Weiteren lassen sich dadurch die entscheidenden Erfolgsfaktoren, ihre Wechselbeziehungen zueinander, die Wettbewerbsvorteile und die Wettbewerbsposition des Unternehmens deutlich erkennen.

Die Analyse soll jedoch darüber hinaus eine klare Aussage über die Attraktivität der Branche mit einer realistischen Einschätzung der Entwicklung des Absatzmarktes, der Preise, der Eintritts- und Austrittsbarrieren, der Neuentwicklungen auf Produktebene und der Bedrohung durch Substitutionsgüter ermöglichen.

3.1.1.2 Die Bewertungsverfahren

Die gängigsten Bewertungsverfahren lassen sich mit Hilfe der folgenden Grafik übersichtlich darstellen (siehe Abbildung 2, S. 28).

Da die Ermittlungsverfahren oft zu sehr unterschiedlichen Ergebnissen führen und derzeit Gesamtbewertungsverfahren, hierunter das DCF-Verfahren (Discounted Cashflow), die häufigsten in Anwendung stehenden Bewertungsverfahren sind, sollen nur diese in vorliegender Arbeit näher beschrieben werden. Jenen Bewertungsverfahren, die dem *Gesamtbewertungsverfahren* zuzuordnen sind, ist gemeinsam, dass sich der zu bestimmende Unternehmenswert aus der Ertragskraft der Unternehmung als Gesamtheit errechnet.

Einzelbewertungsverfahren wirft man oft vor, sie würden Kombinationseffekte außer Acht lassen, die sich aus dem Zusammenspiel der einzelnen, sich im Unternehmen befindlichen Güter des Anlage- und Umlaufvermögens, aber auch jener der Passivseite ergeben. Dieses Zusammenspiel kann wertsteigernd, aber auch wertmindernd wirken. Bei einer Einzelbewertung der Vermögensgegenstände kommen solche Wechselwirkungen jedenfalls nicht zum Tragen. Die für einen solchen Unterschiedsbetrag verantwortlichen Faktoren werden als jene Komponenten bezeichnet, die den Firmenwert bestimmen. Für den Fall, dass diese Komponenten einen negativen Effekt auf den Unternehmenswert haben, wird der daraus resultierende negative Firmenwert häufig als „Badwill“ bezeichnet. Vereinfacht ausgedrückt kann der Firmenwert als Differenzbetrag zwischen den Ergebnissen einer Gesamtbewertung und einer Einzelbewertung dargestellt werden. Etwaige stille Reserven würden in diesem Falle in der Einzelbewertung Berücksichtigung finden.

Mischverfahren stellen gewissermaßen eine Brücke zwischen Einzel- und Gesamtbewertungsverfahren dar mit dem Ziel, Vor- und Nachteile dieser beiden Verfahren auszugleichen.

Als, wie bereits erwähnt, wohl am häufigsten in Verwendung stehende Unternehmensbewertungsmethode unserer Zeit wird der DCF-Methode (Discounted Cashflow) besondere Aufmerksamkeit geschenkt.[54]

---

[54] Vgl. Stadler, W./Gugglberger, K., Management-Buy-Out und Management-Buy-In, Wien 2003, S. 9.

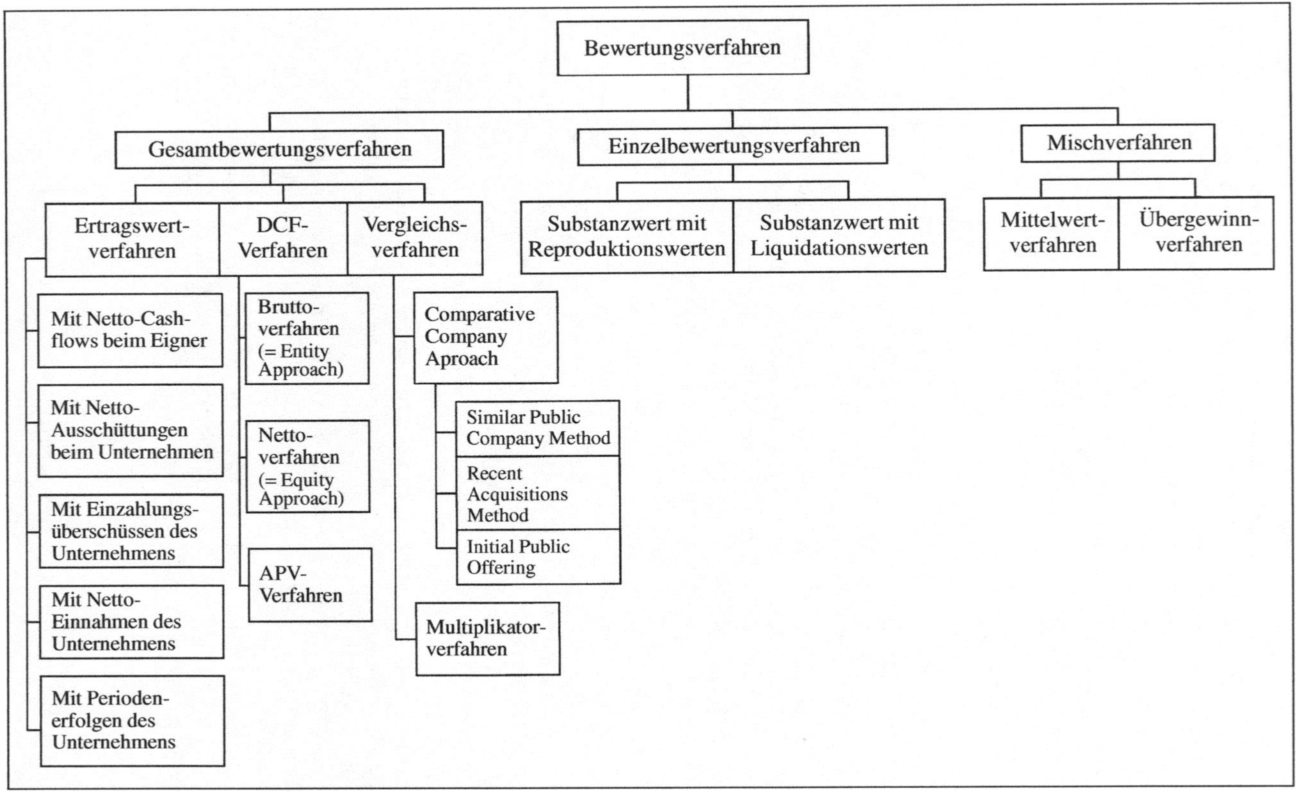

Abbildung 2: Bewertungsverfahren im Überblick

Quelle: Vgl. Mandl, Rabel, Unternehmensbewertung, eine praxisorientierte Einführung, Graz 1999, S. 30

3.1.1.2.1 Gesamtbewertungsverfahren

Im Rahmen der Gesamtbewertungsverfahren werden unterschieden:[55]
- Ertragswertverfahren
- Discounted-Cashflow-Verfahren
- Vergleichsverfahren

- *Ertragswertverfahren*[56]

Der Unternehmenswert berechnet sich aus der Summe der diskontierten zukünftigen Erträge des Unternehmens.

Ad Diskontierung
Der Diskontierungssatz (Kalkulationszinssatz, Kapitalisierungszinssatz) sollte dabei jenem Zinssatz entsprechen, den man bei der besten alternativen Kapitalanlage (Alternativanlage, Vergleichsinvestition) erhält.

Ad Erträge
Risiken, die sich hinsichtlich der Wahrscheinlichkeit des Eintretens der Erträge in Höhe und Ausmaß, des persönlichen Arbeitsaufwandes zum Erreichen dieser Erträge, der Inflationsabsicherung sowie des Betreibens eines Betriebes ergeben, werden im Diskontsatz entsprechend durch Zu- und Abschläge berücksichtigt (Risikozuschlag, Immobilitätszuschlag etc.).[57]

Zukünftige Erträge = Vorteile und Nutzen, die der Eigentümer aus dem Unternehmen erhält (Zukunftserfolge, Zielbeiträge, Vorteilsströme).

Dazu zählen:

finanzielle **nicht-finanzielle** **Elemente**

Prestige, Macht, Einfluss, Selbständigkeit usw.
Diese werden bei Unternehmensbewertungen nicht berücksichtigt

zahlungsstromorientiert (= cashfloworientiert)

periodenerfolgsorientiert (= bilanzergebnisorientiert)
stellt die Basis für den zahlungsstromorientierten Ansatz dar

Daraus leitet sich das bedeutendste Verfahren, das **Discounted-Cashflow-Verfahren**, ab.

[55] Vgl. Mandl, G./Rabel, K., Unternehmensbewertung, Eine praxisorientierte Einführung, Graz 1997, S. 31 ff.

[56] Vgl. Born, K., Unternehmensanalyse und Unternehmensbewertung, Stuttgart 1995, S. 89 ff.

[57] Vgl. Seiler, K., Unternehmensbewertung, Heidelberg 2004, S. 48.

Zu den hierunter zu fassenden Erträgen zählen:

- Netto-Cashflow beim Eigentümer *(zahlungsstromorientiert)*
  Entspricht dem Saldo aller zu erwartenden, finanziellen Zu- und Abflüsse beim Eigentümer. Dies entspricht auch dem geringsten Grad der Vereinfachung bei der Ertragsermittlung, bringt aber den höchsten Prognoseaufwand mit sich.
  Hierunter werden auch Zuflüsse und Synergien bei anderen mit dem zu bewertenden Unternehmen in Geschäftsbeziehungen stehenden Unternehmen des Eigentümers berücksichtigt. Auch seine aufgrund seiner Beteiligung entstehenden steuerlichen Verhältnisse werden berücksichtigt.

- Netto-Ausschüttungen des Unternehmens (zahlungsstromorientiert)
  Entspricht auch dem Saldo aller zu erwartenden finanziellen Zu- und Abflüsse beim Eigentümer (Dividenden/Kapitalrückzahlungen/Kapitaleinzahlungen), jedoch ohne Berücksichtigung von Synergie- und Steuereffekten.

- Einzahlungsüberschüsse des Unternehmens (zahlungsstromorientiert)
  Hier wird unterstellt, dass der gesamte Einnahmenüberschuss der Gesellschaft an die Gesellschafter ausgeschüttet wird (= Vollausschüttungsfiktion), ohne Berücksichtigung von Synergie- und Steuereffekten.

- Netto-Einnahmen des Unternehmens (zahlungsstromorientiert)
  Hier stellen die nachhaltig entziehbaren, rfügbaren Einnahmenüberschüsse die Basis für die Bewertung dar.

- Periodenerfolge des Unternehmens (periodenerfolgsorientiert)
  Entspricht dem bilanziellen Gewinn oder dem Verlust einer Periode. Die Basis ist eine simple Erfolgsprognose der Gesellschaft, die den höchsten Grad der Vereinfachung bei der Ertragsermittlung darstellt. Sie birgt daher auch den geringsten Prognoseaufwand in sich.

Je höher der Komplexitätsgrad und je mehr Prognoseaufwand betrieben werden muss, um ein Unternehmen zu bewerten, desto genauer werden die Ergebnisse. Komplexitätsreduktion durch das Treffen vereinfachender Annahmen über zukünftige Entwicklungen reduziert den Prognoseaufwand, aber führt zu einem ungenaueren Bewertungsergebnis.

Zu den zukünftigen Erträgen sind Erträge aus der Veräußerung des nicht betriebsnotwendigen Vermögens hinzuzuzählen. Oft wird zum Schluss des Abzinsungszeitraumes eine „ewige Rente“ addiert oder ein Liquidationserlös des gesamten Betriebes berücksichtigt. Die ewige Rente gibt Auskunft darüber, welcher Geldbetrag bei einer „Bank“ theoretisch hinterlegt werden müsste, um jährlich daraus einen Zinsertrag zu erzielen, der jenem Betrag entspricht, der den erwarteten (eingefrorenen) Gewinn aus der Gesellschaft darstellt.

Ertrag der Gesellschaft/Zinssatz = Ewige Rente

Rechnerisch ergibt sich die ewige Rente demnach durch die Division des Ertrages der Gesellschaft durch den erwarteten Zinssatz. Der Einfachheit halber wird dabei ein konstant bleibender Ertrag unterstellt.

- *Der Cashflow und das Discounted-Cashflow-Verfahren (DCF)*

Der Cashflow dient der Befriedigung von – durch veröffentlichtes Zahlenmaterial nicht abgedeckten – Informationsbedürfnissen unterschiedlicher Interessengruppen (Medien, Aktionäre, Gesellschafter). Sowohl in den USA als auch in Deutschland liegt die Zielsetzung des Cashflow darin, einen Maßstab zur Beurteilung der Finanz- und Ertragskraft einer Unternehmung zu schaffen. Trotzdem muss beim deutschen Cashflow berücksichtigt werden, dass aufgrund der Komplexität des zugrunde liegenden Datenmaterials, die ihrerseits wiederum durch die örtlichen Bilanzierungsvorschriften bedingt ist, der Begriffsumfang inhaltlich weiter gefasst werden muss. In Europa wird grundsätzlich davon ausgegangen, dass mit dem Cashflow der erwirtschaftete Finanzüberschuss oder monetäre Überschuss und damit also die Veränderung der liquiden Mittel in einer Unternehmung ermittelt werden soll. Die amerikanische Anschauung unterscheidet sich jedoch prinzipiell von dieser europäischen „Cashflow-Aufgabenstellung".

Eine wörtliche Übersetzung des Wortes Cashflow (Kassenfluss bzw. Bargeldfluss) führt zu keiner klar definierten Begriffseingrenzung dieses Ausdruckes. Die drei wesentlichen Motive des Cashflow sind:

- den Jahresabschluss stärker unter finanzwirtschaftlichen Aspekten zu sehen,
- bewusste Manipulation, das ausgewiesene Jahresergebnis zu glätten
- dem „Shareholder-Value"-Ansatz gerecht werden zu können.

Daneben soll der Cashflow einen Einblick in die Ertragsentwicklung der Vergangenheit (ex post) und der Zukunft (ex ante) ermöglichen. Aus diesem Grund ist es notwendig, diese Kennzahl um eine zeitliche Komponente bzw. eine zeitliche Dimension zu ergänzen. Sowohl für die finanzwirtschaftliche als auch für die ertragswirtschaftliche Betrachtung soll der Cashflow also einerseits als retrospektiver Maßstab eine verbesserte Beurteilung der abgelaufenen Periode (Geschäftsjahr), aber andererseits auch eine Einschätzung der zukünftigen Entwicklung erleichtern. An dieser Stelle sollte ergänzt werden, dass eine einmalige Berechnung einer solchen Kennziffer keine besondere Aussagekraft über die Leistungsfähigkeit eines Unternehmens hat.

Die Vorgehensweise entspricht grundsätzlich dem Ertragswertverfahren (Diskontierung zukünftiger Cashflows[58]). Der Unterschied zum Ertragswertverfahren liegt jedoch in der Ermittlung des Diskontierungssatzes. Das DCF-Verfahren geht von einer Vollausschüttungsfiktion aus und unterscheidet drei Ertragsbegriffe (Cashflow-Begriffe):

1. Bruttoverfahren (Entity Approach)
2. Nettoverfahren (Equity Approach)
3. Adjusted-Present-Value-Verfahren

[58] Vgl. Seiler, K., Unternehmensbewertung, Heidelberg 2004, S. 28.

Ad 1. Bruttoverfahren (Entity Approach)[59]

Der der Bewertung zugrunde liegende Ertragsbegriff entspricht jenem Gesamtbetrag, der sich aus der Summe der Zahlungsüberschüsse ergibt, die Eigen- und Fremdkapitalgebern zusammen zur Verfügung stehen,[60] d.h. Dividenden, Fremdkapitalzinsen, Tilgungsbeträge des Fremdkapitals, im Unternehmen stehen gelassener jährlicher Liquiditätsüberschuss.

	Betriebsergebnis	EBIT
+/–	Außerordentliches Ergebnis	
–	auf das Betriebsergebnis entfallende Steuern (d.h. ohne jenen Anteil, der auf das Finanzergebnis entfällt)	
+	Abschreibungen	
+/–	Veränderung des Nettoumlaufvermögens (ohne flüssige Mittel und kurzfristige Bankverbindlichkeiten)	
–	Investitionen	
+	Deinvestitionen	
=	Free Cashflow	

Da diese Unternehmenswertermittlung außer Acht lässt, wie sich die Gesellschaft finanziert (in welchem Umfang mit Eigen- und in welchem Umfang mit Fremdkapital), wird für die Diskontierung als Kalkulationszinssatz ein so genannter WACC, „Weighted Average Cost of Capital", errechnet. Dieser stellt einen Mischzinssatz dar, der sich aus der zukünftig angestrebten Finanzierungsstruktur der Gesellschaft ergibt.

Beabsichtigt man beispielsweise 40% der Finanzierung seines Unternehmens (also des Gesamtkapitals) mit Eigenkapital und die restlichen 60% mit Fremdkapital zu unterlegen, dann ergibt sich daraus ein WACC, der zu 40% von der Renditevorstellung der Eigenkapitalgeber und auf der anderen Seite zu 60% von der Renditevorstellung der Fremdkapitalgeber beeinflusst ist. Demzufolge errechnet sich der WACC nach folgender Formel[61]:

	Zinssatz für Fremdkapital	*	Anteil des Fremdkapitals am Gesamtkapital
+	Zinssatz für Eigenkapital	*	Anteil des Eigenkapitals am Gesamtkapital
=	Weighted Average Cost of Capital I		

[59] Vgl. Copeland, T./Koller, T./Murrin, J., Valuation – Measuring and Managing the Value of Companies, New York 1994, S. 136f.

[60] Vgl. Mandl, G./Rabel, K., Unternehmensbewertung, Eine praxisorientierte Einführung, Graz 1997, S. 39f.

[61] http:/www.valuebasedmanagement.net/methods_wacc.html ((Datum)).

Berücksichtigt man dabei noch die steuerliche Wirkung, die eine Fremdfinanzierung durch die Abzugsfähigkeit der Fremdkapitalzinsen und die dadurch bedingte Senkung der Steuerlast für das Unternehmen bedeuten würde, dann errechnet sich der WACC nach folgender Formel:

	(Zinssatz für Fremdkapital – steuerlicher Vorteil aus der Fremdfinanzierung)	*	Anteil des Fremdkapitals am Gesamtkapital
+			
	Zinssatz für Eigenkapital	*	Anteil des Eigenkapitals am Gesamtkapital
=	Weighted Average Cost of Capital II		

Daraus ergibt sich die Formel:

$c^{WACC} = i\,(FK) * (1-s) * FK/GK + i\,(EK) * EK/GK$

mit:

c^{WACC} = gewogener Kapitalkostensatz (WACC)
FK = Fremdkapital
EK = Eigenkapital
GK = Gesamtkapital
s = Steuersatz des Unternehmens
i (FK) = Renditevorstellung der Fremdkapitalgeber
i (EK) = Renditevorstellung der Eigenkapitalgeber

Zur Ermittlung der Summe der Barwerte zukünftiger Free Cashflows einer Unternehmung ist, genauso wie zur Abzinsung des Ertrages aus der Veräußerung des nichtbetriebsnotwendigen Vermögens, nun dieser Kapitalisierungszinssatz, genannt WACC, zu unterstellen. Wird von diesem so ermittelten Unternehmenswert sodann das zum Zeitpunkt der Bewertung ausständige Fremdkapital der Gesellschaft abgezogen, so erhält man den Marktwert des Eigenkapitals, den so genannten Shareholder Value.

Ad 2. Nettoverfahren (Equity Approach)

Hier werden als Ertragsbegriff nur jene Einzahlungsüberschüsse berücksichtigt, die ausschließlich den Eigenkapitalgebern zugute kommen (FTE = Flows to Equity).[62] Dem hierunter zu verstehenden Ertragsbegriff liegt also eine Größe zugrunde, die jener des Ertragswertverfahrens entspricht. Konkret sind damit also Einzahlungsüberschüsse des Unternehmens gemeint, wobei fingiert wird, dass der gesamte Einnahmenüberschuss der Gesellschaft dem Gesellschafter ausgeschüttet wird (Vollausschüttungsfiktion) und weder Synergie- noch Steuereffekte existieren.

[62] Vgl. Mandl, G./Rabel, K., Unternehmensbewertung. Eine praxisorientierte Einführung, Graz 1997, S. 367 ff.)).

Der Unterschied zu den Einzahlungsüberschüssen des Unternehmens liegt darin, dass im Equity Approach Synergien und Steuereffekte jedoch sehr wohl berücksichtigt werden.

Fremdkapitalzinsen und Tilgungsbeträge von Fremdkapital finden in der Berechnung dieser Basis bereits Berücksichtigung, wodurch es nicht mehr zum Einsatz eines WACC kommt. Der Diskontierung der Einzahlungsüberschüsse (FTE) wird somit ausschließlich die Renditevorstellung der Eigenkapitalgeber zugrunde gelegt.

Zur Ermittlung der Summe der Barwerte zukünftiger Einzahlungsüberschüsse (FTE) einer Unternehmung ist, genauso wie zur Abzinsung des Ertrages aus der Veräußerung des nicht betriebsnotwendigen Vermögens, nun eine entsprechende, marktkonforme Eigenkapitalrendite zu unterstellen. Der Kapitalwert oder Barwert dieser Einzahlungsüberschüsse entspricht hier somit dem Marktwert des Eigenkapitals, auch mittlerweile bekannt als Shareholder Value.

Zu erwähnen gilt an dieser Stelle, dass sowohl das Brutto- als auch das Nettoverfahren zum gleichen Ergebnis führen, wenn beiden Methoden die gleichen Finanzierungsstrategien und somit die gleichen Annahmen zugrunde gelegt werden.

Beim Bruttoverfahren findet die Finanzierungsform im WACC und beim Nettoverfahren findet sie bereits in der Basis ihre Berücksichtigung.

Ad 3. Adjusted-Present-Value-Verfahren (APV-Verfahren)

Hier wird der Unternehmensbewertung ein Cashflow zugrunde gelegt, welcher der Gesellschaft eine hundertprozentige Eigenfinanzierung unterstellt. Der für die Kalkulation herangezogene Kapitalzinssatz entspricht somit der Renditevorstellung von Eigenkapitalgebern. Der sich daraus ergebende Barwert, unter Berücksichtigung des abgezinsten, nicht betriebsnotwendigen Vermögens, entspricht somit dem Marktwert eines unverschuldeten Unternehmens.[63]

Sofern Fremdkapital aufgenommen wird, führt die steuerliche Abzugsfähigkeit der Fremdkapitalzinsen zu einer Schmälerung der Steuerschuld und damit zu einer Erhöhung des Cashflow. Dieser Effekt ist als „Tax Shield" bekannt.

Der Marktwert des unverschuldeten Unternehmens ist somit um den Barwert der Steuerersparnis aus der Fremdfinanzierung zu erhöhen. Der so ermittelte Unternehmenswert ist um das Fremdkapital zu kürzen wodurch sich der tatsächliche Unternehmenswert (Shareholder Value) ergibt.

	Barwert durch Abzinsung des CF bei vollständiger Eigenfinanzierung
+	Barwert des nicht betriebsnotwendigen Vermögens
=	Marktwert eines unverschuldeten Unternehmens
+	Barwert der Steuerersparnis aus der Fremdfinanzierung
–	Fremdkapital, das der Barwertberechnung der Steuerersparnis zugrundeliegt
=	Marktwert des Eigenkapitals (Shareholder Value)

[63] Vgl. Ehrhardt, M./Daves, P., The Adjusted Present Value: The Combined Impact of Growth and Tax Shield of Debt on the Cost of Capital and Systematic Risk, Knoxville 1999, S. 3f.

Dieses Verfahren stellt jedoch sicherlich das ungenaueste der hier vorgestellten Verfahren dar, berücksichtigt es zwar die Steuerersparnis, nicht aber die Kürzung des Cashflow aufgrund der Fremdkapitalzinsen.

- *Vergleichsverfahren*

Diese „marktorientierte" Wertermittlung eines Unternehmens leitet den Unternehmenswert aus den Börsenkurswerten oder den realisierten Verkaufspreisen vergleichbarer Unternehmen der gleichen Branche ab.[64] Zur Unternehmensbewertung werden also Erfahrungssätze und „Daumenregeln" zu Hilfe gezogen.

Wie oben bereits erwähnt, unterscheidet sich dieser als „Market Approach" bekannte Bewertungsprozess, der sich auf Vergleichswerte stützt, deutlich vom „Income Approach" (Ertragswertverfahren oder DCF-Methode) und vom „Cost Approach" (Substanzwertverfahren).

Der Nachteil dieser Ermittlungsverfahren liegt in der eingeschränkten Berücksichtigung individuell unterschiedlicher Unternehmenseigenheiten und in der Pauschalierung von werttreibenden Faktoren. Dabei stellt die Auswahl jener zum Vergleich dienenden Unternehmen den wohl schwierigsten Punkt dar. Handelt es sich darüber hinaus um keine börsenotierten Unternehmen, so kann man sich hinsichtlich des erzielten Verkaufserlöses lediglich auf Gerüchte oder auf die Informationen von Investmentbanken verlassen. Bei den Vergleichsverfahren unterscheiden wir:

1. Market Approach
2. Multiplikatormethode

Ad 1. Market Approach

Im „**Market Approach**", auch bekannt als „**Comparative Company Approach**", leitet sich der Unternehmenswert als ein „Fair Market Value" ab, aus:

- *Similar Public Company Method*
  den Börsenwerten vergleichbarer börsenotierter Unternehmen
- *Recent Acquisition Method*
  den bezahlten Transaktionspreisen ähnlicher Unternehmen
- *Initial Public Offering*
  den erzielten Werten von Börsenneulingen bei ihrer erstmaligen Börsenplatzierung vergleichbarer Unternehmen

Der Wert eines Unternehmens (= potentieller Marktpreis) errechnet sich dabei, basierend auf den Daten einer Transaktion in der gleichen Branche, aus der Multiplikation von:

- *Basisgröße (CF, Umsatz oder eine andere „frei wählbare" Größe der zu bewertenden Gesellschaft)*
  mit
- *(erzielter Transaktionserlös jener Gesellschaft, die als Vorbild gilt/Basisgröße [siehe oben] der zu bewertenden Gesellschaft)*

---

[64] Vgl. Hölscher, L., Käuferbezogene Unternehmensbewertung, Frankfurt 1998, S. 196ff.

Die Kritik dieser Bewertungsverfahren stützt sich vornehmlich, wie bereits angesprochen, auf die individuellen Eigenheiten einer jeden Gesellschaft, die dabei keine Berücksichtigung finden. So spielt beispielsweise die Unternehmensgröße und damit der Vorteil, eine Fixkostendegression in Anspruch nehmen zu können, eine große Rolle, der hier nicht Rechnung getragen wird. Gleiches gilt für Bankkonditionen, die von den diversesten Faktoren (EK-Quote, private Sicherheiten des Unternehmers etc.) abhängen. Die eingeschränkte Fungibilität und damit der Nachteil, für nichtbörsenotierte Unternehmen Liquidität zu beschaffen, müsste ebenso wie zahlreiche andere Faktoren in irgendeiner Form Berücksichtigung finden und im Rahmen eines solchen Ansatzes hinzu- oder abgerechnet werden.

Ad 2. Multiplikatormethode

Stehen keine detaillierten Informationen über Transaktionen vergleichbarer Unternehmen zur Verfügung, so zieht man so genannte „Market Multiples" zu Hilfe. Diese stehen für Multiplikationsfaktoren, die bei der Bewertung von Unternehmen der gleichen Branche gelten.

Hierzu ist also lediglich die Kenntnis der in bestimmten Branchen bzw. Geschäftszweigen üblichen Multiplikatoren notwendig. Folglich muss man sich nicht auf konkrete Einzelfälle beziehen können, um einen Multiplikator zu rechtfertigen, sondern nur die üblichen Multiplikationsfaktoren der jeweiligen Branchen kennen. Diese stellen somit aber nur eine Orientierungshilfe für Schätzungen über die Werte von Unternehmen einer bestimmten Branche dar.[65] Dieses Verfahren einer Unternehmenswertermittlung ist demnach als „Multiplikatormethode" bekannt.

Die dabei zur Anwendung gelangenden Multiplikatoren können sich auf Größen wie Cashflow, Gewinn, Umsatz u. a. m. beziehen. Nicht betriebsnotwendiges Vermögen ist dabei isoliert zu betrachten und zu dem mittels Multiplikator ermittelten Wert hinzuzurechnen. Meist wird auch der Substanzwert bei dieser Vorgehensweise gesondert berücksichtigt und ebenfalls zum Unternehmenswert hinzugerechnet.

3.1.1.2.2 Einzelbewertungsverfahren

Einzelbewertungsverfahren leiten den Wert der Gesellschaft aus dem Wert ihrer Substanz (Bilanzwerte im weiteren Sinne, d. h. Vermögenswerte abzüglich Schulden) zu einem bestimmten Zeitpunkt ab. Es handelt sich dabei also um eine statische, stichtagsbezogene Betrachtung. Die wesentliche Frage richtet sich in diesem Zusammenhang nach dem Bewertungsansatz, d. h. danach, welche Werte, welche Größen bzw. welches Unternehmensumfeld der Bewertung zugrunde gelegt wird. Grundsätzlich unterscheidet man hierbei:

- Substanzwert mit Reproduktionswerten
- Substanzwert mit Liquidationswerten

[65] Vgl. Coenenberg, A./Schulze, W., Das Multiplikatorverfahren in der Unternehmensbewertung: Konzeption und Kritik, in: Finanz Betrieb, 62. Jg. Nr.12/2002, S. 697–703.

• *Substanzwert mit Reproduktionswerten (steuerrechtlich „Teilwert")*

Hier richtet sich der Wert der Vermögensgegenstände nach deren Wiederbeschaffungswert unter Berücksichtigung ihres Alters, ihres technischen Zustandes und ihrer Restnutzungsdauer sowie ihrer Eignung für den Leistungsprozess.[66]

Der dementsprechende steuerrechtliche Wertebegriff, besser bekannt als der Teilwert eines Wirtschaftsgutes,[67] geht also von einem Wert der Vermögensgegenstände unter der Annahme der Unternehmensfortführung (*going concern*) aus. Der steuerrechtliche Begriff des „gemeinen Wertes" (siehe unten) hingegen ergibt sich nicht aus der Zugehörigkeit eines Wirtschaftsgutes zu einem Betrieb, sondern aus dessen Einzelveräußerungspreis.[68]

Der Reproduktionswert eines Unternehmens entspricht somit jenem Wert, den ein Dritter aufwenden müsste, um ein diesem Unternehmen vergleichbares Unternehmen mit vergleichbaren (Alter, Zustand) Vermögensgegenständen nachzubauen (Unternehmensnachbau). Auch nicht bilanzierte, weil etwa selbst hergestellte und immaterielle (Rechte, Patente, Standort, Kundenbeziehungen, Qualität der Mitarbeiter etc.) oder mangels Vorliegen entsprechender Anschaffungskosten nicht bilanzierte Vermögensgegenstände (Mietrechte etc.) sind dabei zu berücksichtigen. Da dies zwar im Hinblick auf die Ermittlung eines „Vollreproduktionswertes" notwendig wäre, sich aber als ausgesprochen schwer quantifizierbar herausstellt, beschränkt man sich auf die Ermittlung von „Teilreproduktionswerten", bei denen nicht alle nicht bilanzierten, also auch immateriellen Vermögensgegenstände, in die Bewertung mit einfließen.[69] Dementsprechend weist auch das Fachgutachten KFS/BW 1 darauf hin, dass derartige nicht bilanzierte Vermögensgegenstände nur im Zukunftserfolg Berücksichtigung finden können.

Zieht man von diesen Reproduktionswerten die Verbindlichkeiten und Schulden der Gesellschaft ab, so ergibt sich der Substanzwert auf Basis von Reproduktionswerten.

• *Substanzwert mit Liquidationswerten (steuerrechtlich „gemeiner Wert")*

Hier richtet sich der Wert der Vermögensgegenstände nach dem Wert der im Zuge einer Zerschlagung (Liquidation) der Unternehmung für diese erzielt werden würde.

Gegebenenfalls ist mit einer länger andauernden Zeitspanne bis zur vollständigen Auflösung der Gesellschaft und der Veräußerung der einzelnen Vermögensgüter zu rechnen. In diesem Fall wären die zu erwartenden Veräußerungserlöse der einzelnen Wirtschaftsgüter auf deren Barwert abzuzinsen. Aus diesem Grund muss bei der Ermittlung von Liquidationswerten unterschieden werden zwischen:

---

[66] Vgl. Denk, C., Die Bilanzierung eines negativen Geschäfts-(Firmen)wertesim Einzelabschluß, Lindeverlag, Wien 1998, S. 24.

[67] Vgl. Kraus-Grünewald, M., Gibt es einen objektiven Unternehmenswert?, in: Betriebsberater, Heidelberg 1995, S. 1839.

[68] Vgl. Doralt, W., Steuerrecht 2001, Einführung und Überblick, Wien 2001, S. 46.

[69] Vgl. Moxter, A., Verbreitete Mißverständnisse bei Unternehmensbewertungen, in: G. Seicht: Gläubigerschutz, Betriebswirtschaftslehre und Recht, Wien 1993, S. 44.

- Auflösung unter Zeitdruck (Zerschlagung)
  Keine Abzinsung notwendig, dafür ist der erzielbare Veräußerungserlös jedoch vermutlich geringer.
- Auflösung unter Normalbedingungen (Liquidation)
  Abzinsung scheint notwendig, der erzielbare Veräußerungserlös wird jedoch über jenem im Falle der Zerschlagung liegen.

Je nachdem, von welchen Zeithorizonten auszugehen ist, wird man ein relativ breites Spektrum von Liquidationswerten erhalten. Üblicherweise versteht man unter Liquidationswerten aber den Zerschlagungswert einer Gesellschaft.

Der Summe dieser evtl. abgezinsten Zerschlagungs- oder Liquidationseinzelwerte sind die Schulden und darüber hinaus auch noch die Kosten der Auflösung (Rechtsanwalt, Kosten aus vorzeitiger Vertragsauflösung von mit Lieferanten geschlossenen längerfristigen Verträgen, u. Ä.) der Gesellschaft gegenüberzustellen.

Erst der sich daraus ergebende Differenzbetrag kann als Unternehmensliquidationswert herangezogen werden.

3.1.1.2.3 Ableitung des Unternehmenswertes aus der Kombination von Substanzwert und Zukunftserträgen (Mischverfahren)

Diese Bewertungsverfahren vereinen die Konzeption der Gesamt- mit jener der Einzelbewertung.[70]

Bei den Mischverfahren unterscheidet man:

1. Mittelwertverfahren
2. Übergewinnverfahren

- *Mittelwertverfahren*

Im Mittelwertverfahren[71] stellt das arithmetische Mittel zwischen dem Substanzwert (Teilreproduktionswert) und dem Ertragswert, der auf Periodenerfolgen gründet und eine wie oben beschrieben eher unübliche Ertragswertermittlung darstellt, den Unternehmenswert dar. Das heißt:

(Substanzwert + Ertragswert)/2 = Unternehmenswert

Davon abweichend können unterschiedliche Gewichtungen der Substanz bzw. des Ertrages den Ansatz der Wertermittlung beeinflussen. Wie diese Gewichtung vorzunehmen ist, muss unternehmensspezifisch erhoben und in der Folge plausibel argumentativ vertreten werden können. Mögliche Gewichtungen könnten infolgedessen sein:

Unternehmenswert = (2 * Substanzwert + Ertragswert)/3
Unternehmenswert = (Substanzwert + 5 * Ertragswert)/6

---

[70] Vgl. Lechner, E./Egger, A./Schauer, R., Einführung in die Allgemeine Betriebswirtschaftslehre, 17. Auflage, Wien 1997, S. 309 ff.

[71] Vgl. Wöhe, G., Einführung in die Allgemeine Betriebswirtschaftslehre, 19.Auflage, München 1996, S. 797.

- *Übergewinnverfahren*

Dieses Verfahren kommt aus dem angelsächsischen Raum und gelangte über eine Veröffentlichung von Viel/Bredt/Renard zu Beginn der sechziger Jahre in den deutschsprachigen Raum.[72]

Nach dem Übergewinnverfahren errechnet sich der Unternehmenswert aus der Summe des Substanzwertes einer Gesellschaft (= Summe der Teilreproduktionswerte) und dem Übergewinn. Der Übergewinn entspricht dabei jenem Ertrag der Gesellschaft, der aufgrund der guten Unternehmenserfolge über ein übliches Maß einer Substanzverzinsung hinausgeht.

	Erwarteter Periodenerfolg
–	einer angemessenen Verzinsung des Substanzvermögens
=	Übergewinn

Der dem erwarteten Periodenerfolg zu unterstellende Betrachtungszeitraum (= Abzinsungszeitraum) beträgt dabei laut Fachgutachten Nr. 45 aus 1972 KWT fünf bis acht Jahre. Die Periode der Übergewinnerzielung ist deshalb relativ kurz, weil man mit zunehmender Penetration attraktiver Märkte rechnen muss und daher diese als ertragsstark zu bezeichnende Position nur relativ kurzfristig aufrechterhalten werden kann. Mit zunehmender Gewinnerzielungsdauer und -höhe steigt die subjektiv empfundene Attraktivität des Marktes für neue Mitbewerber, was mittelfristig zu einer Verschärfung der Konkurrenzsituation führt. Der Kapital- oder Barwert der Summe dieser Übergewinne wird oft fälschlich als Geschäfts- oder Firmenwert bezeichnet.[73]

Daraus ergibt sich für den Übergewinn folgende Formel:

$$\sum_{t=1}^{5 \text{ bis } 8} (\text{Ertrag}_{5 \text{ bis } 8 \text{ Jahre}} - \text{Zinsen auf die Substanz}) * (1 + \text{Zinssatz})^{-(5 \text{ bis } 8 \text{ Jahre})}$$

3.1.2 *Kritische Würdigung der Bewertungsverfahren*

„Es gibt keine für alle Zwecke brauchbare Bewertungsformel.“[74]

Jede der bekannten Bewertungsformeln weist Stärken und Schwächen auf. Insbesondere amerikanische Verfahren werden in Europa oftmals als „theoretisch nicht fundierte Daumenregeln“ abgetan. Um das „ideale“ Bewertungsverfahren auswählen zu können, ist es notwendig, zuerst den Bewertungszweck zu erheben (Unternehmenskauf oder -verkauf, Aufnahme und Ausscheiden von Gesellschaftern, Erbschaften, Vermögensübertragungen, Scheidungen, Abfindungen und Entschädigungen u. a.). Erst dann kann mit der eigentlichen Bewertungsarbeit begonnen werden, wobei sich immer Schwachpunkte einzelner Verfahren finden lassen.

---

[72] Vgl. Viel, J./Bredt, O./Renard, M., Die Bewertung von Unternehmungen und Unternehmensteilen: Ein Leitfaden mit Bewertungsbeispielen, Zürich 1960, S. 38 ff.

[73] Vgl. Tichy, G., Unternehmensbewertung in Theorie und Praxis, Wien 1994, S. 43.

[74] Vgl. Seiler, K., Unternehmensbewertung, Heidelberg 2004, S. 42.

Die eigentliche Problematik der einzelnen Unternehmensbewertungsverfahren liegt darin, dass sie entweder den abstrakt zu verstehenden Ertrag im Zuge der Gesamtbewertungsverfahren oder die Substanz in den Vordergrund stellen. Mittelwert- oder Übergewinnverfahren stellen lediglich einen Kompromissansatz zwischen einem ertragsorientierten und einem substanzorientierten Bewertungsmodus dar, sind jedoch kein geeignetes Instrument zur Ermittlung eines möglichst realitätsnahen und damit dem tatsächlichen Marktwert entsprechenden Unternehmenswertes.

Diesem Anspruch werden wohl noch am ehesten die Bewertungsmodi der Gesamtbewertungsverfahren gerecht, weil diese, wenn überhaupt, auch eine mehr oder minder vollständige Erfassung aller immateriellen Vermögenswerte zu berücksichtigen versuchen. Dabei geht man jedoch ebenfalls von dem Irrglauben aus, dass ein Vermögensgegenstand, der keinen Ertrag bringt, auch nichts wert sein kann. Wirtschaftlich nicht genutzte, immaterielle Vermögensgegenstände fließen damit nicht in die Unternehmensbewertung ein. Nur ein zukunftsorientierter Ertragswertansatz könnte einem derartigen Vorwurf der Unvollständigkeit widerstehen, indem eben genau dieses Erfolgspotenzial entsprechend berücksichtigt wird.

Materielle Vermögensgegenstände hingegen besitzen aufgrund ihrer Disponibilität und – daraus abgeleitet – ihrer Marktnachfrage meist einen Zeitwert, der bei einer Unternehmensbewertung entsprechend Berücksichtigung finden kann.

Folglich wäre bei jeder Bewertung zunächst der reine Substanzwert zu ermitteln, wobei hier sämtliche, d. h. auch alle immateriellen Vermögensgüter, entsprechend Berücksichtigung finden müssten und ein reiner Marktwert festzustellen wäre. In einem zweiten Schritt erst wäre zu prüfen, ob im Zuge einer zukunftsorientierten Gesamtbewertung der Unternehmenswert den Wert der Substanz übertrifft. Ist dies der Fall, so sind diesem zukunftsorientierten „Ertragswert" die Vermögenswerte aller nicht betriebsnotwendigen materiellen und immateriellen Anlagegüter hinzuzurechnen. Anderenfalls stellt sich der Unternehmenswert ausschließlich als der Wert der Substanz dar. Der sich aus der Addition der beiden Größen „Ertrag" und „nicht betriebsnotwendiges Vermögen" ergebende Wert stellt den tatsächlichen Wert einer Unternehmung dar. Die folgende Formel veranschaulicht diesen Bewertungsansatz:

Substanzwert mit Reproduktionswerten des nicht betriebsnotwendigen Vermögens

$$+ \sum_{t=1}^{5\text{ bis }8} \text{Ertrag}_{5\text{ bis }8\text{ Jahre}} * (1 + \text{Zinssatz})^{-(5\text{ bis }8\text{ Jahre})}$$

= Unternehmenswert

Der sich so errechnende Unternehmenswert berücksichtigt entweder im zu ermittelnden Substanzwert wirtschaftlich nicht genutzte Güter des Anlagevermögens oder eben über die zukünftig zu erwartenden Gewinne der Gesellschaft die Würdigung dieser in absehbarer Zeit zu nützenden, meist immateriellen Wirtschaftsgüter. Voraussetzung dafür ist jedoch, dass der Bewertende diese Wirtschaftsgüter bewusst, entweder bei der Substanz oder im Ertrag beachtet. Typischerweise handelt es sich dabei um die den Firmenwert bestimmenden, bei dem oben angeregten Bewertungsansatz im Unternehmenswert vollständig erfassten Determinanten. Diese setzen sich im Wesentlichen aus den in Kapitel 2.1 beschriebenen, den Firmenwert bestimmenden Faktoren zusammen.

Voraussetzung für eine solche Bewertung ist jedoch, dass in einem vorhergehenden Schritt sichergestellt wurde, dass der gemeine Wert der Substanz (insbesondere des notwendigen Betriebsvermögens) unter dem Wert liegt, den man im Tagesgeschäft mit diesen die Substanz bestimmenden Wirtschaftsgütern im Zuge einer Ertragswertermittlung erzielen kann.

In einer globalen Betrachtung der Unternehmensakquisitionspraxis dürften die Bewertungsverfahren der Discounted-Cashflow-Methode, die Ertragswertmethode und die Bewertungsmethode, die auf Market Multiples zurückgreift, am häufigsten Anwendung finden.[75] Dabei stellen Multiplikatormethoden (etwa Market Multiples) Modifikationen von Ertragswertmethoden dar. Die Anwendbarkeit von Multiples hängt jedoch davon ab, ob genügend Informationen hinsichtlich vergleichbarer Transaktionen zur Verfügung stehen. In Ländern, in denen die Unternehmenslandschaft derart gestaltet ist, dass viele Unternehmen börsenotiert sind, werden solche Informationen repräsentativer und daher von größerer Relevanz sein als in Märkten, in denen derartige Vergleichsbetriebe samt deren aktuellen Marktwerten kaum oder in nur geringem Umfang verfügbar sind.Es ist wohl sinnvoll, eine Reihe unterschiedlicher Bewertungsmethoden zunächst einmal anzuwenden, um eine Bandbreite möglicher Unternehmenswerte zu erhalten. Wie einleitend bereits diskutiert, ist der Unternehmenswert immer dort anzusiedeln, wo sich die subjektiven Wertvorstellungen von Käufer und Verkäufer kreuzen.

Zur groben, aber schnellen Einschätzung möglicher Unternehmenswerte, die branchenspezifisch völlig unterschiedlich sein können und wichtige Bewertungsdetails außer Acht lassen, seien die folgenden Kenngrößen exemplarisch angeführt:[76]

Schleifmittelindustrie	5- bis 8-mal EBITDA
Luxusgüterindustrie	15- bis 20-mal EBITDA
Wirtschaftsprüfer- und Steuerberaterpraxen	100–150% des Jahresumsatzes
Softwareunternehmen	Summe der Jahresgehälter der Mitarbeiter
Versicherungen	Prämieneinnahmen des letzten Jahres
Lebensmittelmärkte	Buchwerte der Einrichtung und Waren zuzüglich eines Monatsumsatzes
Werbeagenturen	70% eines Jahresumsatzes
Buchhandlungen	70% eines Jahresumsatzes zuzüglich des Warenbestandes
Tankstellen	3- bis 5-mal EBITDA
Hotels	3-mal jährlicher Übernachtungsumsatz
Druckereien	5- bis 7-mal Monatsumsatz
Verlage	4- bis 6-mal EBITD[77]

[75] Vgl. Seiler, K., Unternehmensbewertung, Heidelberg 2004, S. 31–33.

[76] Vgl. Jungreithmeier, T. – KPMG, Studie zu Unternehmensbewertungen, Wien 2004, S. 63 f.

[77] Vgl. Seiler, K., Unternehmensbewertung, Heidelberg 2004, S. 41 f.

Es sei jedoch nochmals ausdrücklich darauf hingewiesen, dass diese Bewertungsansätze im Einzelfall bei jedem Unternehmen kritisch zu hinterfragen sind. Grundsätzlich ist bei jeder Unternehmensbewertung, sofern nicht persönlich-private Gründe für die Bezahlung eines unangemessen hohen oder niedrigen Kaufpreises sprechen, grundsätzlich vom Amortisationsgedanken auszugehen.

Jedenfalls ist unabhängig von der Bewertungsmethode die Qualität der für die Bewertung zur Verfügung gestellten Daten und Informationen zu berücksichtigen (siehe Kapitel 3.1.1.1.2: Analyse der Unternehmensdaten und des Unternehmensumfeldes).[78] Dabei geht es einerseits darum, ein möglichst klares Bild über Stärken, Schwächen und Risiken der zu erwerbenden Gesellschaft zu erhalten, gleichzeitig aber auch mögliche Potenziale und Synergien zu erkennen. Attraktive Unternehmensdaten führen nicht zwingend zu einem hohen Unternehmenswert, wenn nämlich die Richtigkeit der erhaltenen Informationen nicht erwiesen ist. Die Datenerhebung sollte, wie bereits erwähnt, folgende Bereiche umfassen:

- Analyse der politischen, gesellschaftlichen, wirtschaftlichen und technischen Entwicklung
- Analyse des Verkaufssortiments und der angebotenen Dienstleistungen
- Analyse der Verkaufsorganisation, Absatzwege, Absatzregionen, der Kundenstruktur und der Werbung
- Analyse des Absatzmarktes
- Analyse der Konkurrenz
- Analyse der Produktion
- Analyse der Forschung und Entwicklung
- Analyse der Beschaffung
- Analyse der Ver- und Entsorgung sowie des Umweltschutzes
- Analyse des Personals
- Analyse des Managements, der Führungsstruktur und der Strategien
- Analyse der Ergebnisrechnungen der Vergangenheit
- Analyse der Finanzlage
- Analyse der rechtlichen Verhältnisse
- Analyse der steuerlichen Verhältnisse

Die hier gewählte Reihenfolge der Analysebereiche spiegelt nicht ihre Bedeutung bei der Datenerhebung wider. Dies ist unternehmensspezifisch sehr unterschiedlich.

3.2 Der Firmenwert im Speziellen

Nachdem ein Unternehmen anhand der oben näher beschriebenen Verfahren bewertet wurde, kommt es bei dem Großteil aller Akquisitionstransaktionen zur Aufdeckung eines Firmenwertes (siehe Kapitel 2.1: Begriffsklärung Firmenwert).

---

78 Vgl. Born, K., Unternehmensanalyse und Unternehmensbewertung, Stuttgart 1995, S. 66.

Welches Gewicht der Firmenwert im Verhältnis zu den materiellen Vermögensgegenständen hat, wie er sich aus der Unternehmensbewertung ableiten lässt, wurde bereits in Kapitel 2.1 erläutert. Wie er in weiterer Folge nach den aktuellen Rechnungslegungsvorschriften zu behandeln ist, auf welche handels- sowie steuerrechtlichen Besonderheiten dabei zu achten ist und wie über ihn verfügt werden kann, wird in den folgenden Kapiteln beschrieben.

Diesbezüglich sollen die an Bedeutung immer mehr gewinnenden internationalen Rechnungslegungsvorschriften nicht unberücksichtigt bleiben, deren Einfluss auch die nationalen Entwicklungen maßgeblich prägt.

3.2.1 Bilanzierbarkeit und Ausweis des Firmenwertes nach handelsrechtlichen sowie nach steuerrechtlichen Bestimmungen

Gemäß allgemein anerkannten Bestimmungen differenziert man zwischen dem originären und dem derivativen Firmenwert. Der Unterschied liegt einerseits in der Entstehung und andererseits in der Bilanzierbarkeit dieser zwei Ausprägungsformen des Firmen- oder Geschäftswertes. Versteht man einerseits unter dem originären Firmenwert jenen, der „selbstgeschaffen“, d. h. nicht entgeltlich erworben wurde, so ist der derivative Firmenwert jener, den man im Zuge eines Betriebs-, Teilbetriebs- oder Mitunternehmeranteilserwerbes käuflich angeschafft hat (wobei unter Teilbetrieb ein selbständiger, für sich selbst lebensfähiger Teil des Betriebes verstanden wird). Beim Firmenwert handelt es sich prinzipiell um ein selbst erstelltes Immaterialgut des Anlagevermögens, das entsprechend dem Aktivierungsverbot des § 197 Abs. 2 HGB, geltend für selbst hergestellte immaterielle Vermögensgegenstände, nicht bilanziert werden kann (originärer Firmenwert). Sofern ein Firmenwert im Zuge eines Unternehmenskaufes im Kaufpreis mitberücksichtigt wurde (derivativer Firmenwert), erlaubt das Rechnungslegungsgesetz eine Aktivierung desselben. § 203 Abs. 5 HGB räumt dem Bilanzersteller ein Wahlrecht bezüglich der Aktivierung eines derivativen Firmenwertes ein, das jedoch nur im Jahr des Anteils-/Teilbetriebs-/Unternehmenserwerbs ausgeübt werden kann. Auch eine nur teilweise Aktivierung ist möglich und zulässig.[79] Die Entwicklung des Firmenwertes ist in jedem Fall aber gem. § 226 Abs. 4 HGB im Anlagenspiegel darzustellen, weil für die festgesetzte planmäßige Abschreibung ein Abschreibungsplan unter Angabe der Abschreibungsmethode und vorgesehenen Nutzungsdauer zu führen ist. Für die Methode der Abschreibung kommen sowohl eine lineare als auch eine degressive Variante in Betracht, wobei diesbezüglich unterschiedliche Auffassungen existieren.[80]

Der Gesamtkaufpreis, der für einen Betriebs- oder einen Teilbetriebserwerb bezahlt wird, ist dem Grundsatz der Einzelbewertung entsprechend auf die einzelnen

---

[79] Vgl. Gassner, W./Lahodny-Karner, A./Urtz, C., in: Straube, HGB, Band 2 Rechnungslegung, S. 269 f.

[80] Vgl. Küting, K./Weber, C., Handbuch Ia § 255 Rz 471.

Vermögensgegenstände aufzuteilen und muss entsprechend aktiviert bzw., sofern es sich um Passiva handelt, passiviert werden (siehe Kapitel 2.1: Begriffsklärung „Firmenwert" und „stille Reserven"). Soweit der Kaufpreis die Summe der Zeitwerte der einzelnen Güter übersteigt, kann dieser Differenzbetrag als derivativer Firmenwert aktiviert werden. Sind die Teilwerte der sich im Unternehmen befindlichen Güter jedoch höher als der bezahlte Kaufpreis, so kommt es zu einer anteiligen Kürzung der stillen Reserven. Ein positiver Firmenwert kann in diesem Fall nicht ausgewiesen werden. Umstritten ist die Möglichkeit für den Erwerber, einen so genannten negativen Firmenwert in Höhe des Minderbetrages zu passivieren und zuzuschreiben. Davon abgesehen kann es bei der Zuteilung der stillen Reserven auch andere Aufteilungsvarianten geben, sofern sie sachlich gerechtfertigt erscheinen.[81] Nach dem allgemeinen Bilanzschema für Kapital- sowie Personengesellschaften ist der Geschäfts- oder Firmenwert unter den Vermögensgegenständen im immateriellen Anlagevermögen auszuweisen.[82]

Obwohl der Firmenwert in der Bilanz gem. § 224 Abs. 2 A I 2 ebenso einen Ausweis erfährt wie die restlichen Anlagegüter, ist ein inhaltlicher Vergleich mit diesen nicht sinnvoll. Dementsprechend ist eine vom Unternehmen isolierte Disposition und Veräußerbarkeit des Geschäfts(Firmen)wertes nicht möglich. Diese fehlende selbständige Verkehrsfähigkeit sowie die als schwierig einzustufende Bewertbarkeit des Firmenwertes spricht gegen eine entsprechende Affinität und damit gegen den Ausweis als Vermögensgegenstand. Aus diesem Grund spricht man bei der Aktivierung eines Firmenwertes von einer Bilanzierungshilfe.[83]

Handelsrechtlich ist der Firmenwert auf die Dauer seiner voraussichtlichen Nutzung abzuschreiben, die Formulierung im RLG lässt dabei auf ein Abschreibungswahlrecht schließen („die Abschreibung des Geschäfts(Firmen)wertes kann planmäßig auf die Geschäftsjahre, in denen er voraussichtlich genutzt wird, verteilt werden"), wobei das Gesellschaftsrechtsänderungsgesetz 2004 (GesRÄG) von einer Abschreibungspflicht spricht.[84] Eine vorzeitige Abschreibung des Firmenwertes ist bei nicht vorhandener Werthaltigkeit nicht nur möglich, sondern verpflichtend (Beachtung des gemilderten Niederstwertprinzips beim Anlagevermögen). Da dem Geschäfts(Firmen)wert der Charakter eines Vermögensgegenstandes gem. § 204 in Verbindung mit § 208 HGB fehlt, existiert keine Zuschreibungspflicht gem. § 208 HGB. Unter Berücksichtigung der Grundsätze ordnungsgemäßer Buchführung und des darin erwähnten Vorsichtsprinzips ist die Zulässigkeit einer Zuschreibung in Frage zu stellen.[85]

Steuerrechtlich ist der Firmenwert gem. § 7 in Verbindung mit § 8 Abs. 3 EStG zwingend auf 15 Jahre zu verteilen. Eine davon abweichende Disposition ist nicht

[81] Vgl. Fattinger, S., in: Bertl, R./Mandl, G., RLG B. II/3.2.a, S. 10f.

[82] Vgl. HGB, 2. Band, 2. Auflage, § 196, Rz 5, S. 98.

[83] Vgl. Hofians, R., Bilanzierungshilfen des Handelsrechts im Bilanzsteuerrecht, Wien 1986, S. 125.

[84] Vgl. Bertl, R./Hirschler, K., in: Bertl, R./Mandl, G., RLG B II/3.2.bb, S. 9.

[85] Vgl. Gassner, W./Lahodny-Karner, A./Urtz, C., HGB 2. Band Rechnungslegung, S. 272.

möglich. Der Vollständigkeit halber sei die steuerrechtliche Behandlung des Firmenwertes bei Land- und Forstwirten erwähnt, die gleich den Gewerbebetrieben einen eventuellen Firmenwert zwingend aktivieren und ebenfalls auf 15 Jahre verteilt abschreiben müssen.

„Eine kürzere Abschreibung ist nur bei personenbezogenen Praxiswerten“ (Anwalts- oder Steuerberatungskanzlei, deren Nachhaltigkeit des Kundenstockes mit der Person des Besitzers eng verbunden ist) „möglich, wo in der Regel 3 bis 5 Jahre angenommen werden (Hofians, WBl 1988, 189; Ruppe, GesRZ 1988, 194; Quantschnigg/Schuch, ESt-HB § 8 Rz 44; Doralt, EStG § 8 Rz 37 und 45). Teilwertabschreibungen sind nicht ausgeschlossen, können jedoch nicht mit einer kürzeren Nutzungsdauer begründet werden (Ruppe, GesRZ 1988, 194; Hamerle, SWK 1992 A I 197; Quantschnigg/Schuch, ESt-HB § 8 Rz 46; Doralt, EStG § 8 Rz 50; Abschn C2.2. GERL 1989)“.[86]

Ebenso wie im Handelsrecht gilt auch für die steuerrechtliche Behandlung immaterieller Anlagegüter, dass nur diejenigen aktiviert werden können, die entgeltlich erworben wurden. Der Bewertungsansatz findet mit den Anschaffungskosten (in Ausnahmefällen auch den Herstellungskosten) seine Obergrenze. Der Erwerber hat auf seinen Rechtsvorgänger und damit auf den letzten entgeltlichen Erwerb abzustellen. Damit hat er die Buchwerte seines Rechtsvorgängers fortzuführen.

3.2.2 Disponibilität des Firmenwertes

Der Mitunternehmeranteil eines Gesellschafters einer Personengesellschaft besteht aus dem Anteil an der Personengesellschaft (Gesellschaftsanteil) und dem Sonderbetriebsvermögen des Mitunternehmers.[87] Dazu lässt sich ergänzend aus dem BFH-Beschluss vom 31. August 1995 VIII B 21/93 deutlich ableiten, dass das Ergänzungskapital samt Firmenwert eines Mitunternehmers ebenso Bestandteil seines Mitunternehmeranteils ist.

Der derivative Firmenwert, dessen Existenz der entgeltliche Erwerb einer Beteiligung an einer Personengesellschaft vorausgeht, geht ebenso wie der originäre Firmenwert bei einer unentgeltlichen Anteilsübertragung (Erbschaft/Schenkung/Stiftung) auf den/die jeweiligen Rechtsnachfolger über.

Die Frage, ob der Erblasser/Geschenkgeber oder Stifter über den Firmenwert frei verfügen und eine vom Schicksal des Mitunternehmeranteils abweichende Disposition treffen kann, wurde vom BMF klar verneint. Dies gilt nicht nur für den bilanzierbaren derivativen, sondern sinngemäß auch für den originären Firmenwert sowie für aufgedeckte und nicht aufgedeckte stille Reserven. Auch jene mit einzelnen Anteilszukäufen ursächlich zusammenhängenden Firmenwerte und stillen Reserven, deren wirtschaftlicher Zusammenhang lediglich in der Entstehungsphase einer durch einen Anteilskauf hervorgerufenen Ergänzungsbilanz liegt, können nicht gemeinsam mit

---

[86] Vgl. Gassner, W./Lahodny-Karner, A./Urtz, C., HGB 2. Band Rechnungslegung, S. 273.

[87] Vgl. BFH-Urteile vom 12.11.1985 VIII R 286/81, BFHE 145, 62, BStBl 1986, 55, m. w. N.; vom 14.4.1988 IV R 271/84, BFHE 153, 125, BStBl II 1988, S. 667.

diesen vom restlichen Mitunternehmeranteil isoliert und in der Folge für sich genommen übertragen oder verkauft werden.

Da dem Gesellschafter einer Personengesellschaft (KG) unabhängig von dem Ausmaß der sich bereits in seinem Eigentum befindlichen Quote am Gesamtvermögen einer Gesellschaft immer nur jeweils ein Gesellschaftsanteil zugerechnet werden kann, werden, dem Einheitsgedanken folgend[88], neu hinzu erworbene Gesellschaftsanteile Bestandteil des ursprünglichen Mitunternehmeranteils. Dieser Mitunternehmeranteil erhält durch einen Hinzuerwerb eines neuen Gesellschaftsanteils zwar neue Ausprägungsformen (Quote am Gesamtvermögen, Ergänzungskapital, Sonderbetriebsvermögen etc.), bleibt jedoch mit seinem unbestrittenen Merkmal der Unteilbarkeit und Einheitlichkeit weiterhin als eine Einheit bestehen.

Dieser kraft Handelsrecht zwingende Einheitlichkeitscharakter eines Mitunternehmeranteils hat steuerrechtlich gleichermaßen Gültigkeit und findet im Grundsatz der Bilanzbündeltheorie seine Rechtfertigung.

Demnach ist es unbedeutend, welche näheren Umstände, Zu- und Verkäufe zu einer gewissen Beteiligungsquote geführt haben mögen. Ein Mitunternehmeranteil wird unabhängig von seinen inhaltlichen Ausprägungsmerkmalen und seiner historischen Entwicklungsgeschichte entsprechend den obigen Ausführungen immer als Einheit bestehen bleiben. Ein Mitunternehmer kann demnach in Besitz immer nur eines einzigen Anteils sein. Aus diesem Grund kann beispielsweise ein Gesellschafter einer Kommanditgesellschaft nicht Kommanditist und Komplementär gleichzeitig sein.

Der Mitunternehmeranteil des Gesellschafters einer Personengesellschaft stellt somit die Summe der aus meist verschiedenen Zukäufen stammenden Anteile dar. Eine Disposition über den Mitunternehmeranteil derart, dass der Eigentümer entscheiden kann, wann er welche dieser hinzu erworbenen, nur noch gedanklich existenten Einzelteile seines Kommanditanteils verkauft, ist demnach nicht möglich.[89] Dies auch deshalb, weil es sich beispielsweise bei den zum bestehenden Mitunternehmeranteil zu unterschiedlichen Zeitpunkten hinzu erworbenen Anteilen um nicht vertretbare Güter handelt und eine spätere Identifikation dieser „Einzelteile“ zwecks isolierter Veräußerungsintentionen (spielt besonders bei Kapitalgesellschaften hinsichtlich der Einhaltung der Behaltefrist eine wesentliche Rolle) nicht mehr möglich ist. Darüber hinaus drückt der Mitunternehmeranteil die vermögensmäßige Beteiligung eines Gesellschafters an einer Personengesellschaft aus und gilt im steuerrechtlichen Sinne nicht als Wirtschaftsgut.[90]

Ebensowenig kann im Zuge einer unentgeltlichen Anteilsübertragung bestimmt werden (auch wenn dies der erklärte Wille des Erblassers/Geschenkgebers oder Stifters wäre, den er darüber hinaus ausdrücklich kundtut), welchen Rechtsnachfolgern welche den Mitunternehmeranteil ausmachenden, ausschließlich gedanklich noch existenten Einzelteile zuzuteilen sind.

---

[88] Vgl. Schmidt, K., in: Schlegelberger, F., Kommentar HGB § 177 Rz 15; allgemein Torggler-Kucsko in: Straube, HGB I § 105/Art 7 Nr. 1 Rz 33; Gerkan, in: Röhrich/Westphalen, Kommentar zum HGB § 161 Rz 20; BGH 1.6.1987, BGHZ 101, 123, 129.

[89] Gegenteiliger Meinung ist Beiser, R. in: RdW 1991, S. 157f.

[90] Vgl. Schulze zur Wiesche, P., in: Finanz-Rundschau, Heft: 10, S. 341–346.

Demzufolge wäre lediglich die Zuteilung einer den einzelnen Anteilszukäufen entsprechenden Quote möglich, wobei der Firmenwert in der Folge aliquot aufzuteilen wäre, ist er doch gem. BMF nicht disponibel und demnach schicksalsgebunden.

Das bedeutet, dass der Firmenwert untrennbar mit dem Mitunternehmeranteil verbunden ist, ja sogar einen Bestandteil desselben darstellt und somit das Schicksal des Mitunternehmeranteils teilt. Einem Rechtsnachfolger eine Quote an dem Mitunternehmeranteil zu übertragen, jedoch den gesamten Firmenwert oder ein dieser Quote nicht entsprechendes Ausmaß des Firmenwertes zurückzubehalten, ist demnach nicht möglich.

Das Sonderbetriebsvermögen hingegen stellt einen Teil des Mitunternehmeranteils dar, über den der Mitunternehmer frei verfügen kann. Ist es erklärter Wille des Erblassers/Geschenkgebers oder Stifters, grundsätzlich nicht disponible Bestandteile eines Mitunternehmeranteils einem Rechtsnachfolger zuzuteilen, und tut er dies ausdrücklich in der dem Vertrag zugrunde liegenden Niederschrift (Schenkungsvertrag, Stiftungsurkunde, Testament) kund, so besteht die einzige Möglichkeit der Erfüllung seines Willens in der Zuweisung jener dem Wert dieser Bestandteile entsprechenden sonstigen Vermögensgegenstände, die Teil der gesamten Zuwendung und gleichzeitig disponibel sind.

Eine vom Schicksal des Mitunternehmeranteils losgelöste steuerrechtliche Disponibilität der Ergänzungsbilanz ist nicht zulässig, da zwingende steuerrechtliche Vorschriften dies unmöglich machen und in diesem Fall eine Sondersituation der Umkehr des Maßgeblichkeitsprinzips vorliegt. Das Maßgeblichkeitsprinzip kennt zwar eine Umkehr, erlaubt aber keine abweichende Behandlung von Sachverhalten zwischen Handels- und Steuerbilanz. Aus diesem Grund kann auch handelsrechtlich über den Firmenwert oder eine Ergänzungsbilanz nicht abweichend von einer quotalen Aufteilung frei verfügt werden.

Eine vom Mitunternehmeranteil losgelöste Verfügung über den Firmenwert ist demnach nicht möglich. Im Allgemeinen gilt dies also für alle im Ergänzungskapital ausgewiesenen Vermögenswerte. Anders als beim Ergänzungskapital verhält es sich im Bereich des Sonderbetriebsvermögens. Demnach ist eine Disposition des Sonderbetriebsvermögens zulässig und möglich.

3.2.3 Exkurs: Firmenwert und Ausscheidensansprüche

Im Zusammenhang mit dem Austritt eines Gesellschafters aus einem Unternehmen ist die Buchwertklausel hinsichtlich des Ausschlusses eines Gesellschafters und die damit einhergehende Wertuntersuchung der Unternehmung zu erwähnen. Die Frage der rechtlichen Zulässigkeit von Abfindungen zum Buchwert (Buchwertklausel) gewinnt aufgrund einer möglichen Sittenwidrigkeit dieser Klausel immer mehr an Bedeutung. Besonders die Vertragsinhalte vieler Gesellschaftsverträge, welche derartige Regelungen oder ähnliche Konstruktionen vorsehen, liefern hier zunehmend Diskussionsstoff. Eine inhaltliche Parallele dazu stellt wohl die so genannte „laesio enormis“[91] (Verkürzung über die Hälfte des wahren Wertes) dar, nach der wesentliche

[91] Vgl. § 934 Allgemeines Bürgerliches Gesetzbuch (ABGB).

(50%) Wertunterschreitungen von Kaufpreisen für Güter aus Geschäften mit Privatpersonen unzulässig sind. Je höher der Firmenwert und die stillen Reserven eines Unternehmens sind, desto wahrscheinlicher wird die Sittenwidrigkeit solcher Klauseln.

Aus der „clausula rebus sic stantibus“, die durchaus auch außerhalb Europas Anwendung findet, lässt sich in diesem Fall ableiten, dass eine derartige Buchwertabfindung zwar nicht gänzlich sittenwidrig ist (wie beispielsweise in der BRD), dem Gesellschafter aber zumindest ein dem tatsächlichen Wert angenäherter Wert als Abfindungsbetrag auszuzahlen wäre.

Auch die Frage, ob bei einer Buchwertabfindung – wegen der dramatischen Abweichung vom tatsächlichen Verkehrswert der Unternehmung – die Geschäftsgrundlage für eine derartige Transaktion wegfällt und der Anteilsverkauf deshalb unwirksam wird, bedarf einer besonderen Betrachtung. Der Verkäufer hat auch hier so wie der Käufer einen Gewährleistungsanspruch. Weicht der gezahlte Kaufpreis wesentlich vom tatsächlichen Wert ab, so hat das nicht nur steuerrechtlich, sondern auch handelsrechtlich Konsequenzen (Unwirksamkeit des Vertrages).

3.2.4 Der Firmenwertausweis nach internationalen Rechnungslegungsvorschriften (IAS/IFRS)

Gem. IAS 22 wären Bündel von Wirtschaftsgütern, deren isolierte Identifikation Probleme verursachen würde, als Firmenwert auszuweisen gewesen. Seit 1998 wird der Firmenwert genauso behandelt wie die in den IAS 38 geregelten übrigen immateriellen Vermögensgegenstände.[92] Demnach ist ein möglichst hoher Detaillierungsgrad bei der Identifikation der immateriellen Vermögenswerte anzustreben, wobei immer folgende Kriterien erfüllt sein müssen:[93]

- Identifizierbarkeit (das Gut stellt entweder ein Recht dar oder kann selbständig verwertet werden)
- Kontrolle/Verfügungsmacht über das immaterielle Gut
- Zukünftiger wirtschaftlicher Vorteil

Sofern diese Kriterien bei jenen den Firmenwert determinierenden Faktoren als erfüllt gelten, muss demnach auch dieser nach den geltenden Regelungsmechanismen einer Aufsplittung unterzogen werden.

Grundsätzlich, so auch nach dem österreichischen HGB, wird zwischen entgeltlich erworbenen und selbst geschaffenen immateriellen Vermögensgegenständen unterschieden. Entgeltlich erworbene Wirtschaftsgüter unterliegen aufgrund der Erfüllung allgemeiner Ansatzkriterien der Aktivierungspflicht. Letztere haben folgende zusätzliche Nachweise bzw. Ansatzkriterien[94] zu erbringen:

---

[92] Vgl. Wagenhofer, A., International Accounting Standards, Frankfurt/Wien 2002, S. 331 f.

[93] http:/www.iasplus.com/standard/ias38.htm (15. 11. 2004).

[94] Vgl. Klostermann, M., RWZ 10/2005, Artikel-Nr. 90, Intellectual Capital im Rahmen traditioneller und moderner Rechnungslegung, S. 297.

- Das Gut hat ein immaterieller Vermögensgegenstand laut obigen Kriterien zu sein.
- Es muss ausreichend wahrscheinlich sein, dass dem Unternehmen der wirtschaftliche Vorteil aus dem immateriellen Vermögensgegenstand zufließt.
- Die Anschaffungs- oder Herstellungskosten müssen zuverlässig bemessen werden können.

Gem. IAS 22.51 galt der Firmenwert prinzipiell als abnutzbar. Demnach war er auch linear abzuschreiben. Entsprechend den Regelungen der IAS 38.79 wurde der Firmenwert, so wie alle anderen immateriellen Vermögenswerte auch, über eine erwartete Nutzungsdauer von höchstens 20 Jahren (IAS 22.44) abgeschrieben. Die lineare Abschreibung war nicht zwingend, jedoch war sie der Regelfall. Eine außerplanmäßige Abschreibung (Impairment) gem. IAS 36 war nur dann vorzunehmen, sofern es Hinweise auf eine Wertminderung gab.

Gemäß aktuellen Bestimmungen der internationalen Rechnungslegung hat sich die bilanzielle Behandlung eines derivativen Firmenwertes verändert.[95] Demnach ist ein derivativer Firmenwert hinsichtlich seiner Werthaltigkeit in jedem Wirtschaftsjahr aufs Neue zu hinterfragen. Eine lineare Abschreibung auf die erwartete Nutzungsdauer dieses entgeltlich erworbenen Goodwill ist – dem Grundprinzip abnutzbarer Anlagegüter folgend – zukünftig nicht mehr möglich. IFRS 3[96] regelt die Zulässigkeit einer Abschreibung des Firmenwertes ausschließlich im Zuge einer Teilwertabschreibung (Impairment).

Die IFRS sehen ebenso vor, dass ein für einen Konzern bezahlter Firmenwert auf dessen „zahlungsmittelgenerierende Einheiten" (*cash generating unit* = CGU) aufzuteilen ist. Die Summe dieser „Einzelfirmenwerte" ergibt in der Folge den Firmenwert des Konzerns. Damit ist bereits ein erster Schritt in die, den hier angestellten Überlegungen zugrunde liegende, gedankliche Aufsplittung des Firmenwertes unternommen, wobei die Unterteilung des Firmenwertes in seine weichen Komponenten lediglich eine konsequente Fortführung des Grundkonzeptes der jüngsten Entwicklung der IFRS darstellt.

Des Weiteren sehen die IFRS (IAS 36) bei Prüfung der Werthaltigkeit des Firmenwertes vor, den außerplanmäßigen Abschreibungsbedarf im Zuge eines zweistufigen Werthaltigkeitstests (Impairment-Test) zu hinterfragen. Aus diesem Grund ist in den IFRS ausschließlich von einem Impairment Only Approach die Rede. Soweit der Kaufpreis für ein Unternehmen über dem Zeitwert der erworbenen Einzelteile des Reinvermögens liegt, wird ein Firmenwert ausgewiesen. Dies spiegelt in der Frage der Ausweisbarkeit grundsätzlich den in Österreich geltenden handelsrechtlichen Umgang mit einem Firmenwert (Goodwill) wider.

Anders als im österreichischen Handelsrecht ist nach den jüngsten Ansätzen der internationalen Rechnungslegung zumindest einmal jährlich der grundsätzliche Abwertungsbedarf zu hinterfragen. Nur wenn diese Grundsatzfrage bejaht werden kann, ist eine Quantifizierung des Umfanges dieses Abwertungsbedarfes durchzuführen.

---

95 http://www.standardsetter.de/drsc/docs/iasb_standards.html (15.11.2004).

96 http://www.ifrs-portal.com/(8.1.2006).

Demzufolge muss sich der Firmenwert regelmäßig einem zweistufigen Bewertungsverfahren stellen: [97]

1. Stufe: Beurteilung der grundsätzlichen Notwendigkeit zur Abwertung
Für die „CGU" ist ein fiktiver Unternehmenswert zu ermitteln, von dem sowohl der Teilwert des Reinvermögens als auch der aus dem Kauf resultierende Firmenwert in Abzug zu bringen ist. Sofern dabei ein positiver Saldo verbleibt, ist keine Abwertung durchzuführen. Nur für den Fall, dass sich ein negativer Saldo ergibt, ist das Ausmaß dieser Abwertung (Impairment) zu ermitteln.

2. Stufe: Beurteilung des Ausmaßes der Abwertung
In diesem Schritt ist zu hinterfragen, was für das Unternehmen im Zuge einer neuerlichen Akquisition bezahlt werden würde. Der sich aus dieser Rechnung ergebende Differenzbetrag zwischen tatsächlich aktiviertem und fiktiv errechnetem Firmenwert stellt das Ausmaß der durchzuführenden außerplanmäßigen Abschreibung dar.

Diese außerplanmäßige Abschreibung ist über die Gewinn- und Verlustrechnung im operativen Ergebnis der Gesellschaft auszuweisen. Darüber hinaus besteht für zukünftige Perioden ein Zuschreibungsverbot, weil die dabei „wiedergewonnenen" Anteile dieses Firmenwertes sodann selbst geschaffen und damit originär sind.

Die IFRS/IAS spezifizieren demnach Kriterien, nach denen die durch die Akquisition erworbenen immateriellen Vermögensgegenstände, abgesehen vom Geschäftswert, nach der Erwerbsmethode zu aktivieren sind. So kann das dem Kaufpreis zugeordnete Arbeitskräftepotenzial nicht separat aktiviert werden. Der Geschäfts- oder Firmenwert sowie immaterielle Vermögensgegenstände mit unbestimmbarer Nutzungsdauer können nicht mehr planmäßig abgeschrieben werden, sondern sind mindestens jährlich auf deren Werthaltigkeit zu überprüfen. Immaterielle Vermögensgegenstände mit einer zeitlich eingeschränkten Nutzungsdauer sind demnach über ihre voraussichtliche Nutzungsdauer planmäßig auf einen Restwert abzuschreiben und unter „Berücksichtigung einer Wertminderung bei Gegenständen des Anlagevermögens sowie zur Veräußerung bestimmter Gegenstände des Anlagevermögens" regelmäßig bei Anzeichen einer Wertminderung auf deren Werthaltigkeit zu überprüfen.

Abschließend lässt sich somit auch festhalten, dass die internationale Rechnungslegung durch die geänderten Vorschriften zur bilanziellen Behandlung eines derivativen Goodwill eine Konzeption zur Aufsplittung des Firmenwertes in seine Einzelteile und eine individuelle Abschreibung geradezu unterstützt.

Der Vollständigkeit halber sollen an dieser Stelle die Möglichkeiten einer Badwill-Entwicklung und der bilanziellen Behandlung eines negativen Firmenwertes (positiven Unterschiedsbetrages) andiskutiert werden.

Die Entstehung eines negativen Firmenwertes ist an den Umstand gebunden, dass der Kaufpreis unter dem Wert der sich im Unternehmen befindlichen Substanz liegt. Auch wenn eine derartige Kaufpreiskonstellation, dass nämlich ein potenzieller Ver-

[97] Vgl. Seicht G./Lorson C./Heiden M., Jahrbuch für Controlling und Rechnungswesen 2002, Intellectual Capital Statement und Goodwill-Impairment, 2002, S. 379.

käufer die einzelnen Wirtschaftsgüter in seinem Unternehmen unter deren Wert veräußert, als nicht wahrscheinlich zu betrachten ist und im Regelfall nicht vorkommen dürfte, sind zumindest einige Überlegungen zu einer derartigen Situation anzustellen. Ein wirtschaftlich agierender Unternehmer orientiert sich erfahrungsgemäß ausschließlich an dem erzielbaren Ergebnis, weshalb die Entstehung eines Badwills sicherlich eine seltene Begebenheit darstellt.[98] Nur im Falle, dass in Zukunft anhaltende Verluste die Unternehmensentwicklung nachhaltig negativ beeinflussen, kann ein Eigentümer einen negativen Firmenwert (Badwill) akzeptieren.

Die internationalen Bilanzierungsstandards (IFRS/IAS) unterscheiden nach IFRS 3 für die Bilanzierung und den Ausweis eines Badwill grundsätzlich zwei Fälle.

- Ist dieser Badwill „zuverlässig messbaren" zukünftigen Verlusten oder Aufwendungen zuordenbar, so ist er in jenen Perioden erfolgswirksam aufzulösen, in denen diese Verluste oder Aufwendungen anfallen.
- Ein so genannter Lucky Buy – also ein negativer Firmenwert, der nicht für zukünftige Verluste oder Aufwendungen „vereinnahmt" wurde – ist zur Gänze bereits im ersten Jahr erfolgswirksam aufzulösen.

Die International Financial Reporting Standards (IFRS) sehen seit März 2004 vor, negative Geschäfts- oder Firmenwerte bereits im ersten Jahr vollkommen erfolgswirksam aufzulösen.[99]

Nachdem nun die unterschiedlichen Ansätze zur Unternehmensbewertung behandelt wurden und diese die Grundlage für die Bestimmung des Firmenwertes darstellen, dessen handels- und steuerrechtliche Bedeutung im Anschluss auch zur Genüge erläutert wurde, soll im folgenden Kapitel auf jene Modelle eingegangen werden, die sich ausschließlich mit der Bewertung von immateriellen Vermögenswerten auseinandersetzen. Diese Modelle identifizieren in ihrem Bewertungsstreben die Determinanten des intellektuellen Kapitals. Sie stellen zugleich die wesentlichen Komponenten des Firmenwertes dar.

In weiterer Folge werden also, basierend auf den Bewertungsansätzen für das intellektuelle Kapital, die gängigsten Verfahren kurz vorgestellt und aus diesen die einer Abschreibung zugrunde liegende Struktur für die Determinanten des Firmenwertes extrahiert. Ziel ist es, ein möglichst übersichtliches Bild der den Firmenwert bestimmenden Faktoren zu zeichnen.

---

[98] Vgl. Siege, T./Bareis, P., Der „negative Geschäftswert" – eine Schimäre als Steuersparmodell?, Heidelberg 1993, S. 1477–1479.

[99] Vgl. Leibfried, P., IFRS 3, „Unternehmenszusammenschlüsse", in: IFRS DRCS InfoDienst der Akademie für internationale Rechnungslegung, 4/2004, S. 7 ff.

4 Ansätze zur quantitativen und qualitativen Bewertung des intellektuellen Kapitals

Zur Bewertung der immateriellen Aktiva können mehrere Verfahren herangezogen werden. Die Problematik einer objektiven Wertermittlung, die in keinem direkten Zusammenhang mit dem Unternehmenswert und damit mit dem tatsächlich bezahlten Kaufpreis stehen muss, ergibt sich aus Faktoren, die den Kaufpreis oder Börsenkurs beeinflussen, nicht aber unbedingt in der Sphäre der Unternehmung anzusiedeln sind. So können persönliche Vorlieben, falsche Gerüchte oder Ähnliches den Unternehmenswert beeinflussen, die tatsächlichen Werte der immateriellen Vermögensgegenstände blieben jedoch unberührt. Was zudem davon unbeeinflusst bleibt, ist das Werteverhältnis der immateriellen Vermögenswerte zueinander. Aus diesem Grund kann man aus einer Bewertung dieser den Firmenwert bestimmenden Faktoren auf eine Verteilung der bei der Transaktion tatsächlich bezahlten Werte schließen.

Wie oben bereits hinsichtlich des Firmenwertes festgehalten, kann nur jener Mehrbetrag, der sich nach Zuweisung auf die im Anlagevermögen befindlichen Aktiva auf die immateriellen, nicht näher „identifizierbaren" Vermögenswerte ergibt, verteilt werden.

Um eine Messung überhaupt erst zu ermöglichen, ist zunächst eine klare Auflistung der im Unternehmen existenten, den Firmenwert bestimmenden Faktoren des Intellectual Capital erforderlich. Dem sich daraus ergebenden Intellectual-Capital-Inventar sind Kenngrößen zuzuteilen und daraus resultierende Ursache-Wirkungsketten transparent zu machen. Meist stellt dies ein höchst herausforderndes Unterfangen dar.

Die Bewertung der so genannten, sich aus der Firmenwertermittlung ergebenden „Intangibles" kann mittels der in Abbildung 3 (s. S. 54) skizzierten Methoden erfolgen, wobei sich alle darin angeführten Methoden auf vier Ansätze reduzieren lassen (Direct Intellectual Capital Methods, Market Capitalization Methods, Return on Assets Methods: Scorecard Methods), nach denen diese quantifiziert und gemessen werden können.[100]

Für die weitere Diskussion erfolgt eine Reduktion auf die folgenden, relevant erscheinenden Ansätze.[101]

4.1 Das Modell von Skandia

Das Modell von Skandia[102], entwickelt von Edvinsson und der Skandia Versicherungsgesellschaft, versucht ebenfalls eine Bewertung der Gesamtheit der immateriellen Aktiva. Ausgehend von der von Kaplan und Norton entwickelten Balanced Scorecard werden bei diesem Modell die folgenden Bereiche unter Berücksichtigung ihrer Beziehungen zueinander quantifiziert:

---

[100] http://www3.bus.osaka-cu.ac.jp/apira98/archives/htmls/25.htm (1.6.2004).

[101] Vgl. Chridito, Y., Markenbewertung, Haupt Verlag, Zürich 2003, S. 15.

[102] Vgl. Edvinson, L./Malone, M., Intellectual Capital: The proven way to establish your company's real value by measuring its hidden brainpower, London 1997, S. 51–73.

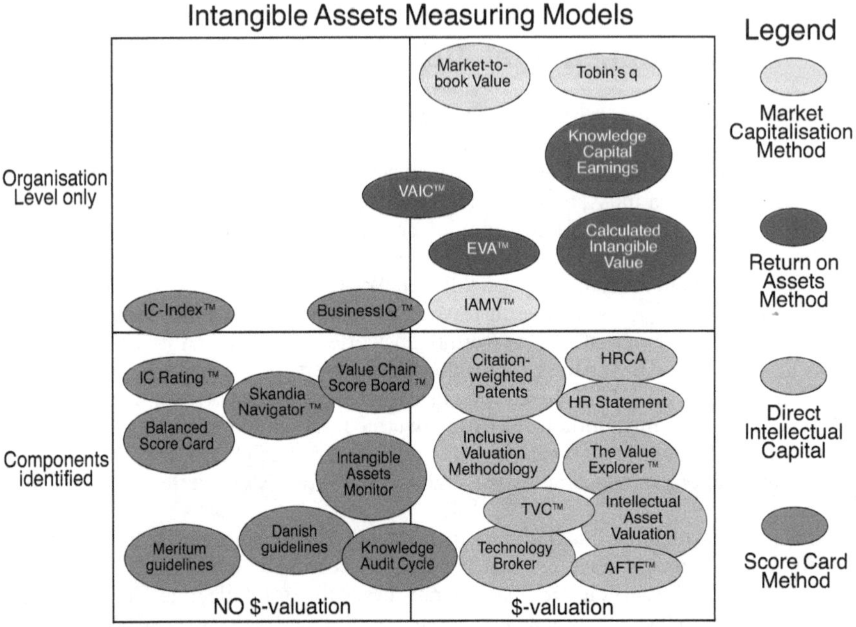

Abbildung 3: Methoden zur Messung des intellektuellen Kapitals
Quelle: (1.6.2004) http://www.sveiby.com/articles/IntangibleMthods.htm

- **Geschäftsprozesse**
  Leistungskriterien sind:
  Kennzahlen mit Technologiebezug (Produktionskosten/Umsatz etc.) mit denen der Wertbeitrag vorhandener Technologien, Datenbanken etc. erhoben werden kann.
- **Kunden**
  Leistungskriterien sind:
  Kunden- und lieferantenspezifische Kennzahlen (Zufriedenheit, Beziehungen etc), die den Erfolgsbeitrag dieser Größen misst.
- **Innovation und Lernen**
  Leistungskriterien sind:
  Kennzahlen, die Indikator für Wachstum, Innovation etc. sind (Anzahl der durchgeführten Schulungen pro Mitarbeiter, Umsatz mit neuen Produkten etc.), um die Fähigkeiten, neue Produkte und Dienstleistungen zu entwickeln, bewerten zu können. Darunter fallen auch Trademarks, Patente, Copyrights, sonstige Handelsgeheimnisse.[103]

[103] Vgl. North, K., Wissensorientierte Unternehmensführung, 3. Auflage, Wiesbaden 2002, S. 59.

- **Finanzielle Perspektiven**
  Leistungskriterien sind:
  Ergebnis- und Bilanzkennzahlen mit ausschließlichem Vergangenheitsbezug.

Der so genannte „Skandia-Navigator“ soll dem Management das intellektuelle Kapital zunächst sichtbar und bewusst machen, um basierend darauf eine Bewertung durchführen zu können (Abbildung 4).

Da die Mitarbeiter in allen vier Bereichen eine wesentliche Rolle spielen, ist die **Humanperspektive** zentral angeordnet. Diese wird mittels Kennzahlen wie Arbeitszufriedenheit, Weiterbildungsaufwand, Altersstruktur der Mitarbeiter, aber auch Wissen, Fähigkeiten und Fertigkeiten der Mitarbeiter gemessen. Das Humankapital ist jener Teil der immateriellen Aktiva, der von Edvinsson und Malone[104] als „part of the company that goes home every night“ beschrieben wird.

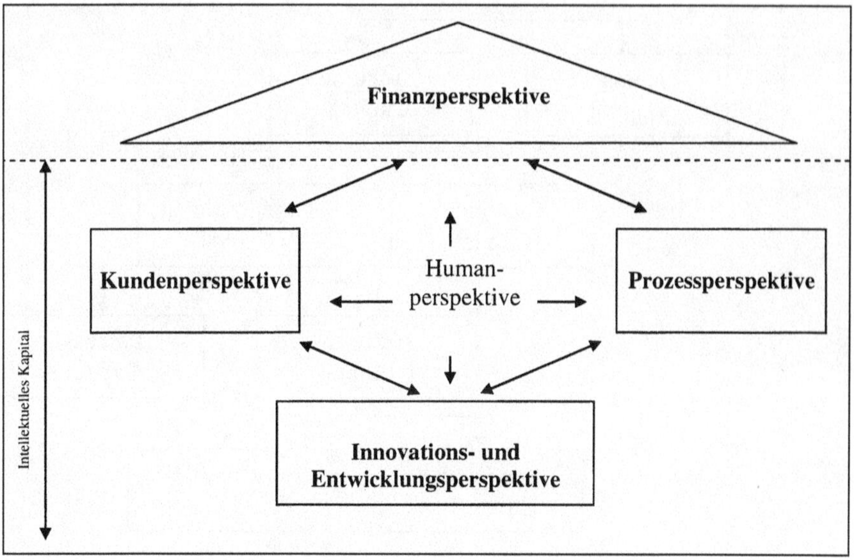

Abbildung 4: Bereiche des Skandia-Navigators

Das Modell von Skandia teilt das intellektuelle Kapital zu Bewertungszwecken in wenige Bereiche und grenzt dieses deutlich vom Finanzkapital ab. Letzteres stellt dabei im Wesentlichen das materielle Vermögen einer Gesellschaft dar und widerspiegelt die Unternehmensvergangenheit. Dies bedeutet, dass nach Abzug des Finanzkapitals vom Unternehmenswert das intellektuelle Kapital als Verfahrensgröße übrig bleibt. Jeder der in der folgenden Abbildung graphisch dargestellten Bereiche kann

---

[104] Vgl. Edvinson, L./Malone, M., Intellectual Capital: The proven way to establish your company's real value by measuring its hidden brainpower, London 1997, S. 69.

analog zum Navigator mittels bereits erläuterter Leistungsträger quantifiziert werden, wobei die Innovations- und Entwicklungsperspektive eine weitreichendere Differenzierung erfährt. Aufbauend auf dem Modell von Skandia, lässt sich das Unternehmenskapital wie in Abbildung 5 dargestellt, strukturieren.

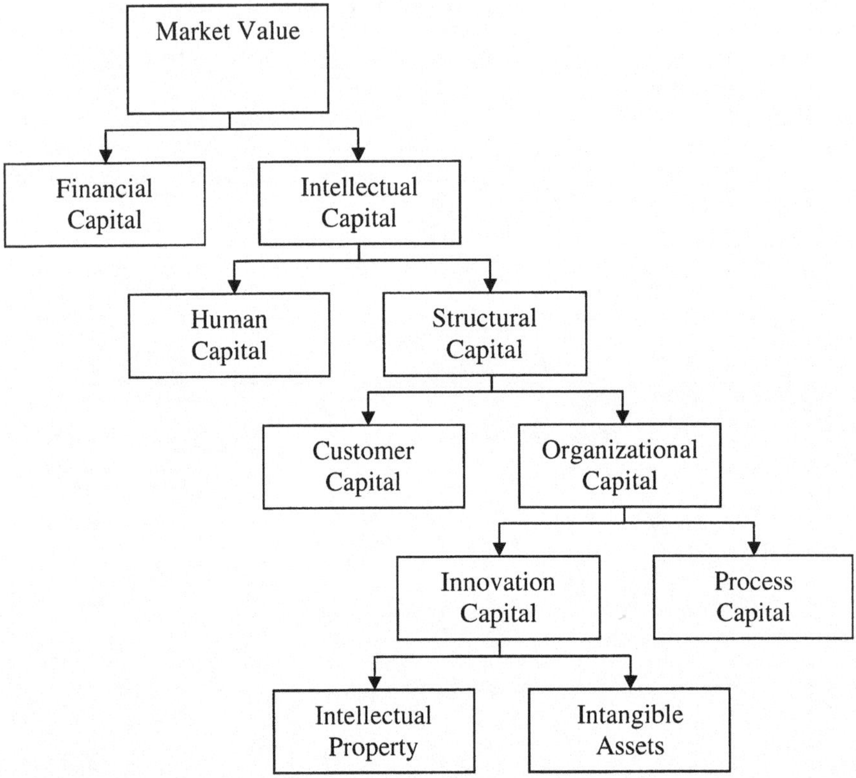

Abbildung 5: Struktur des Unternehmenskapitals
Quelle: http://www.entovation.com/innovation/skandia.htm, 08.11.2003

Skandia legt seinem Modell dabei die folgenden Definitionen zugrunde:[105]

> "**Intellectual capital:** The sum of human capital and structural capital or knowledge converted into value.
>
> **Human capital:** The competence and capabilities of the employees. The commitment by the company to help keep those skills regularly tuned and updated and to support them with outside experts.

[105] Vgl. North, K., Wissensorientierte Unternehmensführung, 3. Auflage, Wiesbaden 2003, S. 59.

Organizational capital: Systematized and packaged competence, plus systems for leveraging the company's innovative strength and value-creating organizational capability.

Customer capital: The value of the company's relationships with customers.

Innovation capital: renewal strength in a company, expressed as protected commercial rights, intellectual property and other intangible assets and values.

Process capital: The combined value of value-creating processes.

Intellectual property: Intellectual assets that qualify for legal or commercial protection, i. e. patents, trademarks, copyrights, trade secrets.

Intangible assets: Immaterial values that contribute to future cash flows."

Die Darstellung in Abbildung 6 (s. S. 58) veranschaulicht die Zusammenhänge der einzelnen Bestandteile des Unternehmenskapitals in einer etwas anderen Struktur.

Der Navigator darf keinesfalls als Sammelsurium von Kennzahlen verstanden werden. Von essenzieller Bedeutung ist aus diesem Grund die Offensichtlichkeit der Zusammenhänge der Kennzahlen untereinander. Die Einteilung in Kategorien und in weiterer Folge die Verknüpfung dieser Kategorien miteinander zu einem Ganzen, zu einem klaren Bild, ist das Ansinnen dieses Werkzeuges.

In einem jährlich zu erstellenden IC-Report (Bericht zum intellektuellen Kapital) werden einhundertelf[106] Kennzahlen, die als absolut bedeutend bezeichnet werden, zusammengeführt. Der Navigator betont, dass erst die Interaktion aller der von ihm definierten Faktoren dem intellektuellen Kapital in seiner Gesamtbetrachtung einen Wert zu verleihen vermag. Skandia beschränkt die Anzahl von Indikatoren für die Bewertung des intellektuellen Kapitals auf rund zwanzig Faktoren. In jedem Fall aber ist es in diesem Bereich nicht möglich, ohne Schätzungen zu einem allumfassenden Wert zu gelangen. Diese Faktoren werden in Prozent angegeben und widerspiegeln damit den individuellen Zielerreichungsgrad. Der Mittelwert wird mit dem theoretischen Wert des intellektuellen Kapitals multipliziert, was sodann den tatsächlichen Wert wiedergeben soll. Die Ermittlung des theoretischen Wertes des intellektuellen Kapitals bleibt unkommentiert.

An dieser Stelle ist jedoch hervorzuheben, dass weder der Skandia-Navigator noch eines der anderen Bewertungsmodelle auf eine Quantifizierung der immateriellen Vermögenswerte einer Gesellschaft ausgerichtet ist. Es handelt sich bei diesen aus dem Englischen mit dem Wort „*measurement*" bezeichneten Beurteilungen in der Regel nicht um Ermittlungsmethoden, die zu einem geldwerten Ergebnis führen, sondern vielmehr um die Ermittlung von Kenngrößen, deren Entwicklung im Zeitverlauf auf einen steigenden oder im anderen Fall auf einen fallenden Wert dieser Faktoren des intellektuellen Kapitals hindeuten.

---

[106] Vgl. Edvinson, L./Malone, M., Intellectual Capital, realizing your company's true value by finding its hidden brainpower, New York 1997, S. 150 ff.

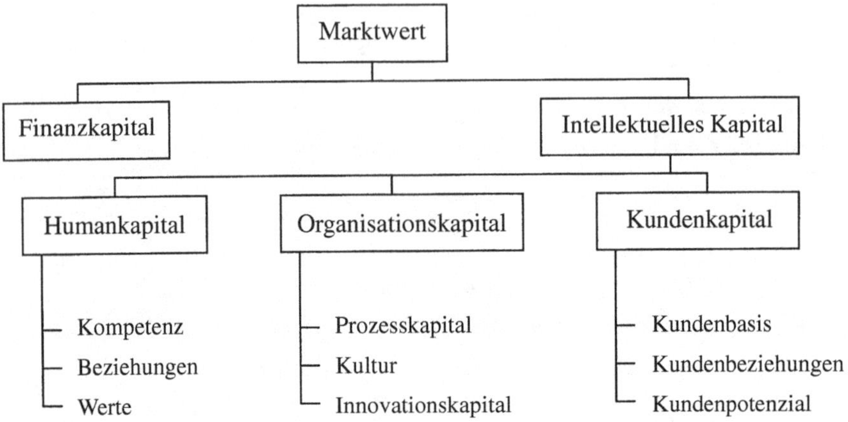

Abbildung 6: Modell nach Skandia 1998
Quelle: North, Wissensorientierte Unternehmensführung, Wiesbaden 2003, S. 59

4.2 Die Markt-Buchwertdifferenz

Die so genannte „Markt- Buchwertdifferenz“[107] ist von nur eingeschränkter Funktionalität, weil diese eine Berücksichtigung der stillen Reserven außer Acht lässt. Sie weist den gesamten Mehrbetrag, um den der Kaufpreis die Buchwerte einer Unternehmung übersteigt, den immateriellen Vermögenswerten zu, kennt keine Differenzierung unter den einzelnen Determinanten und berücksichtigt die Differenz zwischen Teil- und Buchwert der materiellen Anlagegüter dabei nicht. Es handelt sich damit um einen sehr groben und darüber hinaus pauschalen Bewertungsansatz.

4.3 Balanced Scorecard

Die von Kaplan und Norton entwickelte Balanced Scorecard[108] ermöglicht eine überblicksartige Wertbetrachtung, die auf den folgenden vier Perspektiven aufbaut:

- Finanzperspektive (Beurteilung, wie der Eigentümer die Unternehmung sieht)
- Kundenperspektive (Beurteilung, wie der Kunde die Unternehmung sieht)
- Interne Unternehmensperspektive (Beurteilung desVerbesserungspotenzials)
- Innovations- und Lernperspektive (Beurteilung der Innovationskraft)

[107] Vgl. Stewart, T., Der vierte Produktionsfaktor: Wachstum und Wettbewerbsvorteile, München/Wien 1998, S. 219–220.

[108] http://www.syre..com/ersionanglaise/Intllcap.htm (8. 11. 2003).

Die vom Management zu entwickelnden Kennzahlen, mit welchen diese vier Perspektiven gemessen werden, hängen hinsichtlich ihrer Ausprägung wesentlich von der eingeschlagenen Unternehmensstrategie ab.

Die Balanced Scorecard ermöglicht dem Betrachter, das Unternehmen sowohl aus der finanziellen als auch aus der operationalen Perspektive zu beurteilen. Finanzkennzahlen spiegeln ein Bild wider, das im Wesentlichen auf Aktionen der Vergangenheit gründet. Operationale Kennzahlen wie Kundenzufriedenheit, Beurteilung interner Prozesse und die Messung des Fortschrittes von Unternehmensinnovationen versuchen dem Betrachter ein Bild zu vermitteln, das ihm eine Einschätzung der Zukunft ermöglicht.[109]

Um zu vermeiden, dass in der Unternehmung eine weit überzogene Anzahl von Kennzahlen entwickelt wird, mit denen ein Manager ohnedies nur begrenzt arbeiten kann, beschränkt sich die Balanced Scorecard auf einige wenige, besonders bedeutende Daten in jedem dieser vier Bereiche. Dabei ist jedenfalls auf die Unternehmensstrategie abzustellen. Ebenso werden auf tiefer gelagerten Ebenen der Unternehmung derartige Kennwerte entwickelt, die aggregierte Kennzahlen auf den nächsthöheren Hierarchieebenen beeinflussen. Dies soll sicherstellen, dass die Strategie auch tatsächlich in allen Unternehmensbereichen umgesetzt wird und dass darüber hinaus Mitarbeiter jeweils nur mit jenen ihrem Bereich zuordenbaren erfolgskritischen Daten arbeiten.

Es wird also für eine Kennzahl zunächst ein Zielwert definiert, den diese erreichen soll. Dieser Zielwert wird sodann auf die strategischen Ziele beispielsweise der Finanzperspektive heruntergebrochen (z. B.: Welche finanzielle Verbesserung erhofft man sich über eine Reduzierung des Working Capital oder Nettoumlaufvermögens?). Bei der Analyse der Ursache-Wirkungsketten werden unter Berücksichtigung der Zielwerte für die jeweilige Strategie sodann entsprechende Maßnahmen festgelegt.[110]

Der Vorteil der Balanced Scorecard besteht einerseits im Bewusstmachen der Umstände, welche die Spitzenkennzahlen zu beeinflussen vermögen, und andererseits darin, die Umsetzung der Strategie durch Maßnahmen (Maßnahmen, die der Schließung der Lücke zwischen Ist- und Zielwerten dienen) bis hin in untergeordnete Organisationsebenen zu gewährleisten.

Dabei soll eine Übersicht über alle Maßnahmen geschaffen werden, die zur Strategieumsetzung beitragen. Um feststellen zu können, wie weit die Umsetzung fortgeschritten ist und inwieweit der Maßnahmenprozess als abgeschlossen zu betrachten ist, wird anhand eines Istwert-/Zielwertvergleiches ermittelt.[111]

Um die Sicht des Kunden (Kundenperspektive) über das ihn bedienende Unternehmen möglichst objektiv einnehmen zu können, muss die Frage nach dessen Bedürfnissen gestellt werden. Diese Bedürfnisse betreffen im Regelfall die Bereiche „Zeit, Qualität, Leistung bzw. Service und Kosten“. Die Herausforderung besteht nun dar-

[109] Vgl. Kaplan, R./Norton, D., The Balanced Scorecard – Measures That Drive Performance, Harvard Business Review, January–February 1992, S. 71 ff.

[110] Vgl. http://rsw.beck.de/rsw/shop/default.asp?docid=49698&docClass=NEWS&from=BC.920 (4. 8. 2004).

[111] Vgl. Rieg, S., Wertorientierte Steuerung von Tochtergesellschaften im mittelständischen Konzern, Controller Magazin 26. Jg., Heft 2/2002, S. 162.

in, für diese Bereiche Messgrößen zu finden, welche die Zufriedenheit des Kunden tatsächlich wiedergeben.

Ebenfalls von der Kundensicht ausgehend muss jedes Unternehmen die Qualität seiner internen Prozesse hinterfragen (interne Unternehmensperspektive). Faktoren wie Durchlaufzeiten, Qualität, Eignung der Mitarbeiter, Produktivität, Kernkompetenzen sind dabei auf ihr Verbesserungspotenzial hin zu prüfen und in der Folge entsprechend zu priorisieren.

Da der Unternehmenswert unmittelbar mit der Innovationskraft eines Unternehmens verbunden ist (Innovations- und Lernperspektive), kommt diesem Faktor besonderes Gewicht zu. Einige Unternehmen berücksichtigen bei ihrer Kennzahlenentwicklung neben der Messung von Innovation auch die Beurteilung der Weiterentwicklung von Prozessen im Sinne von Prozessoptimierungen.

Die gängigsten Finanzkennzahlen wie etwa Cashflow, Umsatzwachstum, Ergebnis vor Steuern, Anlagenabnutzung, Marktanteilsgewinne werden aufgrund ihres kurzfristigen Charakters und ihrer Vergangenheitsbezogenheit oft kritisiert. Shareholder-Value-Analysen, die zukünftige Cashflows zu einem Barwert diskontieren, versuchen diesen Aspekt der Vergangenheitsbezogenheit zu relativieren. Eine durchaus vertretbare Ansicht, die eine kritische Betrachtung der Finanzperspektive zu rechtfertigen scheint, erklärt den finanziellen Erfolg als eine Resultierende operationaler Aktivität. Damit sind vor allem all jene angesprochen, die ihr Unternehmen vornehmlich mit Finanzkennzahlen lenken, denn es sind fundamentale Verbesserungen von einzelnen Prozessen, die den wirtschaftlichen Erfolg induzieren und allein bedingen. Ungeachtet dessen ist jedoch unbestritten, dass die Finanzperspektive ein wichtiges Element in der Darstellung und dem Aufzeigen von Handlungsbedarf ist.

Grundsätzlich hat die herkömmliche Kennzahlenentwicklung die Erfolgskontrolle zu ihrem Hauptziel. Es sollte damit nachgewiesen werden können, ob die Projekte tatsächlich den Erfolg bringen, den sich die Unternehmung erwartet oder nicht. Die Balanced Scorecard hingegen fokussiert nicht auf den Aspekt der Kontrolle (Erfolgskontrolle), sondern legt ihren Überlegungen die Vision und die Strategie zugrunde. Durch die Vorgabe von Zielen geht man bei diesem System davon aus, dass die Mitarbeiter ihr Verhalten oder die zu setzenden Aktionen ggf. Anpassungen unterziehen. Vorgegeben werden lediglich Ziele, das „Wie" der Zielerreichung bleibt weitestgehend den Betroffenen überlassen. Nicht zuletzt auch deshalb, weil sich die Bedingungen am Arbeitsplatz oder dem Projektumfeld laufend ändern, kann niemand als der Betroffene selbst besser einschätzen, welche Art der Anpassung zur Zielerreichung gegebenenfalls nötig sind.

4.4 Intangible Assets Monitor

Der Intangible Assets Monitor, entwickelt von Karl-Erik Sveiby, konzentriert sich bei der Wertermittlung des intellektuellen Kapitals auf die Humanressourcen einer Unternehmung. Die Personen werden damit als die einzigen eigentlichen positiven Ergebnisverursacher betrachtet. Dieses Modell baut im Wesentlichen auf drei Säulen auf:

- **Interne Strukturen** mit im Eigentum des Unternehmens stehenden Lizenzen, Patenten, Prozessen etc.
- **Externe Strukturen**, gekennzeichnet durch die Kraft des Kundenstammes
- **Individuelle Kompetenz** einzelner Personen, die diese mit Hilfe von Werkzeugen, entwickelten Arbeitsabläufen, Prozessen etc. dem Unternehmen zur Verfügung stellen

Jede dieser drei Säulen wird ihrerseits wiederum auf jeweils drei so genannte Sub-Kategorien aufgeteilt, für die individuelle Kennzahlen zu deren Messbarkeit entwickelt werden müssen. Diese Sub-Kategorien umfassen Kennzahlen der Bereiche:

- Wachstum und Ersatz (Erneuerung und Investition)
- Effizienz
- Stabilität

Darüber hinaus kennt die aktuelle Lehre folgende Ansätze zur Bewertung des intellektuellen Kapitals, die nachfolgend jedoch nicht näher beschrieben werden: Intangible Value Framework von Allee, Intellectual Capital Monitor von Stam, Value Explorer der KPMG, Value Creation Index, Universal Valuation Framework, das Inclusive Value Measurement von M'Pherson, Business Logics Model von Giertz, Human Capital Index von Watson Wyatt und das INK–Modell.[112]

Die in dieser Arbeit behandelte Bewertung der den Firmenwert bestimmenden Determinanten des intellektuellen Kapitals stützt sich auf die Struktur des Modells von Skandia, weil es das am weitesten entwickelte ist und darüber hinaus eine klare Differenzierung der Faktoren vorgibt.

4.5 Bewertung des intellektuellen Kapitals nach Lev

Bei der Bewertung des intellektuellen Kapitals nach Lev[113] wird der sich nach einer angemessenen Verzinsung der ausgewiesenen Aktiva ergebende Betrag von dem durchschnittlichen Ertrag einer Unternehmung der letzten sechs Jahre (arithmetisches Mittel) subtrahiert. Das Ergebnis entspricht dem Wertpotenzial der immateriellen Anlagegüter. Die Abzinsung dieses Betrages ergibt den „Calculated Intangible Value" (CIV). Zusammen mit dem Buchwert des Eigenkapitals einer Gesellschaft ergibt das den Unternehmenswert oder den Comprehensive Value.

4.6 IC-Rating

Die Bewertung des Intellectual Capital nach dem IC-Rating baut im Wesentlichen auf Interviews mit Interessengruppen (Management, Kunden, Lieferanten, Mitarbei-

---

[112] Vgl. http://www.intellectualcapital.nl/(7.11.2003).

[113] Vgl. Chridito, Y., Markenbewertung, Zürich 2003, S. 17.

ter etc.) in und um die Unternehmung auf. Dabei wird der Wissensstand der jeweiligen Gruppe hinsichtlich Unternehmen und Markt berücksichtigt.

Das konzeptionelle Gerüst, das dieser Befragung zugrunde liegt, beinhaltet die folgende Struktur und gliedert damit das intellektuelle Kapital in (siehe Abbildung 7):[114]

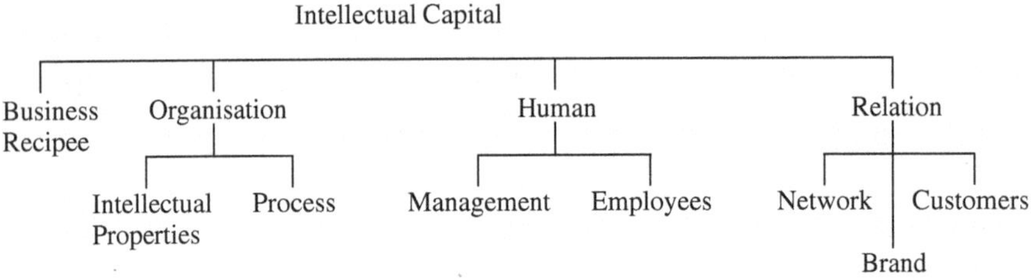

Abbildung 7: Struktur des intellektuellen Kapitals in Anlehnung an das IC-Rating
Quelle: Vgl. http://www.intellectualcapital.se/ic_rating_eng.html, 5. 11. 2003

Business Recipee – Darunter versteht sich die Deutlichkeit, mit der sich ein Unternehmensmodell von jenem der Konkurrenz unterscheidet. Mit umfasst davon sind die Strategie, aber natürlich auch die Geschäftsidee. Die Ausprägung dieses Aspektes gibt Auskunft über die Qualität der Wechselwirkung der einzelnen Faktoren des intellektuellen Kapitals.

Organisational Structural Capital – Unter diesem Aspekt ist der Einsatz und das Bemühen der Mitarbeiter zu verstehen, mit dem diese ihr Wissen und Können dem Unternehmen zur Verfügung stellen. Darunter fallen entwickelte Projekte, IT-Wissen, bewährte Arbeitsabläufe, Patente, Lizenzen und Know-how, die Wettbewerbsvorteile schaffen.

Human Capital – Dieses spiegelt die Qualifikation der für das Unternehmen tätigen Personen in sämtlichen Hierarchieebenen wider. Es sind in erster Linie die langfristigen Dienstverträge, die versuchen, dieses Kapital möglichst dauerhaft an das Unternehmen zu binden.

Relational Structural Capital – Kontakte und besondere Beziehungen zu Partnern, Kunden, Lieferanten stellen einen besonderen Wert dar. Diese Kontakte schaffen Vorteile im Bereich Umsatz, Wissen, Forschung und Personalbeschaffung. Die Qualität dieser Beziehungen entscheidet über die Effizienz und den daraus abgeleiteten Vorteil, die diese Netzwerke für das Unternehmen haben. Hierunter fällt aber auch die Marke und damit der Wiedererkennungsgrad der Gesellschaft.

4.7 Tobins Q-Ratio

Bei Tobins Q-Ratio werden die Determinanten des Firmenwertes, ident zur Wertermittlung mittels Markt- Buchwertdifferenz, pauschal bewertet. Demnach ist eine

[114] http://www.intellectualcapital.se/ic_rating_eng.html (5. 11. 2003).

Einzelbewertung der immateriellen Vermögensgüter nach diesem Ansatz nicht möglich: Dieser Ansatz unterstützt die Möglichkeit, Unternehmen miteinander zu vergleichen, nicht aber, das Intellectual Capital einzeln zu bewerten. Tobins Q-Ratio ist daher von eingeschränkter Bedeutung, sofern eine Bewertung der einzelnen Determinanten des Firmenwertes angestrebt wird.

4.8 Kritische Würdigung der Bewertungsansätze

Jeder dieser Bewertungsansätze genießt naturgemäß nicht nur Vorteile, sondern bringt auch gewisse Nachteile mit sich. In der Abwägung der jeweiligen Vor- und Nachteile, besonders unter Berücksichtigung des Zieles dieser Arbeit, liefert jedoch das Modell von Skandia (der Skandia Navigator) wohl die am besten geeignete Struktur, um den weiteren Überlegungen eine entsprechende Grundlage zu bieten. Die dieser Arbeit zugrunde gelegte Struktur basiert mit dem Aufbau des intellektuellen Kapitals und der Einteilung seiner Determinanten – trotz gleichwohl vorhandener Mängel – auf ebendiesem Modell.

In jedem Fall lässt das Modell von Skandia keine eingeschränkte Konzentration auf oder eine Übergewichtung von nur einem immateriellen Wert erkennen, wie dies beispielsweise für den Intangible Asset Monitor von Sveibyder der Fall ist, welcher auf einer Dreiphasenbetrachtung (interne Strukturen, externe Strukturen, individuelle Kompetenz) aufbaut und sein Hauptaugenmerk auf das Humankapital richtet.

Auch bringt das Modell von Skandia, und dadurch unterscheidet es sich etwa von jenem als „Tobins Q-Ratio“ bezeichneten, keinen Pauschalansatz bei der Bewertung immaterieller Vermögensgüter zur Anwendung. Da eine möglichst klare Differenzierung zwischen den einzelnen Determinanten eine Abgrenzung erst ermöglicht, stellt dies eine der wesentlichen Anforderung des zu entwickelnden Modells und der angestellten Überlegungen dar.

Der Ansatz zur Analyse und Bewertung des intellektuellen Kapitals nach Lev ist für die Belange dieser Arbeit kaum von Bedeutung, da das immaterielle Vermögen sich demnach rechnerisch als rein verfahrensbedingte Differenzgröße darstellt. Eine detaillierte Angabe von einzelnen Determinanten bzw. deren Wert und Gewicht in Bezug auf den Firmenwert erfolgt dabei nicht.

Die auf vier Wertbetrachtungen aufbauende „Balanced Scorecard“ von Kaplan und Norton stellt eine geeignete, jedoch sehr individuell auf das jeweilige Unternehmen zugeschnittene Methodik zur Bewertung der immateriellen Vermögenswerte dar. Die Berücksichtigung nahezu aller Unternehmensebenen scheint eine möglichst umfassende, implizite Berücksichtigung von Determinanten des intellektuellen Kapitals sicherzustellen. Dabei stellte die Balanced Scorecard ursprünglich gar nicht auf Determinanten des intellektuellen Kapitals ab, sondern war anfänglich als Steuerungs- und Lenkungsistrument des strategischen Controllings konzipiert. Dass dabei implizit und ganz automatisch das intellektuelle Kapital mitbehandelt wird, rechtfertigt durchaus auch die Anwendung dieser Methodik zur Messung immaterieller Vermögensgegenstände. Jedoch verlangt die Thematik dieser Arbeit nach einer expliziten und ausschließlich auf das intellektuelle Kapital ausgerichteten Erfassungsmethodik.

Dieser Forderung kann der Skandia Navigator im Vergleich zu Balanced Scorecard wesentlich gezielter gerecht werden.

Ergänzt wird das Modell von Skandia durch eine direkte Befragung, welche entsprechend dem IC-Rating (mit seinen auf Interviews basierenden Erhebungen) die notwendige Informationstiefe sicherstellt.

Wie bereits oben hervorgehoben, beziehen sich die hier angestellten Bewertungsüberlegungen ausschließlich auf einen in Verbindung mit einem entgeltlichen Anteilserwerb entstandenen derivativen Firmenwert. Es geht demnach nicht um eine möglichst objektive Wertfeststellung der Immaterialposten, die in der Erwerberbilanz ausgewiesen werden sollen, sondern um die Ermittlung jenes Wertes, den ein Erwerber für die einzelnen Determinanten tatsächlich zu bezahlen bereit ist.

Durchaus denkbar wäre ein Ansatz, durch den man über die Ermittlung des Verkehrswertes (immer unter der Going-Concern-Prämisse) der einzelnen, immateriellen und selbst hergestellten Vermögensgegenstände, zu einem Werteverhältnis dieser Faktoren gelangt und in der Folge den Firmenwert diesen dementsprechend zuteilt. Dies würde zwar die tatsächliche Wertsituation wahrheitsgetreu widerspiegeln, muss jedoch nicht notwendigerweise dem Werteverständnis des Erwerbers entsprechen. Ein Unternehmenserwerber ist unter Umständen, aufgrund seiner Pläne bzw. aufgrund der Synergien, die er mit der geplanten Akquisition realisieren zu können glaubt, bereit, für bestimmte Determinanten mehr zu bezahlen, als diese in einer Stand-Alone-Betrachtung des Unternehmens und auch nach einer wie oben beschriebenen Vorgehensweise unter Anwendung bekannter Bewertungsmethoden und Verhältnisüberlegungen tatsächlich wert wären.

Ausgehend von diesen Überlegungen spielt die Ermittlung objektiver Werte, sofern es derartige gibt, nach den bewährten Bewertungsmethoden eine untergeordnete Rolle. Von Interesse sind hingegen jene Werte, die einerseits der Erwerber für die jeweiligen Immaterialgüter zu zahlen bereit ist, und andererseits die Mitarbeiter des zu erwerbenden Unternehmens, nach Kenntnis der Pläne des Käufers, einer Beurteilung zugrunde legen. Die im Rahmen dieser Arbeit durchgeführte Befragung soll insbesondere diese Beurteilung der im Unternehmen tätigen Mitarbeiter eruieren. Dem Erwerber kann unterstellt werden, eine Gewichtung und Bewertung der Determinanten zu wählen, die ein der gewünschten Entwicklung des Unternehmens förderliches Bild unterstützt. Ist er bestrebt, möglichst schnell einen positiven Steuereffekt zu erlangen und hat er die Möglichkeit, Verluste mit anderweitig erwirtschafteten Gewinnen auszugleichen, wird er jene Determinanten übergewichten, die ihm eine kürzere Abschreibung ermöglichen. Verfolgt er hingegen das Interesse, nach getätigter Akquisition möglichst rasch eine über die Maßen erfolgreiche Unternehmensentwicklung darstellen zu können, wird er jene Faktoren übergewichten, die eine sehr langfristige Abschreibungsdauer aufweisen. Die Meinung eines Erwerbers ist zwar von Interesse, ihre Relevanz wird jedoch in die Bewertungsüberlegungen nur bedingt miteinbezogen.

Aus diesem Grund ist bei der Beurteilung der Befragungsergebnisse zweistufig vorzugehen.

Aus besagten Gründen sind zunächst nicht alle im Datenerhebungsbogen gestellten Fragen bei der Gewichtung der Determinanten zueinander zu berücksichtigen.

Der Personenkreis, der darüber befindet, welche Fragen für die Gewichtung der Determinanten von Bedeutung sind und welche nicht, sollte möglichst autonom sein. Gleichzeitig sollte er aber das betreffende Unternehmen gut kennen. In erster Linie scheint sich dafür der jeweils bestellte Wirtschaftsprüfer zu eignen.

Eine Ergänzung durch Mitglieder, die divergierende Interessen verfolgen, scheint sinnvoll. Damit sollen also solche Anspruchsgruppen miteinbezogen werden, die eine möglichst heterogene Auffassung darüber haben, wie die immateriellen Vermögensgüter zu bewerten sind. Dadurch wird – wie bereits erwähnt – vermieden, dass es durch eine bewusst gesteuerte Über- oder Untergewichtung einzelner Determinanten zu einer Verzerrung einerseits hinsichtlich der Höhe des Ausweises der Vermögenswerte, aber andererseits natürlich auch hinsichtlich der Darstellung der Jahresergebnisse in der Gewinn- und Verlustrechnung kommen kann. Aus diesem Grund wird der Personenkreis, der über die Bedeutung der Determinanten in dem jeweils betroffenen Unternehmen Auskunft geben soll, auf folgende Wissensträger eingeschränkt:

- Wirtschaftsprüfer
- Geschäftsführungsorgane (Geschäftsführung/Vorstand)
- Eigentümervertreter (Beirat/Aufsichtsrat)
- Bankenvertreter

In der zweiten Stufe, die zeitlich durchaus parallel zur ersten Stufe durchgeführt werden kann, sind solche Anspruchsgruppen mit der Beantwortung des Fragebogens zu beauftragen, welche die notwendige Sachkenntnis zum Thema des intellektuellen Kapitals einerseits und gleichzeitig die spezifische Unternehmenskenntnis zur realitätsnahen Einschätzung der Situation andererseits besitzen.

Im folgenden Kapitel sollen die ihrem wirtschaftlichen Gehalt nach bedeutendsten Determinanten vorgestellt und dabei jene Faktoren hervorgehoben werden, die den Wert dieser Determinanten bestimmen. Dies ermöglicht einen Überblick darüber zu geben, welche Faktoren bei der Gewichtung zu berücksichtigen ist bzw. welche Faktoren den Wert maßgeblich beeinflussen. Eine detaillierte Beschreibung sowie das Hervorheben der fundamentalen Grundelemente dieser Faktoren ist dabei Ziel des nächsten Abschnittes.

5 Ausgewählte Determinanten des Firmenwertes (in Anlehnung an das Modell von Skandia)

5.1 Allgemeines

Der Firmenwert ist eine, wie bereits erwähnt, rein rechnerische Verfahrensgröße. Da er sich aus der Unternehmenswertermittlung ableitet, ist eine Ungenauigkeit ob seines tatsächlichen Wertes unvermeidbar. Der Firmenwert setzt sich, wie ebenfalls bereits bekannt, aus Faktoren zusammen, die als das so genannte intellektuelle Kapital bekannt sind. Aufgrund der Ableitung des ausgewiesenen Firmenwertes aus dem Kaufpreis stellt er einen pauschalen Bewertungsansatz seiner Determinanten dar. Zur Strukturierung dieses intellektuellen Kapitals, wird an dieser Stelle auf Kapitel 4 – im Konkreten auf die Struktur des Skandia-Modells – verwiesen.

Wie bereits ausgeführt, reduziert sich der Firmenwert auf die Faktoren des Human Capital, des Customer Capital, des Process Capital und des Intellectual Property.

Der Versuch einer definitiven Kategorisierung sämtlicher immaterieller Vermögenswerte kann zwar unternommen werden, das Hauptaugenmerk soll in dieser Arbeit aber auf die dem Verfasser wichtig erscheinenden, den Unternehmenswert wesentlich beeinflussenden Faktoren gelegt werden. Diese These hinsichtlich der Bedeutsamkeit jener Deteminanten des Firmenwertes, auf die man sich hier beschränkt, wird anhand einer mittels Fragebogen durchgeführten Umfrage zu bestätigen gesucht. Auch wenn streng wissenschaftlich betrachtet eine objektive Bestätigung nie erlangt werden kann, wird über den Umweg der Falsifikation zumindest eine wissenschaftliche Annahme gestärkt.[115] Jede Überprüfung einer Theorie zielt darauf ab, ihre Schwächen herauszufinden. Damit unterliegt der Prüfung einer Theorie der Versuch, sie zu widerlegen bzw. zu falsifizieren.

Vor dem Hintergrund dieser Überlegungen und anhand der in dieser Umfrage bei einer möglichst repräsentativen Gruppe von Marktteilnehmern der Industrie gewonnenen Erkenntnisse soll ein Modell zur realitätsnahen Abschreibung dieser Determinanten, basierend auf ihrer individuellen Nutzungsdauer – bei einem möglichst niedrigen Pauschalierungsgrad –, erstellt werden.

Die folgende Darstellung versucht eine erschöpfende Auflistung der einzelnen immateriellen, den Firmenwert bestimmenden Faktoren zu geben.

[115] Vgl. Popper, K., Alles Leben ist Problemlösen, München 1995, S. 25ff.

Übersicht über Intangible Assets:[116]

Kunden- und marktbasiert	
Werbelisten	Marktnähe
Werbeabkommen	Markterschließungskosten
Auftragsbuch (noch nicht abgefertigte Kaufaufträge)	Lieferantennetzwerke
Kataloge und Broschüren	Unterhalts- und Serviceverträge
Strategische Wettbewerbsvorteile	Markennamen
Kundenlisten	Unterentwickelte Märkte (fehlender Wettbewerb)
Kundenbeziehungen	Distributionsnetz

Vertragsbasiert	
Lizenz- und Royalty-Abkommen	Marketingverträge
Beratungsabkommen	Belieferungsverträge
Verträge mit Drittunternehmen	Abnahmeverpflichtungen
Leasingverträge	Kartellabsprachen
Leasingerneuerungsoptionen	Versicherungsverträge

Arbeitnehmerbasiert	
Ausgebildete Arbeitnehmer	Schlüsselarbeitnehmer
Arbeitsverträge	Mitarbeiterausbildungsprogramme
Löhne unter dem Marktstandard	Verträge mit den Gewerkschaften
Aus- und Weiterbildungskosten	Know-how der Mitarbeiter

Organisationsbasiert	
Akquisitions- und Reorganisationskosten	Stillhalteabkommen
Organisations- und Aufbaukosten	Vereinbarungen mit Universitäten und anderen Organisationen
Managementverträge	Standorte
Aufwand für Qualitätssicherung	

116 Vgl. Chridito, Y., Markenbewertung, Zürich 2003, S. 13–16.

Technologiebasiert	
Computersoftware, Programme, Handbücher	Technologisches Vermögen zur Produktentwicklung
Softwarelizenzen	Produktionsprozesse und -abläufe
Datenbanken	Technisches Expertenwissen
Ingenieurpläne	Prototypen
Informationssysteme	Forschungs- und Entwicklungskosten
Nicht patentiertes Know-how	

Gesetzesbasiert	
Abbaurechte (Bergbau, Kies)	Senderechte
Bergwerksrechte	Copyrights
Grundwasserförderrechte	Patente
Bohr- und Explorationsrechte	Muster, Modelle

Finanzbasiert	
Finanzierungs- und Leasingsätze, die unter den Marktsätzen liegen	Ertragsvereinbarungen
Aufgeschobene Finanzierungskosten	Staatliche Unterstützungsleistungen

In Anlehnung an obige Auflistung sei erwähnt, dass folgenden Faktoren der auf dem Skandia-Modell aufbauenden Tabelle eine besondere Rolle zugesprochen wird (siehe Abbildung 8, S. 70).

Alle diese Determinanten stehen in einem gewissen Verhältnis zueinander, was als das „wertebestimmende System der Unternehmung" bezeichnet wird. Dieses wertebestimmende System eines Betriebes soll also die Interdependenzen der den Firmenwert beeinflussenden Faktoren veranschaulichen. Anhand der folgenden Darstellung soll deutlich gemacht werden, dass die einzelnen, den Firmenwert bestimmenden Elemente einerseits zwar ein Teil des Ganzen sind, aber nicht nur bilateral, sondern auch multilateral das Gesamtsystem beeinflussen.

In dieser Arbeit soll nicht nur auf die bedeutendsten Determinanten näher eingegangen werden, es werden auch Wechselwirkungen im Zuge einer empirischen Erhebung hinterfragt. So wie die Wissenschaft selbst erhebt diese Dissertation keinen Anspruch auf Vollständigkeit und anerkennt den stets unfertigen Forschungsprozess als solchen. Entsprechend ist in diesem Zusammenhang zu betonen, dass es sich auch hier nur um eine unvollständige Abhandlung der Firmenwertfrage handeln kann. Es wird jedoch versucht, auf jene Faktoren im Folgenden näher einzugehen, denen hinsichtlich der Firmenwertzusammensetzung die größte Bedeutung zugesprochen wird.

Intellectual Capital

- Human Capital
  - Gesellschafterstruktur (lästige Gesellschafter, Komplexität der Entscheidungsfindung etc.)
  - Qualifikation der Mitarbeiter (Ausbildungsniveau, Erfahrung, Abwerbungsversuche durch Headhunter, Wertschöpfung pro Mitarbeiter, Loyalität des Management und der Arbeiter etc.)
  - Einstellung der Mitarbeiter zum Unternehmen (Mitarbeiterzufriedenheit, Corporate Identity, Unternehmenskultur etc.)
- Structural Capital:
  - Customer Capital
    - Kunde (Loyalität, Treue, Größe und Homogenität des Kundenstammes, Zufriedenheit, Reklamationen, Rücksendungen, Auftragsbestandswert etc.)
    - Marke (Bekanntheit des Firmennamens, guter Ruf, Image der Produkte)
    - Vertrieb (Qualität des Vertriebsnetzes, der Vertriebspartner, der Lizenzverträge und Franchisingverträge etc.)
    - Glaubwürdigkeit
    - Umweltbewusstsein
    - Marktposition und Marktverhältnisse (Wachstum, Struktur, Wettbewerb etc.)
  - Organisational Capital:
    - Process Capital
      - Die Qualität der Vision und der Strategie
      - Die gut arbeitende Organisation, Projektfähigkeit, Innovationskraft
      - Einkaufsgepflogenheiten, einzigartige Einkaufsquellen, Lieferantenstruktur und -verlässlichkeit
      - Dividendenpolitik, Ausschüttungspolitik
      - Rechtskonformität
      - Kontrollaktivitäten (interne und externe Revision)
    - Innovation Capital:
      - Intellectual Property
        - Nicht bilanziertes Wissen (nicht angemeldete Patente, Lizenzen, Copyrights, Handelsgeheimnsisse etc.), Kosten des Schutzerhaltes, Laufzeit und Anzahl der Patente, Ideenfindungsprojekte

Abbildung 8: Die wesentlichen, werttreibenden Determinanten des Firmenwertes
Quelle: eigene Darstellung in Anlehnung an das Modell von Skandia

5.2 Human Capital

Das Human Capital (Humankapital) beschreibt den Wert, der dem Unternehmen aufgrund des Wissens und der Qualifikation menschlicher Individuen entsteht. Da das Humankapital immer an bestimmte Individuen geknüpft ist, hat es jeweils nur eine zeitlich begrenzte Lebensdauer. Es handelt sich dabei um ein privates Gut, das direkt an einen Menschen gebunden ist.[117] Die Unterscheidung gegenüber allgemein zu-

[117] Vgl. Lindner, A., Ausbildungsinvestition in einfachen gesamtwirtschaftlichen Modellen, Heidelberg 1996, S. 22.

gänglichem Wissen, das unabhängig von Personen, z.B. in Form von Datenbanken, abgerufen werden kann, zeigt sich darin, dass das Humankapital nur dann genutzt werden kann, wenn es vom jeweiligen Individuum gegen Entgelt angeboten, bereitgestellt und schließlich eingesetzt wird.[118] Grundsätzlich verfügt jeder Mensch über ein derartiges Wissen, lediglich in der inhaltlichen Ausprägung zeigen sich Unterschiede. Grundsätzlich können drei Humankapitaldeterminanten unterschieden werden:

- Die Verwendungsart
- Die Zielgrößen
- Die Humankapitaldeterminanten

Unter dem Begriff „Verwendungsart" ist festzuhalten, dass Waren (materiell oder immateriell) konsumiert werden oder dass in sie investiert werden kann. Investition schränkt Konsum aufgrund von Knappheit ein. D.h. Investitionen können nur unter einem Konsumverzicht getätigt werden. Die „Investition" in Ausbildung und damit in den Aufbau eines persönlichen Humankapitals wird vom Individuum unter dem Aspekt getätigt, zukünftig monetäre Rückflüsse ziehen zu können. Dieser Gedanke stellt die Basis des Humankapitalansatzes dar.[119] Der Konsumaspekt ist in diesem Zusammenhang wiederum dann gegeben, wenn beispielsweise mit einem gewählten Ausbildungsgang auch unmittelbar ein Nutzen verbunden ist, der dem Auszubildenden direkt zugute kommt.

Die individuellen Investitionsentscheidungen in Humankapital können Beweggründe monetären Ursprungs (quantifizierbare Renditeerwartung) und solche nichtmonetären Ursprungs (Selbstentfaltung, Macht etc.) haben. Versuchen, das Humankapital als Ganzes betraglich zu erfassen, wird nur der quantifizierbare, monetäre Teil zugrunde gelegt. Die Vorteilhaftigkeitsermittlung ist weitgehend kongruent mit Rentabilitätsberechnungen bzw. Investitionsrechnungen des Sachkapitalsektors. D.h., den Investitionsausgaben werden die erwarteten Einnahmen (meist Löhne und Gehälter) gegenübergestellt und ein Barwert ermittelt.[120]

Als Humankapitaldeterminanten werden einerseits die Schul- und Hochschulausbildung (also theoretische Ausbildung) und andererseits die Ausbildung direkt am Arbeitsplatz (Training On the Job)[121] genannt. Als weitere Determinante ist jedoch auch etwa der jeweilige Gesundheitszustand (Fehlzeiten) zu berücksichtigen.

Das Humankapital ist einerseits gebündelt im Mitarbeiter (sicherlich der größte Teil), andererseits können auch Gesellschafter einen Teil dieses Kapitals einer Gesellschaft darstellen. Dieser, die Gesellschafter betreffende Teil des Humankapitals wird der Gesellschaft teilweise unentgeltlich (meist nur über Gewinnanteile) zur Verfügung gestellt. Meist ist jedoch der Einfluss des Gesellschafters auf die Gesellschaft

---

[118] Vgl. Rissiek, J., Investitionen in Humankapital, Wiesbaden 1998, S. 17ff.

[119] Vgl. Persch, P., Die Bewertung von Humankapital – Eine kritische Analyse, München 2003, S. 37ff.

[120] Vgl. Rissiek, J., Investitionen in Humankapital, Wiesbaden 1998, S. 23.

[121] Vgl. Becker G. S., Human Capital, A Theoretical and Empirical Analysis with Special Reference to Education, 3. Auflage, Chicago 1993, S. 15–26.

kein positiver, da der Gesellschafter nicht selten bewusst und ganz gezielt das operative Geschäft behindert, um damit sein Ausscheiden für die restlichen Gesellschafter wünschenswert und seinen Unternehmensanteil wertvoll zu machen.

5.2.1 Der Mitarbeiter

„Für Euch besteht Management darin, die Ideen aus den Köpfen der Manager in die Köpfe der Mitarbeiter zu bringen. Wir hingegen sind jenseits des Taylorismus. Wir wissen, dass das wirtschaftliche Umfeld heute so komplex und schwierig, zunehmend unvorhersagbar und gefährlich ist, dass das Überleben des Unternehmens letztendlich von der alltäglichen Aktivierung des letzten Gramms von Intelligenz abhängen wird. Nur unter Ausnutzung der kombinierten Denkleistung aller Mitarbeiter kann sich ein Unternehmen den Turbulenzen und Zwängen erfolgreich stellen und überleben. Für uns besteht Management exakt in der Kunst, das intellektuelle Potenzial aller Mitarbeiter des Unternehmens zu mobilisieren und zusammenzubringen.“[122] *(Konsuke Matsushita, 1989)*

Bis zum Jahr 2030 ist mit einem durchschnittlichen Rückgang an erwerbsfähigen Personen von 62% auf 55% der Bevölkerung (in Österreich sind das 560.000 Menschen) zu rechnen.[123] Das Gewinnen und Halten von qualifizierten Arbeitskräften wird immer schwieriger und zählt neben dem Heben von Leistungsreserven[124] daher mit zu den wichtigsten Aufgaben einer Unternehmung. Umstände wie Klarheit der Entscheidungs- und Informationsstrukturen, Vereinbarkeit von Beruf, Familie und Freizeit, Bereitstellung von Kinderbetreuungsplätzen, der Faktor „Lernen“ sowie die Gleichbehandlung von Männern und Frauen und vieles mehr spielen eine immer gewichtigere Rolle.

Die Humanressourcen eines Betriebes und der nachhaltige Wert des Humankapitals spiegeln sich im Unternehmenserfolg wider, seine Bedeutung gegenüber den restlichen, den Firmenwert bestimmenden Faktoren ist jedoch nicht eindeutig zu quantifizieren. Eine entsprechende Beurteilung lässt sich wohl am besten durch regelmäßige Befragungen der Belegschaft über Werte, Einstellungen, Konsequenz, u. Ä. vornehmen. Einerseits sind leistungsbezogene Informationen (zu diesen zählen Fragen nach der Existenz von Zielvorgaben, die regelmäßige Überprüfung der Erreichung derselben, ihre Wirksamkeit und allfällige, davon abgeleitete Korrekturmaßnahmen), andererseits aber auch personalbezogene Informationen (zu diesen zählen arbeitnehmerbezogene Informationen, die im Wesentlichen die gleichen Themenbereiche wie leistungsbezogene Punkte betreffen) zu hinterfragen. Der Beurteilung dieses Bereiches dienen jedoch natürlich auch monetäre Informationen (Wirksamkeit

---

122 http://www.unmoralische.de/zitate/zitate11.htm (23. 8. 2004).

123 Vgl. Arbeitsgruppe der Industriellenvereinigung, Zukunft Nachhaltig Gestalten, Wien 2004, S. 6f.

124 Vgl. Hinterhuber, H., Den Führungskräften fehlt oft die Demut, in: Die Presse, 6. 11. 2004, S. K 3.

von Boni, Zufriedenheit mit der Gehaltsstruktur im Unternehmen, Verwertung monetärer Informationen etc.)

Die kritische Betrachtung und die Analyse des Personalbereiches sowie eine Extrapolation der bisherigen Entwicklung auf die zukünftigen Jahre (soweit nicht Besonderheiten in der zukünftigen Entwicklung bereits bekannt sind) stellt ein wesentliches Element bei der quantifizierenden Beurteilung dieses immateriellen Firmenwerttreibers dar. Dabei soll die Qualität der Dokumentation, der vorhandenen Systeme sowie der existierenden Berichte (Entwicklung und Prognose des Personalstandes nach Abteilungen gegliedert, Mitarbeiterqualifikation und Fortbildungsmaßnahmen, Analysen zur Lohnkostenentwicklung, Altersstruktur, Bonussysteme, Frinch Benefits etc.) u. a. auch Aufschluss über den Wert des „Human Ressource Managements" geben. An dieser Stelle sei erwähnt, dass Bonussysteme zur Motivationssteigerung kein unumstrittenes Mittel darstellen. Dazu vertreten viele Wirtschaftsvertreter ebenso wie die Wissenschaft selbst eine durchaus differenzierte Meinung.[125]

Die Professionalität des Managements in den Bereichen der Verwaltung, des Vertriebes und der Produktion schlägt sich grundsätzlich über den Ertrag im Firmenwert eines Unternehmens nieder. Welches Potenzial in diesem „Vermögenswert" steckt, verrät jedoch auch wieder nur eine Analyse der Qualifikation der handelnden Personen. Wie und vor allem mit welchen Kennzahlen Führungskräfte arbeiten, inwieweit es ihnen gelingt, Vertrauen zu gewinnen und zu motivieren, wie man sie im Vergleich zur Konkurrenz sieht, ob klare Ziele vorgegeben werden, wie konsequent diese in der Umsetzung verfolgt werden und Ähnliches soll dabei erhoben werden. Jedenfalls sind dabei auch Führungswerte wie „Unternehmerisches Denken und Handeln", „Integrität", „Empowerment", „Mut", „Denken in Netzwerken", „Soziale Kompetenz", „Teamfähigkeit", „Respekt vor anderen", „Offene und ehrliche Kommunikation", „Schnelligkeit", „Einfachheit", „Demut", „Vertrauenswürdigkeit" und „Sinn für Gerechtigkeit" zu berücksichtigen.[126] Die Bedeutung teilweise weicher Faktoren bezüglich der Qualifikation des Managements erkannten bereits Benediktinermönche in ihrem 1500 Jahre alten Führungsmodell. In diesem ist unter anderem festgehalten: „Als Cellerar (der wirtschaftliche Verwalter und Führer eines Klosters) des Klosters wählt man einen aus der Gemeinschaft, der erfahren ist, von reifem Charakter, nüchtern und kein Vielesser, nicht hochmütig, nicht aufgeregt und nicht grob, nicht langsam und nicht verschwenderisch, sondern gottesfürchtig. Er sei der ganzen Gemeinschaft wie ein Vater."[127]

Weichen die erhaltenen Analyseergebnisse deutlich von allgemeinen Marktdaten ab, stellt das einerseits freies Verbesserungspotenzial, mit dem ein originärer Firmenwert geschaffen werden kann, dar[128], andererseits wäre dieser Faktor bei der Gewichtung der Determinanten eines derivativen Firmenwertes nicht besonders zu berücksichtigen.

---

[125] Vgl. Sprenger R., Mythos Motivation, Frankfurt am Main 1998, S. 91 ff.

[126] Vgl. Hinterhuber, H., Leadership, Frankfurt am Main 2003, S. 138 f.

[127] Vgl. Grün, A., Menschen führen, Leben wecken, Münsterschwarzach 1998, S. 13.

[128] Vgl. Malik, F., Führen Leisten Lernen, Stuttgart/München 2000, S. 26.

Das Eintragen der Analyseergebnisse (Erreichung der Führungswerte und Ziele) in folgende Matrix ermöglicht eine Beurteilung der Qualität der Führungskräfte und Transparenz über eventuelles Verbesserungspotenzial und kann in Ergänzung zu der in Kapitel 7 beschriebenen Befragung durchgeführt werden:

Ziele			
erreicht	Führungskräfte, die diesem Quadranten zugeordnet werden, erfüllen nur teilweise die an sie gestellten Anforderungen.	Führungskräfte, die diesem Quadranten zugeordnet werden, tragen zur Unternehmens-wertsteigerung bei.	
nicht erreicht	Führungskräfte, die diesem Quadranten zugeordnet werden, sollten möglichst rasch aus dem Unternehmen entfernt werden.	Führungskräfte, die diesem Quadranten zugeordnet werden, verfehlen ihre Ziele, zeigen jedoch Entwicklungspotenzial.	
	nicht gelebt	gelebt	**Führungswerte**

Abbildung 9: Die Auswahl und Beurteilung der Führungskräfte und Mitarbeiter
Quelle: Hinterhuber, Leadership, Frankfurt am Main 2003, S. 139

Die Existenz einer externen sowie internen Corporate Identity ist genauso wie eine qualitativ hochwertige Unternehmenskultur von maßgeblicher Bedeutung für die Einreihung des Gewichtes der weichen Faktoren in den Firmenwert. Aus diesem Grund ist sowohl die „gelebte" oder oft unbewusst „gefühlte" interne als auch externe Corporate Identity wohl eher subtil zu hinterfragen. Die Unternehmenskultur – die als Werte- und Zielsystem eines Unternehmens zu verstehen ist, das von den Mitarbeitern anerkannt und als Verpflichtung verstanden wird – stellt einen weichen Faktor dar, der auf nahezu alle Situationen des Tagesgeschäftes Einfluss nimmt.[129] Diese wirkt auf das Wesen der Vision, der Strategie, auf die Ausgestaltung des Wachstums, die Qualität und die Existenz eines Wissensmanagements, auf die Art der Kundenorientierung, den Arbeitsmarkt, aber auch auf Akquisitionen und Integrationen.

Die unterschiedlichsten Modelle bis hin zu jenen der Mitarbeiterkapitalbeteiligung werden zu Hilfe gezogen, um einen möglichst hohen Grad an Identifikation der Belegschaft mit dem Unternehmen zu erlangen. Dabei werden mit derartigen Beteiligungsmodellen neben der Identifikation und Motivation auch Ziele wie Finanzierung, Partnerschaft, Gesellschaftspolitik Vermögensbildung sowie das Heben von Mitarbeiterpotenzial erreicht.[130] Die Bedeutung des Humankapitals gewinnt zuneh-

---

[129] Vgl. Simon, H., Unternehmenskultur und Strategie, Corporate Culture and Strategy, Frankfurt am Main 2001, S. 17.

[130] Vgl. Haslinger, S., Mitarbeiterkapitalbeteiligung, Wien 1997, S. 17f.

mend an Anerkennung. Aus diesem Grund lässt sich bei vielen Unternehmen ein gesteigertes Angebot von Aus- und Weiterbildungsmaßnahmen erkennen, mit denen die Betriebe versuchen, nicht nur die Qualifikation der bestehenden Mitarbeiter zu erhöhen, sondern neben einer Reduktion der Fluktuation auch die Attraktivität des Unternehmens am Arbeitsmarkt zu steigern. Die erhoffte Produktivitätssteigerung durch ein erhöhtes Kostenbewusstsein oder eine erhöhte Leistungsbereitschaft werden als ebenfalls erwünschte Folgewirkung einer Mitarbeiterkapitalbeteiligung genannt.

Zum Anlagevermögen, das den Firmenwert ebenfalls beeinflusst, zählen immaterielle Vermögenswerte wie etwa Patente, Know-how etc. (siehe Kapitel 5.4.2: Intellectual Property). Diesem nicht bilanzierten Bereich, der den Firmenwert beeinflussen kann, sind jedoch auch immaterielle Werte des Humankapitals wie beispielsweise die Mitarbeiterqualifikation hinzuzurechnen. Die Produktvielfalt, mit der ein Unternehmen jedes Jahr wieder und immer wieder auf den Markt kommt, kann so wie der Anteil an so genannten „Neuen Produkten" Auskunft über die Qualität der im Unternehmen tätigen Mitarbeiter geben. Dies stellt auch den wesentlichen Grund dafür dar, warum der Qualifikationsgrad der Belegschaft bei Unternehmenskäufen – besonders von Produktionsgesellschaften – eine bedeutende Rolle spielt.

Sveiby strukturiert das Humankapital anhand von vier Wissens- und Kompetenzgruppen. Prinzipiell lassen sich Macht und Wissen zwischen der Fachkompetenz und der Unternehmenskompetenz innerhalb eines Unternehmens auf die Belegschaft nach vier Kategorien aufteilen.[131] Diese vier Kategorien werden bestimmt von Spezialisten, Managern, Zuarbeitern und Führungspersönlichkeiten. Die folgende Darstellung soll das Verhältnis dieser Anspruchsgruppen zueinander verdeutlichen:

	Unternehmenskompetenz	
Fachkompetenz	gering	hoch
hoch	**Spezialist**	**Führungspersönlichkeit**
weniger hoch	**Zuarbeiter**	**Manager**

Abbildung 10: Die vier Machtfaktoren in Wissensunternehmen
Quelle: Sveiby, Wissenskapital, das unentdeckte Vermögen, Landsberg/Lech 1998, S. 84 ff.

[131] Vgl. Sveiby, K., Wissenskapital, das unentdeckte Vermögen, Immaterielle Unternehmenswerte aufspüren, messen und steigern, Landsberg/Lech 1998, S. 84 ff.

Der Spezialist zeichnet sich durch die Konzentration auf seine Arbeit und eine besondere Fachkompetenz aus. Routine lehnen Spezialisten meist ab, wohingegen das Lösen von immer wieder neuen Problemen zu ihren Vorlieben zählt. Sie stellen wohl die wertvollsten Mitarbeiter dar, weil sie neues Wissen generieren können.

Manager haben gelernt, Probleme durch Delegation zu lösen. Sie sind die organisatorisch talentierten Kräfte des Unternehmens. Sie zeichnen sich etwa dadurch aus, dass sie anderen die Arbeit verschaffen, managen, aber kaum selbst Hand anlegen.

Die Zuarbeiter haben keine besondere Qualifikation. Sie unterstützen sowohl Spezialisten als auch Manager.

Die Führungspersönlichkeiten sind die unbestrittenen Anführer, mit der dazu notwendigen Ausstrahlung. Ihnen wollen die Mitarbeiter folgen. Ihre Aufgaben liegen einerseits in der Strategieentwicklung und andererseits darin, die Mitarbeiter von der Richtigkeit dieser Strategie zu überzeugen.

Dies stellt nur eine der Möglichkeiten dar, das Humankapital zu kategorisieren. Insgesamt erleichtert eine solche Kategorisierung, nach welchen Kriterien auch immer, Bewertungsbemühungen des Humankapitals bzw. ermöglicht zu einem gewissen Grad eine Ableitung des bezahlten Firmenwertes auf das Humankapital. Der in Kapitel 7 („Umfrage und Umfrageergebnisse") abgebildete Fragebogen stellt einen Pool von Fragen bereit, mit dessen Hilfe das Humankapital in Bezug zum derivativen Firmenwert bewertet werden kann. In dieser Arbeit folgt die Einteilung des Humankapitals jedoch nicht der Kategorisierung von Sveiby, sondern baut auf reinen Kompetenz- und Fähigkeitsüberlegungen der Mitarbeiter auf. Die Kompetenz und damit der Wert eines Mitarbeiters stehen in direktem Zusammenhang mit dem diesem gewährten Gehalt bzw. Lohn und kann im Regelfall aus der Höhe des bezahlten Entgeltes abgeleitet werden. Dieses bemisst sich gewöhnlich am Nutzen, den ein Mitarbeiter dem Unternehmen zu bringen im Stande ist. Das Humankapital stellt sich als die Summe der Werte jedes einzelnen Mitarbeiters dar. Mitarbeiter, die zur Summe des Humankapitals kaum einen Beitrag leisten, werden grundsätzlich schlechter bezahlt als Wissensträger und Innovationsführer. Aus diesem Grund werden sie in diesem Ansatz zur Bewertung von Humankapital geringer als hoch bezahlte Mitarbeiter gewichtet.

5.2.2 *Der Gesellschafter*

Normalerweise findet der Gesellschafter im Zuge einer Unternehmensübernahme im Humankapital einer Gesellschaft keine Berücksichtigung, weil das Unternehmen meist zur Gänze verkauft wird. Lediglich, wenn es zu keiner vollständigen Unternehmensübernahme und damit zu einer totalen Änderung der Gesellschafterstruktur kommt, kann ein so genannter „lästiger" Gesellschafter das Humankapital beeinflussen.

Zu diesem weichen, den Firmenwert mitbestimmenden Faktor gilt festzuhalten, dass die ungestörte operative Führbarkeit eines Unternehmens für dessen wirtschaftlichen Erfolg ein entscheidendes Kriterium ist. Es kann also von einzelnen Gesellschaftern ein derartig, von der Unternehmung als störend empfundenes, objektiv den Unternehmenserfolg bremsendes Verhalten ausgehen, dass ein Erwerber für das Ausscheiden solcher Gesellschafter aus dem Gesellschafterverbund einen deutlich höheren Unternehmenswert zu bezahlen bereit ist, als dieser anhand der gängigen Unternehmensbewertungsverfahren (siehe Kapitel 3.1) darstellbar wäre. Dies setzt voraus, dass die nach HGB möglichen Maßnahmen, wie etwa die in § 140 geregelte Ausschlussmöglichkeit eines lästigen Gesellschafters aus wichtigem Grund, nicht greifen.[132]

Die Information über sämtliche, die Dispositionsfreiheit des operativen Tagesgeschäftes einschränkende und damit als hinderlich zu qualifizierende Umstände sind für die Bewertung der Nachhaltigkeit eines Goodwill von grundlegender Bedeutung. Auskunft über derartige Einflussgrößen geben Gesellschafterversammlungsprotokolle, Beirats- oder Aufsichtsratsprotokolle, Protokolle der Revisoren oder informelle, mündliche Aussagen direkt oder indirekt Betroffener und Ähnliches mehr. Eine wirtschaftliche Nutzungsdauer kann hier wohl nicht unterstellt werden, da mit Erwerb der Anteile und dem damit verbundenen Austritt eines solchen lästigen Gesellschafters eine sofortige Abschreibung gerechtfertigt scheint. Steuerrechtlich hat man bereits heute die Möglichkeit, den nachvollziehbar höheren Kaufpreis, den man für das Ausscheiden eines derartig lästigen Gesellschafters zu zahlen bereit ist, entsprechend über eine sofortige Berücksichtigung als Aufwand in der Gewinn- und Verlustrechnung zu berücksichtigen.[133]

Von besonderer Bedeutung hinsichtlich der Rechte einzelner Gesellschafter und hinsichtlich erforderlicher Quoren bei Gesellschafterbeschlüssen ist einerseits der Gesellschaftsvertrag, andererseits jedoch natürlich auch die Gesellschaftsform und damit das anzuwendende Gesetz ausschlaggebend. Da der Gesellschaftsvertrag nur jene gesetzlichen Bestimmungen „relativieren" und damit vom Gesetz abweichend regeln kann, die dispositiv sind, spielt die Gesellschaftsform eine wesentliche Rolle.

So eröffnet die gesetzlich vorgesehene Einstimmigkeit bei Personengesellschaften einem potenziell lästigen Gesellschafter ein größeres Feld, um „hinderlich" zu wirken, als in Kapitalgesellschaften. Grundsätzlich kann der Gesellschaftsvertrag jedoch – wie bereits erwähnt – weitgehend Abweichendes regeln. Er stößt lediglich hinsichtlich des Kernbereiches an das zwingende und damit unentziehbare Recht des Gesellschafters, um etwa dessen Informations- und Kontrollbegehren zu befriedigen.

Neben den oben angesprochenen Indikationen, wie etwa die unternommene Einsicht in Protokolle und Unterlagen der Gesellschaft oder die gerichtliche Geltendmachung von Informationsrechten[134] und Ähnliches, das auf die Existenz eines „lästigen Gesellschafters" hinweist, wird diesbezüglich also zu einem gewissen Grad auch die Gesellschaftsform zu berücksichtigen sein.

Der Einfluss eines lästigen Gesellschafters auf den zu zahlenden Kaufpreis und darauf, wie sich dieser Kaufpreis auf einen Firmenwert überleiten lässt bzw. wie der

[132] Vgl. Kastner, W./Doralt, P./Novotny, C., Grundriss des österreichischen Gesellschaftsrechts, 5. Auflage, Wien 1990, S. 97.

[133] Vgl. VwGH 15.3.1961, 1590/58, ÖStZB 1961, 78; vgl. auch VwGH 18.11.1987, 84/13/0083, ÖStZB 1988, 228.

[134] Vgl. Kastner, P., Grundriss des österreichischen Gesellschaftsrechts, 5. Auflage, Wien 1990, S. 123.

Anteil eines lästigen Gesellschafters am Firmenwert dargestellt wird, kann durchaus als ambivalente Situation einer Determinante des Humankapitals bezeichnet werden. Einerseits erhält ein solcher Gesellschafter für sein Ausscheiden eine Abfindung, einen objektiven Wert als einen der Faktoren des Humankapitals, andererseits kann dieser jedoch nicht dargestellt werden. Es könnte argumentiert werden, dass den restlichen Faktoren des Humankapitals durch die Existenz eines lästigen Gesellschafters Werte entzogen werden und dass der für diesen Gesellschafter bezahlte Mehrbetrag nach dessen Ausscheiden den restlichen Faktoren anteilig zugerechnet werden muss. Dagegen spricht wiederum die Tatsache, dass dieser Mehrbetrag nicht bezahlt worden wäre, hätte es keinen lästigen Gesellschafter gegeben. Die Faktoren des Humankapitals sind demnach nicht unterbewertet, es existiert vielmehr eine nicht bei jedem Unternehmenserwerb vorkommende Determinante, nämlich jene des „lästigen Gesellschafters".

Da dieser Determinante keine wirtschaftliche Nutzungsdauer zugrunde gelegt werden kann, ist ihre steuer- wie handelsrechtliche Behandlung in Form einer sofortigen gänzlichen Abschreibung korrekt und inhaltlich richtig.

5.3 Customer Capital

Wie bereits mehrfach erwähnt, ist das Customer Capital als ein Teil des Strukturkapitals zu betrachten und widerspiegelt grundsätzlich die Werte, die ein Unternehmen durch seine Stakeholder zu schaffen im Stande ist. Zu diesen Stakeholdern zählen Mitarbeiter, aber auch Kunden wie Lieferanten und natürlich all jene Personengruppen und Institutionen, die anderweitig direkt oder indirekt mit dem Unternehmen in Beziehung stehen oder eine solche Beziehung aufbauen. In diesem Zusammenhang sind auch öffentliche Stellen, Behörden, Vertreter politischer Parteien und Wettbewerber zu erwähnen, die ebenfalls Interesse an den Aktionen der jeweiligen Unternehmung zeigen und damit als Interessengruppe von Relevanz werden.

Die Marke ist nicht zuletzt auch deshalb Bestandteil des Customer Capital, weil sie alle Bereiche dieses Faktors in sich vereint. So spielen für die Markenqualität die Kundenbeziehung, die Lieferantenbeziehung, die Beziehung zu den Anrainern, zur Politik und zur Umwelt und in weiterer Folge ihre Glaubwürdigkeit in der Öffentlichkeit eine besondere Rolle. Dies bedeutet, dass die Marke durch diese Systempartner und deren Interaktion zur Unternehmung erst entsteht. Aus diesem Grund endet der Aufbau des Customer Capital in der Marke als Summe oder Zusammenfassung der die einzelnen Bereiche repräsentierenden Systempartner.

5.3.1 Kundentreue und Lobbying

Die Beziehungen erfolgreicher Unternehmen zu ihren Stakeholdern[135] sind geprägt von Vertrauen, gegenseitigem Respekt, Zuverlässigkeit und Qualität von Produkten

[135] Vgl. VwGH 23.2.72, 699, 700/71, ÖstZB 211, VwSlg 6237 F.

und Leistungen. Derartige Faktoren bilden meist die Grundlage für profitable und lang anhaltende Geschäfte. Hierzu kann mittels Auswertungen von Unternehmensdaten ein objektives Bild von der Konsistenz und der Nachhaltigkeit der Qualität der Zusammenarbeit zwischen Kunde und Lieferant gezeichnet werden. Die Existenz derartiger Beziehungen sowie der Erfüllungsgrad selbiger gibt Auskunft über das Vorhandensein und das Ausmaß eines eventuellen Firmenwertes.

Um den Wert eines Kunden für ein Unternehmen zu messen, wurden im Laufe der letzen Jahre unterschiedliche Kenngrößen entwickelt.[136] Unbestritten scheint, dass langfristige, stabile Kundenbeziehungen den Unternehmenswert stärker zu erhöhen vermögen als solche, die einmalig und kurzfristig sind. Dies auch dann, wenn einmalig kurzfristige Kundenbeziehungen höhere Margen bringen als langfristig konservative Verbindungen. Ausgaben im Zusammenhang mit dem Aufbau lang anhaltender Kundenbeziehungen können im weiteren Sinne als Investition betrachtet werden. Die Gegenüberstellung sämtlicher Investitionen und Kosten in einen Kunden mit dessen potenziellem Auftragsvolumen und den generierbaren Cashflows ergeben den Wert dieses Kunden (CLV *customer lifetime value*). Dieser Vergleich ist jedoch über eine längere Periode hin zu unternehmen, weil ein Wirtschaftsjahr allein oftmals nicht ausreicht, um einen Kunden zu gewinnen und dazu vielleicht noch sein gesamtes Potenzial auszuschöpfen. So wie sämtliche Kosten (und dabei sind auch nichtmonetäre Leistungen zu quantifizieren) mehrerer Perioden zu kapitalisieren sind, müssen andererseits auch zukünftige „Einnahmen" erfasst werden. Derartige zukünftige „Einnahmen" können mittels wohlbewährter, analytischer Wahrscheinlichkeitsberechnungen ziemlich genau vorhergesagt werden.[137]

Die Darstellung in Abbildung 11 zeigt die möglichen Liquiditätsrückflüsse, die bei einer Beurteilung des „Wertes" eines Kunden in jedem Fall zu berücksichtigen sind.[138] Erst wenn man ein klares Bild über zukünftige Kosten und Erträge, die durch einen Kunden verursacht werden, gewonnen und diese monetären Geldflüsse kapitalisiert hat, kann man aus der Gesamtheit aller Kunden deren jeweiliges Gewicht hinsichtlich des Firmenwertes feststellen. Da die Generierung derartiger Daten den meisten Unternehmen jedoch vermutlich größere Probleme bereiten dürfte und darüber hinaus ein Großteil der anfallenden finanziellen Mittel (sowohl kosten- als auch ertragsseitig) in der Zukunft liegt, wird der Einfluss auf den Firmenwert in der Praxis nur schwer ermittelbar sein.

Jedes Unternehmen ist gewöhnlich in das soziale Umfeld seines Standortes integriert. Das Image eines Unternehmens beeinflusst seine Wettbewerbsfähigkeit. Über das gesellschaftliche Engagement können gesellschaftliche Probleme gelöst werden. Der Kontakt zu politischen Entscheidungsträgern ist in diesem Zusammenhang von wesentlicher Bedeutung. Ebenso spielen in diesem Zusammenhang das lo-

---

[136] Vgl. Mulhern F., Customer profitability analysis: measurement, concentration, and research directions. 1999, S. 13 ff.

[137] Vgl. Berger, P., Customer lifetime value: marketing models and applications, 1998, S. 12–30.

[138] Vgl. Stahl, H./Matzler, K./Hinterhuber, H., Linking customer lifetime value with shareholder value, Industrial Marketing Management, Innsbruck 2002, S. 268 f.

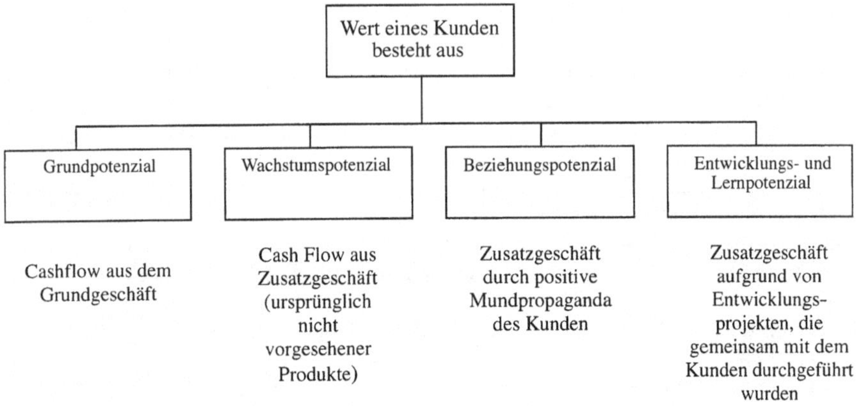

Abbildung 11: Überblick über den Kundenwert
Quelle: Stahl, Mathler, Hinterhuber, Linking customer lifetime value with shareholder value, Industrial Marketing Management, Innsbruck 2002, S. 268

kale Sponsoring von Sport-, Sozial- und Kulturaktivitäten sowie Partnerschaften zu Kommunen und sozialen Einrichtungen eine bedeutende Rolle. Faktoren wie diese werden zwar durchaus von sämtlichen Stakeholdern realisiert, spielen jedoch gewöhnlich bei der Beurteilung und Gewichtung eines eventuellen Firmenwertes eine eher untergeordnetere Rolle. Ist Gegenteiliges der Fall und hängt der betriebliche Erfolg sehr stark von derartigen Aktivitäten und Beziehungen ab, so müsste das Lobbying und alles, was damit verbunden ist, einen besonders gewichtigen Anteil am Firmenwert ausmachen. Da dies jedoch im Besonderen in direktem Zusammenhang mit den persönlichen Kontakten der operativ tätigen Personen im Unternehmen steht, würde sich eine Restnutzungsdauer und damit eine Abschreibung dieses Firmenwertanteils in Abhängigkeit der Dienstjahre bis zur Pensionierung und dem Austritt dieser Kontaktpersonen geradezu anbieten.

5.3.2 Glaubwürdigkeit

5.3.2.1 Allgemeines

Frei nach Bertolt Brecht kommt vielerorts „zuerst das Fressen und erst dann die Moral". Entsprechend würde auch in der unternehmerischen Aktionswelt die Ethik eine eher untergeordnete Rolle spielen. Dass dem aber glücklicherweise nicht so ist, bestätigt der Großteil aller Wirtschaftstreibenden unserer Regionen. Auch auf internationaler Ebene gewinnt das Bewusstsein des Stellenwertes der Unternehmensethik fortwährend an Bedeutung. Ausgelöst wurde diese Notwendigkeit zur Neuorientierung der Unternehmen hin zu einer gesteigerten ethischen Grundeinstellung durch:

- Imageschäden der Unternehmen durch doloses Verhalten einiger Führungskräfte größerer Konzerne und Investmentbanken (aktuelles Beispiel Enron),

- das Aufeinandertreffen unterschiedlichster Kulturen und dem damit verbundenen Geschäftsgebaren,
- das ausgeprägte Kurzfristdenken am Kapitalmarkt, das langfristige Unternehmensziele – und damit auch alle jene, die ethischer Natur sind – in den Hintergrund drängt.[139]

Ein weiterer Grund mag auch die Tatsache sein, dass ein insgesamt steigendes Bildungsniveau dazu angetan ist, ein stärker sich ausprägendes ethisches Bewusstseins in der Gesellschaft zu fördern. Hinzu kommt ein allgemein immer höherer Grad an materieller Bedürfnisbefriedigung, wodurch das nach Brecht zuerst notwendige „Fressen“ seine Vordringlichkeit angesichts materieller Entbehrung verliert. Vor diesem Hintergrund legt auch die Bevölkerung selbst höhere ethische Maßstäbe an das Geschäftsgebaren der Wirtschaftsakteure an.

Darüber hinaus geht die Zahl der Menschen in den konsumstarken Regionen zurück, was ebenfalls zu einer verstärkten Wahrnehmung der in diesen Regionen wirtschaftlich Tätigen führt. Das Bewusstsein der Unternehmen, dass durch eine Krisensituation verursachte Kommunikationskosten (PR-Kosten) jene der Prävention und Prophylaxe um ein Vielfaches übersteigen können, führt geradezu zwangsläufig zu einer ethisch ausgerichteten Unternehmensführung. Die Erkenntnis, dass auf Dauer kein Unternehmen gegen die Gesellschaft arbeiten kann, stärkt eine solche ethische Ausrichtung in der Wirtschaftswelt.[140]

Auch wenn wir in einer Zeit der Individualethik leben, in der jeder Einzelne seine höchst persönlichen ethischen Vorstellungen pflegen mag, existiert doch ein allgemeines Grundverständnis darüber, was als ethisches Verhalten im Sinne eines Mindeststandards zu erwarten sei. Das Befolgen der gesetzlichen Bestimmungen in allen ihren Ausprägungsvariationen von Zivilgesetzen mit dem Handelsrecht über das Steuerrecht bis hin zum öffentlichen Recht etwa setzt die Maßstäbe dieser Erwartung.

Diese an die Unternehmen unserer Zeit gestellten Anforderungen entsprechen der von ihnen zu tragenden gesellschaftlichen Verantwortung. Dies ist jedoch nicht als Human- oder Sozialprogramm der Unternehmungen zu verstehen, sondern folgt vielmehr einem Managementansatz, der neben ökonomischen Zielen auch soziale und ökologische Aspekte in die Unternehmensstrategie einbaut. Ganz in diesem Sinne hat die Europäische Union ein entsprechendes Modell entwickelt (CSR – Corporate Social Responsibility), „das den Unternehmen als Grundlage dient, auf freiwilliger Basis soziale sowie Umweltbelange in ihre Unternehmenstätigkeit und in die Wechselbeziehungen mit den Anspruchs- und Interessensgruppen zu integrieren.“ (Grünbuch der Europäischen Kommission, 2001).

Die Handlungsfelder gesellschaftlicher Verantwortung verwirklichen sich in ökonomischem, sozialem und in ökologischem Tun und unterscheiden daher firmeninterne (Mitarbeiter, Umwelt) von firmenexternen (lokale Gemeinschaft, Geschäfts-

[139] Vgl. Lukschanderl, L., Zeitschrift für Umweltschutz, Benefit statt Profit, S. 45–46.

[140] Vgl. Friesl, C., Ethik und Unternehmensführung, Alpacher Finanzsymposium, 1.–3. Oktober 2003.

partner, Zulieferer und Kunden) Faktoren. Diese Faktoren gilt es zu hinterfragen und zu bewerten.

Die Glaubwürdigkeit einer Gesellschaft hängt wesentlich auch von dem Vorhandensein einer geordneten und langzeitorientierten Unternehmensnachfolgeplanung sowie einer innovationsgetriebenen Produktentwicklung ab. Das Vertrauen sämtlicher Stakeholder steigt mit der Gewissheit, dass nicht „in den Tag hineingearbeitet wird", sondern dass gewissenhaft und langfristig zur Gewährleistung der zukünftigen Erfolgssicherung geplant wird.[141]

Glaubwürdigkeit ist nicht nur ein für die Wirtschaft relevanter Aspekt; für ganze Staaten (Verteidigungsbündnisse, Militär, Politik) bis hin zum einzelnen Individuum ist dieses Thema im Rahmen der jeweiligen Interaktion von besonderer, und vor allem steigender Bedeutung.[142]

Glaubwürdigkeit kann gezielt kommuniziert werden. Dies setzt jedoch das tatsächliche Vorhandensein von Glaubwürdigkeit voraus, was wiederum ohne entsprechende Aktivitäten, welche die Basis eines effizienten Glaubwürdigkeitmanagements darstellen, nicht möglich ist. Glaubwürdigkeit ist ein ausgesprochen sensibles Themenfeld. Die Glaubwürdigkeit kann leicht zerstört, aber sehr schwer wiederhergestellt werden. Es ist einfacher, eine bislang noch nicht bestehende Glaubwürdigkeit herzustellen als eine einmal zerstörte wiederherzustellen.

5.3.2.2 Glaubwürdigkeitsmanagement

Immer öfter werden Unternehmen darauf aufmerksam, dass die Glaubwürdigkeit einer Gesellschaft für ihre nachhaltige Erfolgssicherung eine wesentliche Rolle spielt. Der Auftritt eines Unternehmens in seinem sozialen Umfeld wurde in der Vergangenheit oft unterschätzt. Karitative Aktivitäten etwa haben nicht nur einen altruistischen Charakter, sondern dienen darüber hinaus auch dem langfristigen Unternehmenserfolg. Unternehmen, die ein professionelles Glaubwürdigkeitsmanagement betreiben, können dadurch nachweislich einen bis zu 10% höheren Unternehmenswert aufweisen als Unternehmen, die auf diesem Gebiet untätig sind. Die Öffentlichkeit muss den Eindruck gewinnen und davon tatsächlich überzeugt sein, dass das betroffene Unternehmen in allem, was es tut, hoch anständig, seriös, vertrauens- und glaubwürdig ist. Damit wird eine in die Zukunft gerichtete, langfristig angelegte Denkhaltung signalisiert und eine ausschließlich kurzfristige Ergebnismaximierung geradezu ausgeschlossen. Ein solches Vertrauen in die Seriosität der Gesellschaft wird grundsätzlich in allen Bereichen unterstellt und lässt eine Darstellung unrichtiger Ergebnisse unwahrscheinlich erscheinen. Themen, welche die Glaubwürdigkeit beeinflussen, müssen aktiv angegangen und nicht reaktiv abgearbeitet werden, um diese Glaubwürdigkeit als Betriebsgrundlage nachhaltig zu sichern.

Es genügt nicht, die Glaubwürdigkeit eines Unternehmens nur medial zu kommunizieren, etwa auch, wenn sie tatsächlich gar nicht vorhanden ist. Die Glaubwürdig-

---

[141] Vgl. Kappler, E./Laske, S., Blickwechsel, Freiburg 1990, S. 61 ff.

[142] Vgl. Drosdek, A., Credibility Management, Frankfurt 1996, S. 10ff.

keit tritt in besonderem Maße über die folgenden Kanäle nach außen, vordergründig oder hintergründig in Erscheinung:

- Die Unternehmenspolitik
- Die Unternehmensziele
- Die interne Kommunikation
- Die externe Kommunikation
- Die soziale Verantwortung gegenüber sämtlichen Stakeholdern

Die Unternehmensausrichtung soll zukünftig jedoch nicht mehr ausschließlich auf einer möglichst intensiven Kundenorientierung liegen, sie muss darüber hinaus eine besondere Gewichtung im Bereich der Umweltorientierung erhalten. Darin kommt zum Ausdruck, dass Glaubwürdigkeit untrennbar mit einem professionellen Umweltmanagement zusammenhängt, dessen Qualität sich im Verhältnis der Unternehmung zur Produktqualität, zur Natur, zu den Mitarbeitern und zu anderen Stakeholdern sowie zum sozialen Umfeld zeigt. Über Erfolg und Misserfolg von Glaubwürdigkeit entscheidet aber nicht zuletzt auch die Art und Weise, wie die Unternehmung in der Lage ist, diese zu kommunizieren.

Das zunehmende Bewusstsein darüber, dass die Umweltorientierung einen großen Einfluss auf die Erfolgsstruktur einer Unternehmung haben kann, führt zu einer entsprechend ausgerichteten Unternehmenspolitik. Wie diese idealerweise auszusehen hat, ist jedoch recht weit auslegungsfähig.[143] Der Betroffenenkreis kann dabei von den Shareholdern bis hin zu einem ausgesprochen weit gefassten Stakeholder-Begriff gehen.

Grundsätzlich können drei Dimensionen unterschieden werden, nach denen ein Unternehmensmanagement ihr soziales und umweltorientiertes Verhalten ausrichten soll:

- Social Obligation: Verhalten, das sich an den traditionellen, ökonomischen und rechtlichen Kriterien orientiert
- Social Responsibility: Verhalten, das sich mit sozialen Normen und Werten abstimmen lässt
- Social Responsiveness: Verhalten, das nicht auf Druck, also reaktiv, sondern aktiv die Umwelt mitgestaltend und vorausblickend allen Eventualitäten vorzugreifen versucht. Dies wirft die Frage nach dem richtigen Verhalten einer Firma sowie nach Regeln, Normen und ethischen Kriterien auf, mit dem Ziel, möglichst hohe Glaubwürdigkeit zu erlangen.

Die Unternehmensethik darf das wirtschaftliche Handeln nicht behindern. Sie muss im Einklang mit der Wirtschaftlichkeit zugleich ein gutes, gerechtes und vernünftiges Handeln ermöglichen. Um das zu erreichen, muss das Management a) ganzheitlich, b) langfristig und letztendlich c) dynamisch denken und handeln.

[143] Vgl. Glaubwürdigkeit – Die Grundlage unternehmerischen Denkens und Handelns, Jean-Paul Thommen, Zürich 1996, S. 7 ff.

Ad a) Ganzheitliches Denken und Handeln

bedeutet die Berücksichtigung von Ansprüchen und Erwartungen verschiedener Personen, Gruppen, Institutionen sowie unterschiedlicher Aspekte von unternehmerischen Problemen über die nämlich meist rein ökonomische oder naturwissenschaftliche Behandlung von Problemen hinaus. Oft stellt dies eine Mischung mehrerer Ziele dar. Daraus können sich wiederum Zielkonflikte, z. T. durch unterschiedliche Interessen der involvierten Anspruchsgruppen, ergeben. Das Unternehmen muss dann die verschiedenen Ansprüche und Ziele gewichten, priorisieren und entsprechend den gesetzten Prioritäten entscheiden. Die Entscheidung über die Vorgehensweise muss so kompromisshaft ausfallen, dass alle betroffenen Interessenvertreter damit leben können.

Ad b) Langfristiges Denken und Handeln

bedeutet „für immer" bzw. „für nicht absehbare Zeit".
Eine solch langfristige soziale und umweltbezogene Ausrichtung ist aus mehreren Gründen notwendig. Zum einen weil das Existenzziel von Unternehmungen grundsätzlich zeitlich nicht beschränkt ist, zum anderen aber auch, weil – umgekehrt – unethisches Verhalten einer Unternehmung (beim Kunden) sehr lange in Erinnerung bleibt und schließlich, weil es Maßnahmen gibt, die ihre Wirkung erst zu einem in ferner Zukunft liegenden Zeitpunkt entfalten. Unternehmensinterne Konstruktionen, Regelungen und Zielvereinbarungen wie etwa Bonusvereinbarungen für das Management erschweren neben dem vorwiegend kurzfristig angelegten Gewinnstreben von Investoren eine (sowohl theoretisch als auch praktisch) langfristig orientierte Unternehmensführung.

Ad c) Dynamisches Denken und Handeln

Ein Unternehmen muss auf die Bedürfnisse seines Umfeldes eingehen. Da sich diese laufend verändern, muss eine Unternehmung ihr Handeln und Denken entsprechend anpassen. Essenziell ist dabei die Frage, welches die Interessengruppen überhaupt sind, auf deren Bedürfnisse eine Unternehmung Rücksicht zu nehmen hat. Dabei lassen sich prinzipiell vier Gruppen identifizieren:

1. Bezugsgruppen – all jene, die in irgendeiner Form eine Beziehung zu einer Unternehmung haben bzw. haben könnten
2. Interessengruppen – all jene, die tatsächlich eine Beziehung (direkt oder indirekt) zur Unternehmung haben
3. Anspruchsgruppen – jene, die konkrete Ansprüche gegenüber der Unternehmung erheben. Zu diesen zählen Eigentümer, Aktionäre etc.
4. Strategische Anspruchsgruppen – jene, die rein theoretisch Einfluss auf die Unternehmung haben könnten

Zu beachten ist, dass aktuell unbedeutend scheinende Gruppen sich im Laufe der Zeit zu Anspruchsgruppen entwickeln können und damit theoretische Anspruchsgruppen darstellen.

Wer zu den Anspruchsgruppen zählt, zeigt die folgende Darstellung:[144]

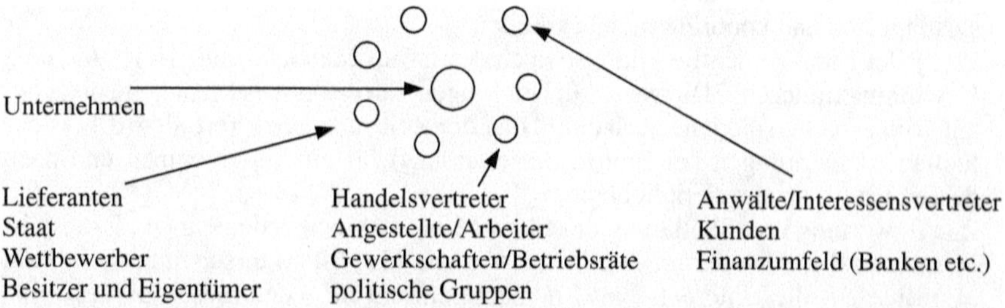

Die Bedürfnisse der einzelnen Anspruchsgruppen sind oft so unterschiedlich, dass sie vom Unternehmen nur schwer miteinander vereinbar sind. Voraussetzung dafür ist jedoch zunächst die Kenntnis der jeweiligen Bedürfnisse der unterschiedlichen Anspruchsgruppen, nach denen eine entsprechende Gruppierung und Einteilung erfolgen kann.

Neben einer Analyse der unterschiedlichen an das Unternehmen gerichteten, spezifischen Interessen sollte jede Unternehmung eine Analyse zur Erfassung allgemeiner gesellschaftlicher Probleme auch im Hinblick auf zukünftig zu erwartende Entwicklungen durchführen.

Zu diesem Zweck bedient man sich der folgenden Informationsquellen:

- Betriebsinterne Informationsquellen (Kundenkontakte, -reklamationen etc.)
- Branchenberichte, Verbände, Publikationen der Konkurrenz
- Wissenschaftliche Arbeiten
- Sonstige Untersuchungen und Studien

Anspruchsgruppen und Themenbereiche werden in einer Matrix zusammengeführt und bewertet, um über deren jeweilige Bedeutung Auskunft zu geben. Die Matrix soll dem Betrachter ein klares Bild darüber vermitteln, wie er seine Handlungen setzen soll.

5.3.2.3 Managementansätze, Verhaltensstrategien und Aktionsmöglichkeiten einer Unternehmung

Managementansätze

Die Situationen des Arbeitsalltags mit ihren Handlungsoptionen zeigen unterschiedliche Managementansätze im Umgang mit den Anspruchsgruppen:

- Das so genannte Issues Management lässt sich umschreiben als „the effort to improve the firms ability to identify opportunities for greater profits and minimize threats to profits through early identification of and response to social

[144] Vgl. Freeman, R., Strategic Management, A Stakeholder Approach, in: Advances in Strategic Management, 1983, S. 39.

issues“[145]. Issues Management hilft dem Unternehmen, systematisch seine sozialen Ziele zu erreichen. Dabei wird die gesamte externe Umwelt des Unternehmens systematisch und kontinuierlich bearbeitet.
Ziel jeder Managementfunktion, so auch des Issues Managements, ist letztlich die Gewinnmaximierung. Die wesentlichen Fragen, die das Issues Management zu beantworten sucht, sind jene nach dem Grad der Relevanz eines Vorfalles (d. h. eventuellen Auswirkungen bei Eintritt dieses Issues) für ein Unternehmen und nach dessen Eintrittswahrscheinlichkeit.
Zur Bewertung und Skalierung der für ein Unternehmen bedeutenden „Issues“ ist es ratsam, diese wiederum in eine Matrix von „Eintrittswahrscheinlichkeit“ und „Einfluss auf die Unternehmung“ einzutragen, um für jeden dieser „Issues“ eine vergleichende Einschätzung ihrer Bedeutung vornehmen zu können.
Das Issues Management widerspricht grundsätzlich einem ideell ausgerichteten, ethischen Verhalten, das nicht in einem instrumentellen Sinn zu verstehen ist, sondern um seiner selbst willen erfolgt. Eine übergeordnete Unternehmensethik wird also primär zum Selbstzweck betrieben und folgt erst in zweiter Linie Gewinnsteigerungsüberlegungen.[146] Nur so kann Ethik nachhaltig und glaubhaft begründet und kommuniziert werden. Gleichwohl ist Ethik keineswegs ein Garant für Erfolg, auch wenn sie immer wieder als ein Kernelement der Argumentation für die Wahrscheinlichkeitssteigerung des Unternehmenserfolges genannt wird.[147]

- Das „Crisis Management“ befasst sich mit Krisensituationen, die durch unethisches Verhalten einer Unternehmung hervorgerufen wurden. Es macht sich die Erfassung, Charakterisierung und Analyse dieser Situationen und der möglichen Handlungs- und somit Bewältigungsoptionen zur Aufgabe.[148]
- Das „Public Affairs Management“, auch bezeichnet als „Corporate Public Policy“, steht für die Zusammenfassung beider zuvor genannten Managementarten und lässt sich umschreiben als „a firm's posture, stance, or position regarding the public, social, or ethical aspects of stakeholders and corporate functioning“[149].

Verhaltensstrategien und Aktionsmöglichkeiten einer Unternehmung

Alle Interessengruppen haben unterschiedliche Zielsetzungen, die sie der Unternehmung aufzwingen bzw. über die Unternehmung erreichen wollen. Für gewöhnlich betreiben nachstehende Gruppen folgende sechs Strategien, die ihren Niederschlag in den entsprechenden Unternehmensstrategien finden[150]:

---

145 Vgl. Logsdon, J./Palmer, D., Issues Management and Ethics, in: Journal of Business Ethics, 3/1988, S. 191 ff.

146 Vgl. Thommen, J., Glaubwürdigkeit, Die Grundlage unternehmerischen Denkens und Handelns, 1996, S. 29.

147 Vgl. Solomon, R./Hanson, K., It's Good Business, New York 1985, S. 22.

148 Vgl. Caroll, A., Business and Society, Ethics and Stakeholdermanagement, 1989, S. 493 ff.

149 Vgl. Caroll, A., Business and Society, Ethics and Stakeholdermanagement, 1989, S. 450.

150 Vgl. Freeman, R./Gilbert, D., Corporate Strategy and the Search for Ethics, Englewood Cliffs NJ 1988, S. 72.

1. Strategie des Eigentümers – Oberstes Ziel einer Unternehmung ist es, die Interessen der Eigentümer und Besitzer bestmöglich zu befriedigen.
2. Strategie des Managements – Oberstes Ziel einer Unternehmung ist es, die Interessen des Managements zu befriedigen.
3. Strategie einer eingeschränkten Stakeholdergruppe – Oberstes Ziel einer Unternehmung ist es, die Interessen eines eingeschränkten Stakeholderkreises zu erfüllen.
4. Strategie aller Stakeholdergruppen – Oberstes Ziel einer Unternehmung ist es, die Interessen aller Stakeholder zu erfüllen.
5. Strategie des Unternehmens selbst ist es, einen möglichst hohen Grad an sozialer Harmonie zu erlangen.
6. Strategie der Mitarbeiter stellt die Sicherung ihres Arbeitsplatzes dar.

Eine weitere mögliche Verhaltensstrategie einer Unternehmung liegt in der systematischen Betrachtung, bei der es die unterschiedlichen Ausprägungsformen zwischen „gar nichts tun" und „sehr viel tun" gibt. Darauf aufbauend kann die Unternehmung sich zwischen folgenden Handlungsalternativen entscheiden[151]:

- Reaktion
- Abwehr
- Anpassung
- Aktion (Eigeninitiative)

Diese Faktoren werden in einer Matrix dergestalt aufgetragen, dass auf der Horizontalen die Zeitorientierung (retrospektiv – Orientierung an der Vergangenheit / prospektiv – Orientierung an der Gegenwart oder der Zukunft) und auf der Vertikalen die Lösungsfindung (nicht einbeziehend – Unternehmung glaubt, allein die Richtigkeit ihres Verhaltens beurteilen zu können; / einbeziehend einseitig – Unternehmen glaubt, auf die Bedürfnisse seines Umfeldes eingehen zu müssen, ist aber nicht bereit, in einen Dialog einzutreten / einbeziehend zweiseitig – Unternehmen glaubt, auf die Bedürfnisse seines Umfeldes eingehen zu müssen und ist bereit, in einen Dialog einzutreten) zu sehen ist.

Lösungsfindung \ Zeitorientierung		retrospektiv	prospektiv
nicht einziehend		Stillhalter	Abschirmer
einbeziehend	einseitig	Adaptor	Antizipator
	zweiseitig	Reagierer	Koagierer

Abbildung 12: Strategien der Berücksichtigung von Anspruchsgruppen
Quelle: Thommen, Glaubwürdigkeit, Die Grundlage unternehmerischen Denkens und Handelns, 1996, S. 34.

[151] Vgl. Carroll, A., A Three Dimensional Conceptual Model of Corporate Performance, In: Academy of Management Review, 4/1979, S. 497 ff.

Das Ergebnis zeigt sechs Aktionsmöglichkeiten:

1. Stillhalter – Unethisches Verhalten wird reaktionslos akzeptiert, weil keine negativen Auswirkungen auf die Unternehmung erwartet werden. Dabei wird kaum Information über die Unternehmung gegeben, in der Hoffnung, dass daran kein Interesse bestehe. Dies stellt eine eher kurzfristige Sichtweise dar, weil nur die Bedürfnisse einzelner Anspruchsgruppen befriedigt werden und andere unberücksichtigt bleiben.
2. Abschirmer – Die kritische Haltung der Unternehmung wird unverblümt und aktiv zum Ausdruck gebracht. Dadurch versucht man, das unethische Verhalten der Firma zu überdecken und die Anspruchsgruppen abzulenken und in die Irre zu führen. Dieses Verdecken der Wahrheit wird damit gerechtfertigt, dass es im Interesse der Unternehmung liege, diese nicht offen zu legen.
3. Adaptor – Das Unternehmen erkennt situationsabhängig und ex post ein ethisch ausgerichtetes Handeln und die Berücksichtigung von Bedürfnissen unterschiedlicher Anspruchsgruppen im Rahmen der Unternehmensstrategie als notwendig an. Unethische Handlungen werden demnach erst im Nachhinein korrigiert, wobei die Unternehmung ihrer Umwelt offenbar nur eingeschränkte Wertschätzung und Bedeutung beimisst. Dabei läuft die Unternehmung Gefahr, ihre Glaubwürdigkeit und das in sie gesetzte Vertrauen zu verlieren.
4. Antizipator – Die Bedürfnisse unterschiedlicher Anspruchsgruppen werden rechtzeitig erkannt und bevor es zu einem Schaden für das Unternehmen kommt, in der Unternehmenspolitik entsprechend berücksichtigt. Aufgrund der mangelnden Dialogwilligkeit der Unternehmung kann es jedoch zu Fehleinschätzungen von Bedürfnissen der Umwelt kommen.
5. Reagierer – diesem Typus liegt die Einstellung des „Laissez Faire" zugrunde. Erst wenn sich eine Anspruchsgruppe zu Wort meldet, nimmt man sich ihrer Bedürfnisse an. Dadurch können Konflikte im Vorfeld ihrer Entstehung nicht bearbeitet und vermieden werden.
6. Koagierer – Hier wird versucht, mit den unterschiedlichen Anspruchsgruppen und der übrigen Umwelt nicht nur in Kontakt, sondern in einen Dialog zu treten, deren Bedürfnisse, Probleme und ethische Ansprüche zu hinterfragen und eine gemeinsame Lösung zu finden. Dieser Weg verspricht die Unterstützung und Förderung aller Anspruchsgruppen.

Den an eine Unternehmung gestellten Anforderungen wird nur ein Koagierer in vollem Umfang gerecht. Diese Anforderungen bestehen in

- der Übernahme von Verantwortung gegenüber der Gesellschaft, den Menschen und der Natur,
- der Aufnahme des Dialoges mit den jeweiligen Anspruchsgruppen, die der Erfassung und der darauf folgenden Lösung von Problemen und der Erfüllung von Bedürfnissen dient,
- der tatsächlichen Lösung dieser Probleme bzw. Befriedigung dieser Bedürfnisse und dem Vorhandensein der dazu notwendigen geistigen und intellektuellen Ressourcen.

Nur wenn alle diese drei Anforderungen erfüllt sind, ist der Grundstock für eine intakte Glaubwürdigkeit gelegt.[152]

5.3.3 Umwelt

5.3.3.1 Umweltmanagement

5.3.3.1.1 Umweltpolitik und Einflussfaktoren

Der Umweltbereich stellt für Industrie- und Produktionsbetriebe eine den Firmenwert in wesentlichem Umfang tangierende Einflussgröße dar. Auch wenn dies in den Industrieländern während der letzten Jahrzehnte zunehmend an Brisanz gewonnen hat, sind Maßnahmen zum Umweltschutz, was vielleicht wenig bekannt sein mag, durchaus bereits aus früheren Epochen historisch überliefert. Der vermutlich älteste Bericht gründet im dritten Jahrtausend vor Christus und kommt aus Indien. Dort wurden Metall verarbeitende Werkstätten so angeordnet, dass der Rauch und der Ruß, den diese verursachten, nicht über Wohngebäude und die heiligen Tempel zog.

Die Bedeutung dieses Bereiches, dessen stringente Beachtung und Entwicklung in den letzten Jahrzehnten in Europa besonders stark spürbar wurde, wird auch in Zukunft weiter wachsen. Die Einstellung eines Unternehmens zur Umwelt und deren glaubwürdige Kommunikation zeigt sich der Öffentlichkeit und sämtlichen Stakeholder in den entsprechenden Investitionen, aber natürlich auch in den gesetzten (sichtbaren) Maßnahmen im Falle der wünschenswerterweise seltenen Zwischenfällen.

In diesen so bedeutenden Bereich fällt die Einhaltung von Gesetzen, welche im Wesentlichen auf die Beseitigung von Belastungen und Vermeidung von Gefahren abzielen, die Erfüllung von Bescheiden und Auflagen, die Analyse von Abläufen und technischen Anlagen zur Gewährleistung der Aufrechterhaltung des Produktionsprozesses, der Umgang mit gefährlichen Stoffen und das Risikomanagement wie etwa im Bereich Brandschutz, die Versicherungswirtschaft in den gefährdeten Bereichen, die Erfassung und Auswertung von Emissionen aller Art (Luft, Wasser, Lärm, Verunreinigungen, Abfall), beschaffungsseitige Innovationen zur Vermeidung gefährlicher Stoffe im Produktionsprozess, usw.

Von besonderer Bedeutung ist natürlich auch die Standortfrage im Zusammenhang mit der kurzfristigen Bedeutung hinsichtlich des Einflusses der Umweltsituation auf den Firmenwert. Wie oben bereits angesprochen, sind hier in Europa die gesetzlichen Auflagen und aufgrund dessen auch die Eigeninitiativen der Unternehmen als ausgesprochen hochwertig einzustufen. Ganz anders kann das Bild jedoch auf einem anderen Kontinent aussehen. Es ist bekannt, dass China beispielsweise seinen Unternehmen und Produktionsbetrieben keine aufwendigen Umweltschutzgesetze auferlegt. Trotzdem ist das Engagement im Umweltbereich für viele Konzerne aufgrund der oftmals verfolgten Umweltpolitik jedoch eine Grundsatzfrage, die sich automatisch

---

[152] Vgl. Thommen, J., Glaubwürdigkeit, Die Grundlage unternehmerischen Denkens und Handelns, 1996, S. 11 ff.

und dadurch unabhängig vom Standort ergibt. So stellt das Umweltprogramm solcher Firmen nicht auf das wo ab, sondern auf das wie und das wann.

Zu den besonders zu berücksichtigenden Themenfeldern, welche die Umweltsituation eines Betriebes beeinflussen, zählen:

- Abluft,
- Abwasser.
- Abfall und Altlasten.
- Lärm,
- Brandschutz,
- Lagerung gefährlicher Stoffe,
- Managementsystem.

Abluft

Sämtliche in die Luft freigesetzten Stoffe werden, sofern sie die natürliche Zusammensetzung der Luft verändern, als Luftverunreinigung bezeichnet.[153] Zu den klassischen vom Menschen verursachten Luftverunreinigungen zählen Staub, Rauch, Aerosole, Dämpfe, Geruchsstoffe oder Gase. Die Zahl der unterschiedlichen, luftverunreinigenden Stoffe wird auf ca. 1600 geschätzt. Bei industriell verursachter Luftverschmutzung unterscheidet man zwischen Primär-, Sekundär- und Tertiäremissionen.

Primäremissionen entstehen direkt im Produktionsprozess (etwa Staubemissionen aus Stahlwerken sowie Schwefeldioxid-Emissionen durch Sinterprozesse des Erzes und Stickoxide). Sekundäremissionen entstehen durch Umschlagprozesse, das Umladen oder das Umlagern von Gütern. Als Tertiäremissionen werden alle übrigen Emissionen bezeichnet, die nicht besonderen Anlagen zuzuordnen sind.

Anthropogene Schadstoffe (Umweltchemikalien)[154] sind luftverunreinigende Stoffe, die das Klima beeinflussen, wie Kohlendioxid (CO_2) und Ozon (O_3), oder solche, die in Verbindung mit der Luftfeuchtigkeit Säuren bilden und zum sauren Regen beitragen. Anthropogene Schadstoffe resultieren aus unvollständigen Verbrennungsvorgängen von Kohlenstoff, Kohle, Öl, Benzin und Holz.

Stäube[155] belasten die Luft in Form von leichten Partikeln. Die feineren Partikel werden als Aerosole, die gröberen als Staub bezeichnet. Stäube (Aerosole-Mineralien, Kalk, Asche oder Ruß) bestehen aus festen Teilchen und werden in Sedimentationsstaub und Schwebstaub unterteilt. Für den Menschen ist der Sedimentationsstaub aufgrund seiner relativ großen Korngröße verhältnismäßig ungefährlich. Der Schwebestaub hingegen kann aufgrund der Feinheit der Teilchen diese bis in die Alveolen und in die feinsten Verästelungen der Atemwege vordringen und so eine massiv gesundheitsgefährdende Wirkung haben.

---

153 Vgl. (8. 4. 2004) http://www.umweltlexikon-online.de/fp/archiv/RUBluft/Abluft.php.

154 Vgl. (9. 4. 2004) http://zit1.zit.tudarmstadt.de/lehre/umweltwissenschaften/oekologie2/wemmer_21.html.

155 Vgl. Fellnberg, G., Lebensraum Stadt, Stuttgart 1991, S. 21–22.

Schwermetalle (Metalle mit einer Dichte größer als fünf Gramm pro Kubikzentimeter) sind teilweise als Spurenelemente unerlässlich, können jedoch andererseits schon in geringen Mengen toxisch sein. Sie werden deshalb als gefährlich eingestuft, weil sie auf natürliche Weise nicht mehr abbaubar sind. Zu den drei bekanntesten und als äußerst toxisch einzustufenden zählen Blei (Pb), Cadmium (Cd)[156], das durch das Verbrennen von Batterien an die Luft gelangt, und Quecksilber (Hg), welches in den meisten Industriezweigen Verwendung findet (Metallverarbeitung, Reinigungsbetriebe, chemische und pharmazeutische Industrie, Herstellung von Farben, Pestiziden, elektronischen Instrumenten, Sprengstoffen, Batterien und Papier). Ihre bedrohliche Verbreitung erfolgt meist unkontrolliert über die Luft in Form von Staub, meist aus industrieller Produktion.

Nur mit einem effizienten Luftkontrollsystem und Messstationen, welche die Qualität der Luft fortlaufend messen (also Emissionen wie auch Immissionen), können Störfälle oder besondere Schadstoffkonzentrationen rechtzeitig erkannt und entsprechende Gegenmaßnahmen eingeleitet werden. Die Kontrollierbarkeit der Abluft eines Produktionsbetriebes und damit auch die Existenz eines so genannten Abluft- bzw. Immissionskatasters (beides grafische Darstellungen von Quellen, aus denen Luftschadstoffe in die Atmosphäre austreten) bilden die Grundlage einer gleich bleibenden Qualität der Abluft eines Produktionsbetriebes. Zu den klassischen Risikobereichen zählen exemplarisch Hochtemperaturöfen, Aushärtöfen und Trockenkammern sowie Chemielager, Laborbereiche, Zentralheizung, Lackieranlagen, Galvanik und alle Bereiche, in denen mit besonderen Staubintensitäten zu rechnen ist.

Um gasförmige Verunreinigungen aus der Luft zu filtern, stehen der Industrie eine Reihe von Trenntechniken zur Verfügung. Auch die Abscheidung durch biologische Reaktionen gewinnt zunehmend an Bedeutung.[157] Auch wenn diese Aufzählung keinen Anspruch auf Vollständigkeit erhebt, soll damit auf eventuelle Risikobereiche hingewiesen werden. Unabhängig von Anzahl und Umfang möglicher Emissionsquellen sind alle potenziellen Gefahrenbereiche in jedem Fall in den Abluftkataster aufzunehmen.

Die Qualität und die Regelmäßigkeit der Aufzeichnungen, die festgelegten Messtoleranzen, Häufigkeit von Grenzwertüberschreitungen und die Qualität des Abluftkatasters sind neben den Investitionen der letzten Jahre in das Abluftreinigungssystem und den Prüfberichten externer Sicherheitsbeauftragter ein wesentlicher Indikator für die Werthaltigkeit eines originären wie derivativen Firmenwertes.

Abwasser

Industrieunternehmen sind verpflichtet, auch ihre gegenwärtige Abwassersituation graphisch darzulegen und dazu einen entsprechenden Abwasserkanalplan zu erstellen. Mit Hilfe dieser Abwassersituationsdarstellung muss es einem nicht firmenkun-

[156] Vgl. (9.4.2004) http://www.atsdr.cdc.gov/tfacts5.html.

[157] http://www.ivt.rwth-aachen.de/De/Forschung/Membranverfahren/pv_def.html (20.7.2004).

digen Dritten innerhalb kurzer Zeit möglich sein, sich einen Überblick über die aktuelle Abwassersituation bzw. das aktuelle Abwassersystem zu verschaffen.[158]

Ein wesentliches Kriterium für die Qualifizierung einer Abwassersituation als unbedenklich ist die Gewähr, dass aus der Produktion keine ungeklärten Stoffe in das Erdreich bzw. in nahestehende Gewässer gelangen. Dazu muss der Zustand des Kanalsystems in Bezug auf defekte Leitungen, Brüche, Risse oder sonstige Beschädigungen geprüft werden, was in der Regel mittels Kanalfernsehen erfolgt. Zu berücksichtigen ist, dass Regenoberflächenwasser durch Eintrag der Verunreinigung aus dem Freigelände, wie zum Beispiel schädliche Rohmaterialien, die im Produktionsprozess Verwendung finden und solche, die sich auf den Dächern ablagern, das Erdreich nachhaltig verunreinigen können.

Dabei besonders zu beachten sind Bereiche wie Rohmateriallager, Lager von gefährlichen Stoffen, Öllager, Galvanik etc.

Wasserverunreinigungen (Abwasserlast) werden durch den so genannten biochemischen Sauerstoffbedarf (BSB), den chemischen Sauerstoffbedarf (CSB) und den Anteil an absetzbaren Stoffen ausgedrückt.[159]

Um tatsächlich sicherstellen zu können, dass der Gesellschaft keine diesbezüglichen stillen Lasten drohen, die den Firmenwert schmälern würden, ist eine laufende Überprüfung dieser Bereiche angezeigt.

Abfall und die Lagerung gefährlicher Stoffe

Im Sinne des Abfallgesetzes zählen zu Abfällen[160] alle im Anhang des Kreislaufwirtschafts-/Abfallgesetzes aufgeführten beweglichen Dinge, deren man sich entledigt, entledigen will oder entledigen muss. Darüber hinaus unterscheidet man Abfälle zur Verwertung von Abfällen zur Beseitigung.[161] Unter dem Begriff Abfälle werden alle Arten von Rückständen, Nebenprodukten, Ausschuss, unverkäuflichen Waren und Altstoffen, die bei der Produktion, beim Konsum und der Energiegewinnung entstehen, zusammengefasst.

Sofern Abfälle hohe Schadstoffkonzentrationen aufweisen, fallen sie unter die Sonderabfälle. Mit derartigen Sonderabfällen haben sich Produktions- und Industriebetriebe meist zu befassen. Zum Sondermüll gehören somit Abfälle aus der industriellen Produktion, einige landwirtschaftliche Abfälle, aber auch Krankenhausabfälle, Altöl, radioaktive Abfälle und zum Teil auch Bauschutt. Diese Abfälle sind speziell zu erfassen und in weiterer Folge gezielt zu entsorgen. Über Maßnahmen der Entsorgung ist im gewerblichen Bereich für gewöhnlich ein Nachweis zu erbringen.

---

[158] Vgl. Selgrad, V., Due Diligenceuntersuchung im Zusammenhang mit einem Unternehmenserwerb im März 2004, S. 9 f.

[159] Vgl. Bibliographisches Institut & F. A. Brockhaus AG, 2001.

[160] Vgl. Versteyl, L., Abfall und Altlasten, 2. Auflage, München 2002, S. 13 ff.

[161] Vgl. http://www.duesseldorf.ihk.de/de/InnovationundUmwelt/Umweltschutz/Abfall.jsp (12.4.2004).

Zur Gewähr, dass Abfälle vorschriftswidrig entsorgt werden und wurden, sollte ein betrieblicher Abfallplan Aufschluss über die gesetzeskonforme Entsorgung bzw. über die Lage der Deponien geben. Auch hinsichtlich der Lagerung gefährlicher Stoffe ist für derartige Deponien ein Plan zu erstellen, dem entnommen werden kann, wo überall gefährliche Stoffe gelagert werden. Darüber hinaus ist eine entsprechende behördliche Betriebsgenehmigung für die Lagerung der betreffenden Materialien einzuholen. Sofern den gesetzlichen Auflagen nicht Rechnung getragen wird, ist dies bei einer Firmenwertermittlung und -verteilung entsprechend zu berücksichtigen. Dies kann über eine Erhebung jener für eine Sanierung aufzuwendenden Kosten geschehen.

Bei Altlasten[162] handelt es sich um Kontaminationen des Untergrundes, die eine potenzielle Gefahr für Mensch und Umwelt darstellen, aber nicht mehr in Zusammenhang mit aktiven Geländenutzungen stehen. Altlasten werden untergliedert in Altablagerungen einerseits, worunter man verlassene und stillgelegte Ablagerungsplätze versteht, und in Altstandorte andererseits, worunter Liegenschaften stillgelegter Produktionsanlagen sowie Grundstücke, auf denen mit umweltgefährdenden Stoffen umgegangen wurde, zu verstehen sind.[163]

Für den Fall, dass entsprechende Aufzeichnungen fehlen, wo derartige Deponien verborgen liegen könnten, können ausschließlich Probebohrungen Aufschluss geben.

Zur Sanierung einer Altlast muss ein Sanierungskonzept erstellt werden. Eine Sanierung zeichnet sich entweder durch eine vollständige Entfernung der Schadstoffe oder aber dadurch aus, dass die Schadstoffe nachhaltig von den Stoffkreisläufen der Natur getrennt werden.

Die für gewöhnlich ausgesprochen hohen Kosten einer Altlastsanierung, die nach aktueller Gesetzeslage der Verursacher (also die Gesellschaft selbst) zu tragen hat, sind hinsichtlich einer Betriebsübernahme und des dabei zu zahlenden Kaufpreises entsprechend zu berücksichtigen. Die durchschnittlichen Sanierungskosten für kontaminiertes Erdreich belaufen sich auf rund 150,– Euro pro Tonne Boden, wohingegen die Abgaben für Deponien bei rund 40,– Euro pro Tonne liegen.[164] Diese Zahl variiert natürlich in Abhängigkeit von der Beschaffenheit der vorhandenen Schadstoffe.

Von den in der Industrie sehr häufig eingesetzten, gesundheitsgefährdenden Stoffen seien an dieser Stelle aufgrund der in den letzten Jahren immer häufiger auftretenden Schadenersatzklagen in den USA Asbest, PCB (Polychlorierte Biphenyle)[165] sowie das Beryllium besonders erwähnt.

---

[162] Vgl. Versteyl, L., Abfall und Altlasten, 2. Auflage, München 2002, S. 201 ff.

[163] Vgl. Gossow, V., Altlastensanierung, Gütersloh 1995, S. 23 f.

[164] Vgl. Eidgenössisches Departement für Umwelt, Verkehr, Energie und Kommunikation, Erläuterungen zur Verordnung über die Abgaben zur Sanierung von Altlasten (VASA), Februar 2000, S. 8 f.

[165] Vgl. http://www.umweltbundesamt.de/uba-info-daten/daten/polychlorierte-biphenyle.html. (9.4.2004).

Lärm

Unter Lärm versteht man jedes als laut empfundene Geräusch, dessen Intensität psychologisch als Lärm, physikalisch als Lautstärke bezeichnet wird. Sofern in unmittelbarer Nähe einer Produktionsstätte ein Siedlungsgebiet liegt, sind mittels regelmäßiger Lärmmessungen eventuelle Lärmbelästigungen festzustellen und in der Folge zu unterbinden. Wenn darüber hinaus eine überaus hohe Lärmbelastung (Grenzwerte dafür gibt das Gesundheitsministerium vor) im Unternehmen selbst besteht, ist den Mitarbeitern ein entsprechender Gehörschutz zur Verfügung zu stellen. Mögliche später eingebrachte oder etwa drohende Klagen, daraus resultierende Gerichtskosten und eventuelle Schadenersätze mindern den Anteil des Firmenwertes am Unternehmenswert.

Brandschutz

Unter den Begriff des Brand- oder Feuerschutzes fallen alle Maßnahmen zur Verhütung (vorbeugender Brandschutz) und Bekämpfung (abwehrender Brandschutz) von Bränden. Von besonderer Bedeutung ist dabei das Treffen von bau- und gewerberechtliche Vorkehrungen. Bei Industriebetrieben ist dem Vorhandensein von Betriebsfeuerwehren, ihrer Ausrüstung und der Ausbildung der oftmals freiwilligen Mitglieder besondere Aufmerksamkeit zu schenken. Auch wenn der Abschluss einer Feuerversicherung das finanzielle Risiko sicherlich einschränkt, wird man trotz Versicherungsdeckung versuchen, Ausfälle möglichst zu vermeiden. Das Vorhandensein und die Funktionalität von Brandschutzplänen aktuelleren Datums, die Tatsache, ob Fluchtwege entsprechend gekennzeichnet und ausgehängt sind, ob Löscheinrichtungen (automatische Sprinkleranlagen) existieren, welche brandschutztechnischen Vorkehrungen getroffen wurden, ob Feuerlöscher aktuelleren Datums oder bereits abgelaufen sind und ob es ein den Anforderungen entsprechendes Hydrantensystem im Betriebsgelände gibt, beeinflussen den Unternehmenswert hinsichtlich des Ausmaßes von zu tätigenden Investitionen.

Daneben stehen Fragen nach einem intakten Umweltmanagementsystem, regelmäßige Reviews der diesbezüglichen Aktivitäten, die Dokumentation der gesetzten Prüfschritte im Umweltbereich, der daraus abgeleiteten und gesetzten Maßnahmen, die Existenz von Umweltinformationssystemen und (internen sowie externen) Schulungsprogrammen und schließlich eine über all dem wachende, intakte Umweltorganisation, die in einem Organigramm festgeschrieben ist.

5.3.3.1.2 Umweltstrategie

Langfristig auf Erfolg ausgerichtete Unternehmen richten ihre Planung und ihre Zielsetzungen entsprechend langfristig aus und sind sich der steigenden Bedeutung des Umweltschutzes und der Umweltpolitik bewusst. Maßnahmen im Umweltbereich können nur langfristig betrachtet zum Unternehmenserfolg beitragen und stellen damit streng genommen eine „Investition“ in die Zukunft dar. Unternehmen, die sich nicht am Umweltschutz beteiligen, erleiden mittelfristig Wettbewerbsnachteile, auch wenn sie kurzfristig Kosten sparen und damit ihre Ergebnisse verbessern können. Die Lösung der ökologischen Problematik stellt eine unternehmerische

Aufgabe dar, an der die Innovationskraft der Unternehmungen gemessen werden kann:

„Es steht außer Frage, dass die Probleme zu ihrer effektiven Lösung des ganzen technologischen Know Hows und der ganzen organisatorischen Expertise bedürfen, über die in unserer Gesellschaft die Unternehmungen alleine verfügen. Dies können weder staatliche Instanzen noch wissenschaftliche oder andere Institutionen allein erreichen. Allerdings muss sich an dieser Aufgabe auch die Innovationskraft der Unternehmungen erweisen: Diejenigen, die es nicht schaffen, werden durch politische und wirtschaftliche Sanktionen zunehmend bestraft und werden im Wettbewerb zurückbleiben. Die Zukunft gehört nur denen, die sich auch in ökologischer Hinsicht als innovativ erweisen."[166]

Eine Verankerung des Umweltschutzes im Unternehmensleitbild ist ebenso elementarer Bestandteil für eine nachhaltig erfolgreiche Unternehmensentwicklung wie freiwillige und gesetzlich bzw. behördlich vorgeschriebene Auflagen.

Dem bereits angesprochenen Informationsbeschaffungssystem zur Beurteilung und Kommunikation von Umweltschutz in einem Unternehmen kommt eine besondere Bedeutung zu. Ohne die entsprechenden Daten und Fakten lässt sich ein effizientes Umweltmanagement nicht betreiben. Um dies sicherzustellen, muss der Informationsbeschaffung im strategischen Ansatz entsprechend Rechnung getragen werden.

Da durch Maßnahmen des Umweltschutzes immer wieder Innovationen, Verbesserungen und Weiterentwicklungen im Produktionsprozess und bei der Produktentwicklung bewirkt werden, stellt das Bekenntnis zum Umweltschutz auch einen strategisch bedeutenden Faktor für eine zukunftsweisende Existenzsicherung einer Unternehmung dar. Die Entscheidung für ein intensives Engagement im Bereich des Umweltschutzes hat damit neben der wirtschaftlichen Relevanz für den kurzfristigen Unternehmenserfolg auch existenzsichernde Bedeutung.

Natürlich erhalten Umweltthemen bei Standortentscheidungen[167] zunehmend größeres Gewicht. Nicht nur die Gesellschaft erhebt den immer höheren moralischen Anspruch eines umweltkonformen Verhaltens, auch gesetzliche Bestimmungen verleihen den stetig steigenden Anforderungen in Form von immer strengeren Auflagen ihren Ausdruck.

Zu den die Strategie eines Unternehmens beeinflussenden umweltrelevanten Faktoren zählen qualitative Leistungen wie Rechtskonformität, die Einhaltung von Sozialstandards, der Schutz von Leben und Gesundheit, die damit einhergehende gesellschaftliche und ökologische Verantwortung sowie die mit diesen Leistungen verbundene Glaubwürdigkeit. Die Bedeutung solch ethisch anspruchsvoller Bestrebungen, welche die weichen, immateriellen Leistungen eines Unternehmens ausmachen, muss dabei langfristig und glaubhaft dem wirtschaftlichen Erfolg gleichgestellt werden. Daraus erwachsende Vorteile liegen in der Stärkung des Vertrauens der Kunden,

---

[166] Dyllik, Th., Ökologisch bewusste Unternehmensführung. Herausforderung eines zukunftsorientierten Managements, Ökologische Lernprozesse in Unternehmungen, S. 49.

[167] http://www.umweltbundesamt.de/usub/bwirkung.htm (3.11.2004).

Mitarbeiter und sämtlicher weiterer Anspruchsgruppen. In einem weiteren Sinne werden idealerweise wirtschaftlicher Wohlstand, soziale Qualität und eine intakte Umwelt der Lohn einer solchen umweltbewussten und ethisch-sozial ausgerichteten Strategie sein.

5.3.3.1.3 Umweltmanagementsysteme

Unter der EMAS[168] – Eco Management and Audit Scheme – verbirgt sich, basierend auf einer Verordnung des europäischen Parlamentes, ein Umweltmanagementsystem und eine Umweltbetriebsprüfung, dem sich Unternehmen freiwillig unterwerfen. Das Umweltmanagement nach EMAS stellt einen Standard für innovative Unternehmen und Organisationen dar.

Ziel der EMAS ist die kontinuierliche Verbesserung der Umweltleistung von Organisationen mit dem Anspruch, dass Unternehmen:

- Umweltmanagementsysteme aufbauen,
- Umweltmanagementsysteme regelmäßig messen, kontrollieren und bewerten,
- Öffentlichkeit und sämtliche Stakeholder über die Umweltleistung informieren,
- Arbeitnehmer in das System aktiv einbeziehen und Ausbildung fortsetzen.

Erfüllt ein Unternehmen alle Bedingungen der EMAS-Verordnung, erhält es das Recht zur Führung des EMAS-Logos, mit dem die Einstellung der Unternehmung zur Umwelt ohne viele Worte effizient kommuniziert werden kann. Mit Umweltschutzvorsorgeinstrumenten wie der EMAS gelingt es Unternehmen, ihre Rechtskonformität (*legal compliance*) zu erlangen oder zu wahren und die Qualität der Umweltschutzarbeit kontinuierlich zu verbessern.

Neben der EMAS existiert mit der ISO-Normenreihe, im Speziellen der ISO-14001, ein weiteres Umweltmanagementsystem, das Themen wie Organisation, Planung, Verantwortung etc. umweltbezogen zu systematisieren versucht. Jedes Umweltmanagementsystem muss diese Themenfelder hinsichtlich ihrer Bedeutung für den Umweltbereich entsprechend miteinander verbinden. Danach ist zu regeln, unter wessen Verantwortlichkeit der Einsatz welcher Methoden zu erfolgen hat und wo in der Unternehmensstruktur das Thema Umwelt organisatorisch anzusiedeln ist etc.[169]

Eine ISO-Zertifizierung testiert jedoch noch nicht die tatsächliche Umweltfreundlichkeit eines Unternehmens, sie besagt zunächst nur, dass dieses sich öffentlich zu einem umfassenden Umweltschutz bekennt,. was sodann durch entsprechend umgesetzte Maßnahmen unter Beweis zu stellen wäre. Die folgende Darstellung (siehe Abbildung 13: Überblick über die ISO-Normenreihe 14000 f, die einen Überblick über die ISO-Normenreihe gibt, soll die Vielfalt dieses Umweltsystems veranschaulichen. Der Vollständigkeit halber sollen nachfolgend zunächst auch darüber hinaus bestehende Regelwerke von Umweltmanagementsystemen aufgeführt werden:

---

[168] http://www.umweltmanagement.at/(6. 4. 2004).

[169] Vgl. Bauman, W./Kössler, W./Promberger, K., Betriebliche Umweltmanagementsysteme, Anforderungen, Umsetzung, Erfahrungen, S. 17 ff.

- British Standard BS 7750 (nationale Norm in Großbritannien)
- DIN 33921 (deutsche Norm)
- DIN Fachbericht 45 (DIN Normenausschuss Grundlagen des Umweltschutzes [NAGUS]-Positionspapier zur Normung)
- DGQ-Schrift 100-21 (Umweltmanagementsystemmodell zur Darlegung der umweltbezogenen Fähigkeiten einer Organisation, in Anlehnung an die DIN-EN 9001)

Die ISO 14000er Normenreihe

ISO 14001	**Environment Management Systems – Specification with guidance for use** Definition der Kernelemente
ISO 14004	**Environment Management Systems – Specification with guidance for use – General guidelines on principles, systems and supporting techniques** Grundlage und Leitfaden für die Entwicklung und Einführung von Umweltmanagementsystemen
ISO 14010	**Guidelines for environmental auditing – General principles** Regelt das Verhalten bei Umweltaudits
ISO 14011	**Guidelines for environmental auditing – Audit procedures – Auditing of environmental management systems** Regelt Details für die Durchführung von Umweltaudits nach ISO 14010
ISO 14012	**Guidelines for environmental auditing – Qualification criteria for environmental auditors** Regelt Anforderungen, die Umweltauditoren erfüllen müssen
ISO 14020 – 24	**Environmental labeling** Regelt Anwendung, Aussehen und Inhalt von Umweltlabeln
ISO 14031	**Environmental Management – Environmental performance evaluation** Regelt die Bewertung der Umweltleistung
ISO 14040 – 43	**Environmental Management – Life cycle assessment** Regelt die Bewertung des Produktlebenszyklus
ISO 14050	**Environmental Management – terms and definitions** Regelt Begrifflichkeiten und Definitionen

Abbildung 13: Überblick über die ISO-Normenreihe 14000 f
Quelle: Bauman, Kössler, Promberger, Betriebliche Umweltmanagementsysteme, Anforderungen, Umsetzung, Erfahrungen, S. 26–27

Initiativen und Systematisierungsversuche wie diese sind bezeichnend für die Entwicklung des Umweltbewusstseins der letzten 20 Jahre. Zunehmend erkennen Unternehmen die Vorteile einer nachhaltigen Umweltpolitik in Verbindung mit einem professionellen Umweltmanagement, wobei die EMAS eine Hilfestellung zur Analyse, Beurteilung, Steuerung sowie Verbesserung darstellt.

Ziel des Umweltmanagements ist es, durch gezielte Steuerung unternehmerischen Handelns mit ökonomischer Relevanz eine größtmögliche Reduktion von Umweltbelastung zu erreichen. Dies unter Berücksichtigung und in Kombination mit den auf den Betriebserfolg gerichteten Unternehmenszielen. Das bedeutet, dass das Umweltmanagement die verschiedensten Bereiche einer Unternehmung anspricht und unter diesen eine so umfassend wie möglich gestaltete Konvergenz herzustellen sucht. Voraussetzung eines glaubwürdigen Umweltmanagements ist, dass dieses von der obersten Unternehmensleitung nicht nur mitgetragen, sondern in besonderem Maße auch gewünscht wird.

Auch die Information über sämtliche Vorgänge innerhalb des Unternehmens, die im Bereich des Umweltschutzes gesetzt werden, spielt eine bedeutende Rolle für ein erfolgreiches Umweltmanagement. Die betriebliche Informationsbeschaffung über vergangene, gegenwärtige und zukünftige Entwicklungen und Vorkommnisse läuft über das Rechnungswesen, diverse betriebswirtschaftliche Kennzahlen sowie über eigens eingerichtete Informationssysteme.

5.3.4 Die Marke und die Bedeutung des Marketing

5.3.4.1 Allgemeines

Unternehmen müssen sich zunehmend, um ihren Fortbestand sichern zu können, den sich laufend ändernden Anforderungen auf nationalen und internationalen Märkten anpassen. Der Komplexitätsgrad sowie die Dynamik der jeweiligen Unternehmensumfelder (technologischer Wandel, Sättigungsgrad in einzelnen Produktbereichen, Öffnung neuer Märkte und Tendenz zur Fragmentierung der Märkte, Umwelt etc.) steigt stetig an, wobei sich die Organisationen auf diese Änderungen entsprechend einzustellen haben.[170] Aus diesem Grund ist es für ein erfolgreich agierendes Unternehmen unerlässlich, die bedeutenden und ihr Umfeld beeinflussenden Faktoren rechtzeitig zu erkennen und in weiterer Folge entsprechend zu bewältigen. Zu diesen erfolgskritischen Faktoren zählt in hohem Maße die Marke und das Marketing.

Marken werden immer stärker als die bedeutendsten Werttreiber von Produkten und damit auch von den dahinter stehenden Unternehmen erkannt. Kaufentscheidungen werden oft aufgrund einer bekannten und ggf. für gute Qualität stehenden Marke getroffen und weniger wegen der Ausprägungen des Produktes selbst. Dennoch anerkennen nur einige wenige Studien den unmittelbaren Konnex zwischen Marketingaktivitäten und Shareholder Value.[171]

Die von der American Marketing Association bekannt gegebenen Definitionen zu Marketing und Marke lauten wie folgt:[172]

"Marketing is the process of planning and executing the conception, pricing, promotion, and distribution of ideas, goods, and services to create exchanges that satisfy individual and organizational objectives."

---

170 Vgl. Bruhn, M./Meffert, H./Wehrle, F. (Hrsg.), Marktorientierte Unternehmensführung im Umbruch. Effizienz und Flexibilität als Herausforderung des Marketing, Stuttgart, 1994.

171 Vgl. Srivastava, R./Shervani, T., Fahey, Marketing, business processes, and shareholder value, Liam 1999, S. 63 ff.

172 Vgl. (3.11.2004) http://www.marketingpower.com/live/content4620.php.

Die Marke ist: „a name, term, sign, symbol, or design, or a combination of them intended to identify the goods or services of one seller or group of sellers and to differentiate them from those of competitors“.

Die Werthaltigkeit einer Marke hängt von vielen verschiedenen Faktoren ab. Ein in sich geschlossener und konsistenter Marketing-Managementprozess sowie ein klares Bild über die Marketingmerkmale und die einzusetzenden Instrumente stellen dabei die wesentlichsten wertbestimmenden Grundlagen der Marke dar. Nur insoweit derartige Instrumentarien bekannt sind und in einem Unternehmen professionell genutzt werden, kann dieser Determinante auch ein entsprechender Wert zugeordnet werden. Auch hier ist jedoch nicht die Ermittlung eines objektiven Wertes Zielsetzung der angestellten Überlegungen, vielmehr soll für diese Determinante in weiterer Folge eine plausible und wirtschaftswissenschaftlich begründbare Nutzungsdauer dieses Faktors bestimmt werden. Eine kurze Beschreibung der den Markenwert bestimmenden Faktoren bildet, so wie bei den übrigen bedeutenden Determinanten des Firmenwertes, einen essenziellen Bestandteil dieser Arbeit.

5.3.4.2 Entwicklung und Bedeutung der Marke (des Marketing)

Die Entwicklung des Marketing zeichnet sich durch den Wandel von einer produktionsorientierten Unternehmensphilosophie hin zu einem marktorientierten Unternehmensverständnis aus. Da die Industrialisierung anfänglich von der Knappheit von Waren und Dienstleistungen gekennzeichnet war, ging es zunächst einmal darum, möglichst ausreichende Mengen zu fertigen. Der Absatz stellte insofern nicht das Problem dar, als Nachfrage aufgrund der Knappheit ohnedies gegeben war. Diese produktorientierte Ausgangsphase herrschte bis zum Beginn der 1960er Jahre vor.[173]

Mit zunehmender Ausdifferenzierung der Märkte gewann schließlich der Aspekt des Vertriebes verstärkt an Bedeutung. Die Vielfalt der heute in einem Segment angebotenen Produkte verlangt, neben qualitativen Standards, einen gut organisierten Verkauf. Dieser ist geprägt durch unterschiedlichste Instrumente, deren sich das moderne Marketing bedient.

Im Jahr 1979 wurde erstmals in einer umfassenden Analyse von 10.000 verschiedenen Unternehmen unter anderem auch deren Börsewert erfasst. Bei 95% der Unternehmen entsprach der Börsewert deren buchmäßig ausgewiesenem Eigenkapital. Das bedeutet, dass bei Unternehmensübernahmen in der überwiegenden Zahl der Fälle nicht einmal stille Reserven abgegolten wurden, geschweige denn ein eventueller Firmenwert.

1999 wurde diese Analyse im gleichen Umfang nochmals durchgeführt und das Ergebnis bezüglich des festgestellten und an der Börse gehandelten Unternehmenswertes (Börsewertes) zeigte, dass nun der fünffache Buchwert für ein Unternehmen bezahlt werden musste. Das Eigenkapital entsprach somit rund 20% des Unternehmenswertes.

[173] http://www.hausarbeiten.de/faecher/vorschau/18084.html (13.10.2004).

Die heutige Börsenlandschaft lässt nach einer doch deutlichen Kursbereinigung unschwer erkennen, dass Aktionäre nicht mehr bereit sind, überhöhte Beträge für Beteiligungen an Unternehmen zu zahlen. Natürlich ist die Ertragskraft eines Unternehmens von wesentlicher Bedeutung für den Unternehmenswert, doch im allgemeinen Branchenvergleich wird man heute von einem Kaufpreis – bei einer durchschnittlichen Eigenkapitalquote von 30–35% – für einen Unternehmensanteil ausgehen können, der ein Vielfaches des anteiligen Eigenkapitals der Gesellschaft darstellt. Mittlerweile ist klar, dass der als Markenwert bekannte Kaufpreis zu mehr als 50% den Wert eines Gesamtunternehmens bestimmen kann.[174]

Diese Entwicklung ist der verstärkten Bedeutung des Markengedankens zuzuschreiben. Wurde in den frühen 80er Jahren – auch bei hoher Ertragskraft – noch kein Firmenwert bezahlt, so ist es heute für den Großteil aller Branchen üblich, einen solchen als Abgeltung zukünftiger Gewinne bei der Kaufpreisberechnung zu berücksichtigen.

Der Grund für einen derart wachsenden Einfluss der Marke auf das Konsumverhalten der Käufergruppen sind weniger materielle, als ideelle Attribute, die mit der Marke assoziiert werden. Solche Attribute stehen also für die durch sie vermittelte Kompetenz. Eine einmal geschaffene Marke gilt es dabei permanent zu pflegen und in der Wahrnehmung des Kunden präsent zu halten. In diesem Zusammenhang sei zu erwähnen, dass der Aufbau einer Marke und ihre Verankerung im Bewusstsein der Konsumenten unter Umständen zeitlich in keinem Verhältnis zu dem Verfall einer nicht gepflegten Marke steht. D.h., ihre Verankerung im Langzeitgedächtnis bedarf eines viel höheren zeitlichen Aufwandes als jener, mit dem ihre Inhalte dem Gedächtnis wieder verloren gehen können. Im Zeitablauf verliert der Mensch also die Zugriffsmöglichkeit auf bestimmte Gedächtnisinhalte – insbesondere, wenn keine laufende Aktualisierung solcher Inhalte aufgrund externer Stimuli erfolgt.[175]

Wie bereits erwähnt, rückt das Marketing gegenüber der vormals vorherrschenden Produktorientierung das Kundenbedürfnis in den Mittelpunkt sämtlicher Aktivitäten, ja als zeitgemäßes Marketing verstanden, sogar ins Zentrum der gesamten Unternehmensstrategie. Entsprechend hat auch eine Segmentierung des Marktes bzw. die Entwicklung von Geschäftsfeldern nicht etwa in Abhängigkeit von bereits bestehenden Produktgruppen zu erfolgen, sondern primär dem Marketing mit seiner Orientierung am Kundenbedürfnis zu unterstehen. Hierzu gilt es vor allem, die Bedürfnisse des Kunden so genau in Erfahrung zu bringen, dass die Art des Produktangebots gezielt daran ausgerichtet werden kann.

Das Corporate Brand Management, worunter die Entwicklung und Nutzung einer Marke zu verstehen ist, zielt nicht nur auf einen positiven Effekt im Hinblick auf den Absatz eines Produktes. Es ist mit zahlreichen weiteren Effekten in den nachstehend genannten Bereichen verbunden:

[174] Vgl. Casanova, M., Seminar der St. Galler Business School, 01.2002.

[175] Vgl. Kroeber-Riel, W./Weinberg, P., Konsumentenverhalten, 6. Auflage, München 1996, S. 351f.

1. Arbeitsmarkt

Über eine starke Marke lässt sich die Attraktivität einer Unternehmung als Arbeitsplatz steigern. Gerade in einer Zeit, in der gut qualifizierte Mitarbeiter Mangelware sind, kann diese Arbeitsplatzattraktivität zu einem Erfolgsfaktor werden. Die Bestrebung dabei ist, das allgemeine Interesse, für ein Unternehmen arbeiten zu dürfen, hochzuhalten. Dadurch kann sichergestellt werden, nicht nur ausreichend in der Anzahl, sondern in besonderem Maße auch die hervorragend qualifizierten Mitarbeiter an einer Tätigkeit für das eigene Unternehmen gewinnen zu können. Gleichzeitig wird dem Unternehmen dadurch ein Instrument in die Hand gegeben, die Fluktuationsrate gering zu halten.

2. Personal Brands[176]

Hierunter ist die Marke „ICH" zu verstehen, sozusagen das Image- und Reputationsmanagement in eigener Sache. Häufig wird unterschätzt, wie wertvoll ein Firmenchef mit einer starken Eigenmarke für den Erfolg einer Unternehmung sein kann. Sein Profil, seine Glaubwürdigkeit als Träger von Kernbotschaften kann wettbewerbsentscheidend sein.

Die so genannte „CEO-Prämie" etwa ist der beste Beweis für die Bereitschaft der Aktionäre, in Personen mit starken Eigenmarken zu investieren. Aktionäre und Kleinanleger sind gewillt, mehr für eine Aktie oder einen Geschäftsanteil zu bezahlen, wenn ihnen das Imageprofil jener Personen gefällt, die an der Spitze der Unternehmung stehen. Natürlich kann aber auch das genaue Gegenteil der Fall sein. Das Imageprofil einer Person setzt sich zusammen aus:

- der Leistung (Vertrauen in ihre Fähigkeiten),
- der Selbstdarstellung,
- dem Bekanntheitsgrad und
- dem Sympathiewert.

Eine Untersuchung des EDV-Unternehmens IBM ergab, dass neben Faktoren wie fachliche Ausbildung und persönliche Beziehungen die reine Leistung nur zu 10% eine Karriere mitbestimmt, das Image aber zu 30% ausschlaggebend für den Verlauf einer Karriere ist.

3. Kapitalmarkt (auch Börsenmarketing genannt)

Gerade beim IPO *(initial public offering)* spielt das Marketing eine besondere Rolle. Der so genannten „Equity Story", worunter im deutschsprachigen Raum eine Geschäftsbeschreibung bzw. die Wachstumsgeschichte der Unternehmung verstanden wird, kommt eine zentrale Bedeutung zu. Über sie wird dem Investor verdeutlicht, warum er in gerade dieses und nicht in ein anderes Unternehmen investieren soll. Gleichzeitig wird das Unternehmen, das von diesem angebotene Produkt mit dessen

[176] Vgl. Seidl, C./Beutelmeyer, W., Die Marke ICH – So entwickeln Sie Ihre persönliche Erfolgsstrategie, Wien 1999.

Attraktivität, die Unternehmensgeschichte und -entwicklung, die Strategie und die Phantasie für die Zukunft vorgestellt. Die „Pre-IPO"-Kommunikation ist daher von besonderer Bedeutung.

4. Umweltsektor

Da der Konsument von den Unternehmungen ein korrektes gesellschaftspolitisches Verhalten erwartet, ist die Pflege der Glaubwürdigkeit und die entsprechende Kommunikation essenziell für den Unternehmenserfolg (siehe Kapitel 6.2: Abschreibung des Customer Capital).

5. Absatzmarkt

Das Verhalten, die Kommunikation und damit auch die Marketingstrategie einer Unternehmung am Absatzmarkt sind für den erfolgreichen Absatz eines Produktes von zentraler Bedeutung. Hinsichtlich des Absatzmarktes unterscheidet man folgende Strategien:

- Einzelmarkenstrategie
- Mehrmarkenstrategie
- Markenfamilienstrategie
- Dachmarkenstrategie

Bei der Einzelmarkenstrategie wird für jedes Produkt, das eine Unternehmung vertreibt, eine eigene Marke geschaffen, die jeweils nur ein Marktsegment besetzt (Beispiel Henkel: Persil als Vollwaschmittel, Fewa als Feinwaschmittel, Wipp Express Plus als Kaltwaschmittel). Die Vorteile liegen im unverwechselbaren Profil und im geringen Koordinationsbedarf unter den verschiedenen Marken. Sicherlich kommt einer Gesellschaft eine Einzelmarkenstrategie teurer als eine Mehrmarkenstrategie, weil keine Synergien hinsichtlich der Marketingaufwendungen genutzt werden können.

Bei der Mehrmarkenstrategie werden zumindest zwei Marken nebeneinander in einem Produktsegment parallel geführt. Der Grundgedanke hinter einer Mehrmarkenstrategie ist der Versuch, die Attraktivität dieses Segmentes für Mitbewerber durch einen Wettbewerb im eigenen Haus zu mindern. Außerdem stellt jede im Markt neu platzierte Marke eine zusätzliche Eintrittsbarriere für potenzielle Konkurrenzmarken dar. Die Vorteile lassen sich in dem Auffangen der Markenwechsler (jene Kunden, die zur Konkurrenz zu wechseln drohen) und dem Aufrechterhalten der Verkaufspreise der restlichen Marken durch das Einführen einer „Kampfmarke" identifizieren.

Bei einer Markenfamilie werden unter einer Marke mehrere verwandte Produkte geführt (Nivea ist ein Beispiel dafür: Hinter dieser Marke stehen Cremes, Körpermilch, Sonnenschutz, Haarshampoo, Duschgel etc.). Das Risiko eines Flops bei einer neuen Produkteinführung wird dadurch gemindert. Außerdem lässt ein Produkt, das innerhalb einer Markenfamilie positioniert ist, bei seiner Einführung viel schneller auf die Akzeptanz der Kunden hoffen als ein Produkt, das eine gänzlich neue Marke repräsentiert. So wie es positive Wechselwirkungen auf Produkte innerhalb der Markenfamilie geben kann, kann es auch zu negativen Auswirkungen kommen, wenn einzelne Güter ein negatives Image bekommen.

Bei einer Dachmarkenstrategie werden sämtliche Produkte eines Unternehmens unter einer Marke zusammengefasst. Oft wird der Firmenname einer Gesellschaft zur Marke und die von dieser vertriebenen Produkte werden alle unter ebendieser Marke subsummiert (BMW, Apple, IBM etc. sind nur einige Beispiele für eine Dachmarke).

Die Marke erfüllt außerdem eine Vielzahl produktbezogener Funktionen. Für den Konsumenten (Entscheidungshilfe beim Kauf, der oft unter Zeitdruck geschieht, durch Differenzierung von anderen Produkten[177]) zählen zu diesen neben Orientierungs- und Qualitätsgarantiefunktionen auch Risikominderungs-, Garantie- und Positionierungsfunktionen. Hersteller- oder verkäuferseitig zählen hingegen Profilierungs-, Identifizierungs-, Herkunfts- und Kommunikationsfunktionen (dem wohl die größte Bedeutung zugesprochen wird) dazu.

5.3.4.3 Marketingmerkmale

Zur Bewertung der individuellen Bedeutung einer Marke für ein Unternehmen ist neben jenen die Marke bestimmenden Faktoren auch die Qualität des Marketing zu berücksichtigen. Bei der Beurteilung der Qualität des Marketing einer Gesellschaft ist unabhängig vom Unternehmenserfolg auf das Vorhandensein der wesentlichen Marketingmerkmale abzustellen. Dies, um davon auf die Nachhaltigkeit eines eventuellen Firmenwertes schließen zu können. In der Literatur werden folgende Merkmale identifiziert[178]:

- Marktorientierte Unternehmensführung
  Hierbei gilt es die Erfordernisse des Marktes sowie die Bedürfnisse der Kunden zu ergründen und dann zu ermitteln, welche Produkte diese am besten befriedigen.
- Systematische Planungs- und Entscheidungsprozesse[179]
  Die Qualität des Marketing hängt eng mit seiner systematischen Planung zusammen. D. h., jedem Bereich, in dem eine Marketingentscheidung getroffen werden muss, hat ein klarer Planungsprozess der Entscheidung zugrunde zu liegen.
- Suche nach kreativen und innovativen Problemlösungen
  Eine systematische Vorgehensweise bei der Planung von Marketingaktivitäten und Problemlösungen (analytisches Marketing) allein reicht jedoch noch nicht aus, um Markterfolge zu erzielen. Marketing verlangt auch nach innovativen und kreativen Lösungen, die „ungewöhnlich" und „einzigartig" sind, um eine Sonderstellung im Markt zu erreichen (kreatives Marketing).
- Integration sämtlicher Marketingaktivitäten
  Alle auf den Absatzmarkt zielenden Aktivitäten (Marktforschung, Produktentwicklung, Werbung, Vertrieb, Reklamation, Controlling, Public Relations) müssen

---

[177] Vgl. Bugdahl, V., Marken machen Märkte: Eine Anleitung zur erfolgreichen Markenpraxis, München 1998, S. 6.

[178] Vgl. Bruhn, M., Marketing. Grundlagen für Studium und Praxis, 2. Auflage, Wiesbaden 1995, S. 14.

[179] Vgl. Ries, A./Trout, J., Die 22 unumstößlichen Gebote im Marketing, 2. Auflage 2001, S. 118 f.

koordiniert und aufeinander abgestimmt sein. Grundsätzlich lassen sich produktbezogene, marktbezogene, kundenbezogene, handelsbezogene, konkurrenzbezogene und unternehmensbezogene Aufgaben des Marketing unterscheiden[180].

Zu den Aufgaben des Marketing zählt somit auch, die unterschiedlichen Bedürfnisse der Kunden zu erkennen und diese in weiterer Folge mit vorhandenen oder zu entwickelnden Produkten möglichst zielgerecht zu befriedigen. Gleichzeitig ist bekannt, dass Bedürfnisse oft latent und unbewusst oder teilweise nur vorübergehend vorhanden sind, wonach eine weitere Aufgabe des Marketing darin besteht, bisher nicht erkannte Bedürfnisse beim Kunden zu wecken und dadurch neue Märkte zu eröffnen. „Es ist Ziel, über die Gestaltung des Grund- und Zusatznutzens der angebotenen Produkte und Serviceleistungen, dem Kunden seinen Bedürfnissen entsprechende, adäquate Problemlösungen zu bieten."[181]

5.3.4.4 Der Marketing-Managementprozess

Für die Beurteilung, inwieweit die Marke und die Marketingpraxis einer Unternehmung den Firmenwert bedingt, ist eine Prüfung der geübten Marketingqualität unerlässlich. Der Erfolg allein ist dazu als Messinstrument, wie oben bereits erwähnt, nicht hinreichend geeignet. Vielmehr wird die Existenz eines formalisierten und schriftlich festgehaltenen Phasendiagramms mit den entsprechenden Verfahrensanweisungen für den Marketing-Managementprozess an dieser Stelle zu einem bedeutenden Kriterium, insbesondere für die Werthaltigkeit eines derivativen Firmenwertes. Im Sinne eines entscheidungsorientierten Ansatzes im Marketingprozess soll das folgende Phasendiagramm die einzelnen Schritte eines systematischen Vorgehens bildlich veranschaulichen (siehe Abbildung 14: Marketing als Managementprozess).

Anhand dieser Grafik wird deutlich, dass das Marketing – ebenso wie alle anderen Prozesse in einem Unternehmen – einer Planung, einer Organisation, einer Durchführung sowie einer Kontrolle bedürfen. Nur wenn alle vier Phasen professionell gelebt und umgesetzt werden, kann von einem firmenwertstabilisierenden Marketing gesprochen werden, das den Unternehmenswert auch nachhaltig auf einem hohen Niveau attraktiv hält.

Ad Analysephase

Die Analyse[182] der Ist-Situation, in der sich die Unternehmung gegenwärtig befindet, stellt den Ausgangspunkt des Marketing-Managementprozess und damit die Grundlage jedes Marketingplans dar. Durch die Identifikation und die anschließende Analyse all jener Faktoren, die einen Einfluss auf den Markt ausüben, auf dem das Unter-

---

[180] Vgl. Meffert, H., Marketing, Grundlagen der Absatzpolitik, 7. Auflage, Wiesbaden 1986; Bruhn, M., Marketing. Grundlagen für Studium und Praxis, 2. Auflage, Wiesbaden 1995.

[181] Vgl. Rolf, W. (Hrsg.), Wirtschaftswissenschaften – Eine Einführung, Paderborn 1997, S. 381.

[182] Siehe dazu auch oben „Unternehmensbewertung", Kapitel 3.1.

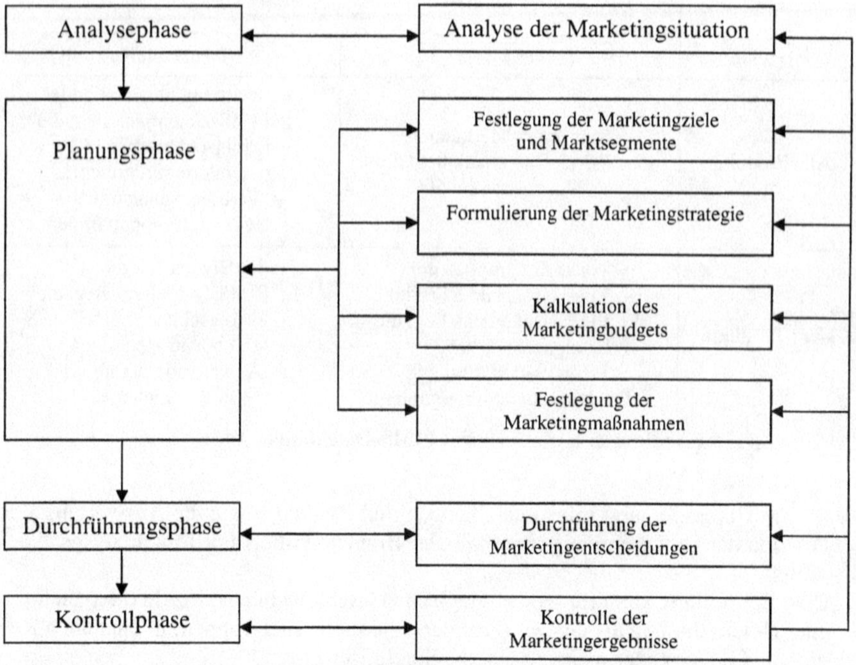

Abbildung 14: Marketing als Managementprozess
Quelle: Vgl. Walter, Wirtschaftswissenschaften – Eine Einführung, Paderborn 1997, S. 387

nehmen mit seinem Leistungsprogramm vertreten ist, sowie durch eine erste Einschätzung der zukünftigen Marktentwicklung erhält man die notwendigen Informationen über Chancen und Risiken des Marktes, aber auch über Stärken und Schwächen des Unternehmens. Dies umfasst Maßnahmen, mit deren Hilfe man:

- Informationen über den Markt (markenstrategisches Screening) selbst, die Entwicklung der kritischen Faktoren (Marktvolumen, Kundenbedürfnisse, Struktur (fragmentiert oder nicht), seine Größe, sein Wachstum (Portfolioanalyse), die am Markt eingesetzten Technologien (Innovationsgrad, Patente, Substitutionsprodukte etc.), die gegenständliche Konkurrenzsituation (Ermittlung mit Hilfe von PIMS-Datenbanken – *profit impact of marketing strategies*), Ein- und Austrittsbarrieren, mögliche Renditen, verfügbare Humanressourcen und anderes mehr erhält.
  Das Ansoff-Schema[183] gibt Auskunft darüber, welche Strategien in den unterschiedlichen Kombinationen von Produkt und Markt aller Wahrscheinlichkeit zu welchem Erfolg führen.

[183] Vgl. (22. 5. 2004) http://www.quickmba.com/strategy/matrix/ansoff/.

Produkte	Markt: Alter Markt	Markt: Neuer Markt
Alte Produkte	Kampf um Marktanteil Lt. PIMS-Datenbank liegt die Erfolgschance bei 50%	Ausdehnung in neue Länder Lt. PIMS-Datenbank liegt die Erfolgschance bei 33% • Ländermarktstrategie • Vertriebskanalstrategie • Neue Zielgruppen finden
Neue Produkte	Neue Zielgruppen mit angepasstem, neuem Produkt Lt. PIMS-Datenbank liegt die Erfolgschance bei 33% • Innovationsstrategie • Produktentwicklungsstrategie	Diversifizieren Lt. PIMS-Datenbank liegt die Erfolgschance bei 5% • Innovationen unter Anwendung der alten Kernkompetenzen

Abbildung 15: Handlungsalternativen laut PIMS-Datenbank

- für die Unternehmung relevante Chancen und Risiken sowie die Auswertung der Position der Unternehmung innerhalb der Branche mittels Portfolioanalysen[184] ermittelt.
  Eine Beurteilung kann für jede strategische Geschäftseinheit einzeln oder auch für eine Unternehmung als Ganze, für unterschiedliche Zielgruppen, in einzelnen Regionen, Ländern oder weltweit etc. durchgeführt werden.
- Erstellung einer SWOT (Stärken-Schwächen)-Analyse für die Gesellschaft (Existenz starker/schwacher Marken, eines guten/schlechten Images). Dazu zählt, Potenzial in den unterschiedlichen Unternehmensbereichen zu erheben, aber auch unterschiedliche Handlungsalternativen (Flucht, Konfrontation, Kooperation, Haltestrategie) zu eruieren.
  Mit Instrumenten, wie beispielsweise der Erfahrungskurve (auch Lernkurve genannt), werden mögliche Potenziale transparent gemacht und veranschaulicht. Ob ein Unternehmen über derartige Instrumente verfügt und diese nutzt, gibt dabei Auskunft über die Professionalität seines Vorgehens.

Der Detaillierungs- und Plausibilitätsgrad, mit dem eine Unternehmung bei der Analyse des Marktes, ihrer Situation und der Potenzialidentifikation arbeitet und argumentiert, lässt auf einen mehr oder weniger werthaltigen Firmenwert schließen.

Ad Planungsphase

Im Planungsprozess[185] fallen die folgenden Aufgabenbereiche an:

[184] Vgl. Nieschlag, T./Dichtl, E./Hörschgen, H., Marketing, 14. Auflage, Berlin 1985, S. 842 ff.

[185] Vgl. Gerson R., Der Marketingplan, Wien 1992, S. 16.

- Festlegung von Marketingzielen und Marktsegmenten
  Dazu müssen einerseits Marketingziele[186] (zu diesen zählen beispielsweise Faktoren wie: Gewinn, Rendite, Umsatz, Marktanteil, Bekanntheitsgrad, Image/Einstellung, Kundenzufriedenheit etc.) und andererseits Marktsegmente definiert werden.
- Formulierung der Marketingstrategie
  Dabei wird festgelegt, wie der Markt gegenüber dem Kunden, aber auch gegenüber dem Wettbewerb im Zeitverlauf bearbeitet werden soll. Die Lehre unterscheidet die kosten- von der qualitätsorientierten Marketingstrategie, die sich beide sowohl am Kunden als auch am Wettbewerb orientieren. Je nachdem, ob kosten- oder qualitätsorientiert, hat die Unternehmung zu entscheiden, ob sie am Markt durch geringe Preise oder durch hervorstechende Qualität überzeugen möchte.
- Erstellung eines Marketingbudgets
  Dabei wird der Umfang der fachlichen, personellen, aber auch der finanziellen Ressourcen für die Umsetzung der Strategie festgelegt. Das Marketingbudget ist in das jährlich zu erstellende Unternehmensbudget zu integrieren und unterliegt damit den gleichen zeitlichen Anforderungen.
- Festlegung von Marketingmaßnahmen
  Bei der dabei durchzuführenden Maßnahmenplanung wird bestimmt, mit welchen Marketinginstrumenten[187] (Produkt, Preis[188], Kommunikation, Vertrieb – siehe dazu Abbildung 16) der Markt bearbeitet werden soll und wie diese Instrumente miteinander kombiniert werden. Die Kombination der Marketinginstrumente stellt in weiterer Folge den Marketingmix dar.

Ad Durchführungsphase

In dieser Phase sind vornehmlich für eine erfolgreiche Umsetzung der Marketingentscheidungen notwendige logistische Fragen zu klären. Darunter fällt die Abgrenzung von Aufgaben, die Verteilung von Kompetenzen sowie die Zuordnung von Verantwortlichkeiten, dies alles meist formalisiert in schriftlicher Form.

Ad Kontrollphase

In diese Phase fällt die laufende Kontrolle der Marketingergebnisse sowie der zur Erreichung des Marketingerfolges umzusetzenden Aufgaben. Nicht selten kommt es aufgrund der ausgeübten Kontrollmaßnahmen zu Änderungen bzw. Anpassungen der Marketingziele und teilweise zu einem Wechsel der Strategie, was ebenfalls entsprechende Adaptionen erforderlich macht.

Da diese Arbeit das Hauptaugenmerk auf den Firmenwert von Produktions- und Industrieunternehmen legt, wird an dieser Stelle nochmals explizit auf die Besonderheiten des Investitionsgütermarketing (z. B. Anlagen- und Werkzeughersteller, Rohmateriallieferanten) hingewiesen. Das Marketing dieser Branche ist gekennzeichnet durch folgende Bereiche:[189]

---

[186] Vgl. Nieschlag, T./Dichtl, E./Hörschgen, H., Marketing, 14. Auflage, Berlin 1985, S. 21.

[187] Vgl. Nieschlag, T./Dichtl, E./Hörschgen, H., Marketing, 14. Auflage, Berlin 1985, S. 23.

[188] Vgl. Nagele, T./Holden, K., The Strategy and Tactics of Pricing, New York 1995, S. 235 f.

[189] Vgl. Rolf, W. (Hrsg.), Wirtschaftswissenschaften – Eine Einführung, Paderborn 1997, S. 385.

- Individuallösungen für den Kunden
- Systemlösungen (d. h. nicht nur aus einem einzelnen Produkt, sondern aus einem Produktpaket unterschiedlicher Produktkombinationen bestehende Angebote)
- Produktentwicklung gemeinsam mit dem Kunden
- Direktvertrieb als bedeutendster Absatzkanal
- Besonders intensive und direkte (fast freundschaftliche) Kundenbeziehungen
- Preiskämpfe sind tendenziell selten

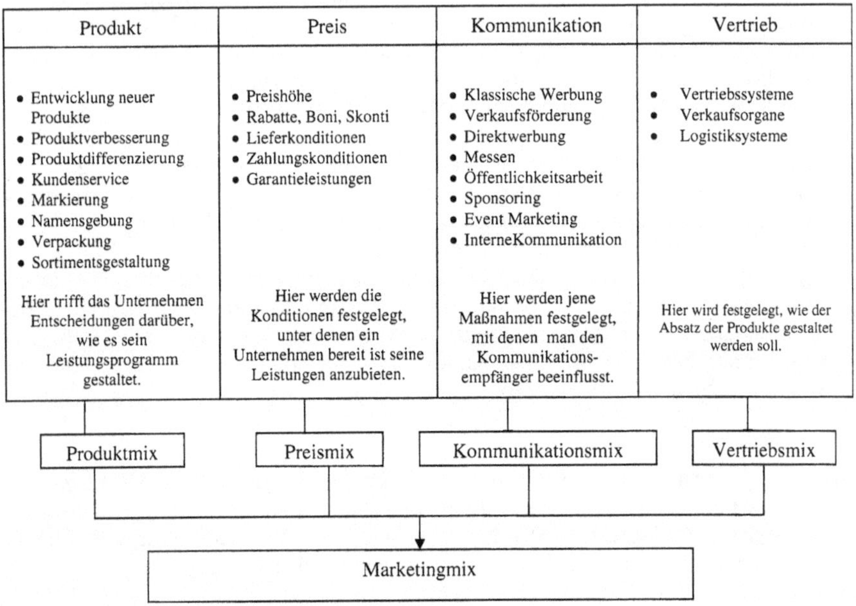

Abbildung 16: Marketinginstrumente/Marketingmix
Quelle: Vgl. Walter, Wirtschaftswissenschaften – Eine Einführung, Paderborn 1997, S. 391

5.4 Organisational Capital

Das Organisationskapital setzt sich aus dem Innovationskapital und dem Prozesskapital zusammen, wobei sich das Innovationskapital nach der Definition von Skania wiederum in das Intellectual Property und die immateriellen Vermögensgegenstände (Intangible Assets) unterteilt. „Subsumed under innovation capital are the two traditional nonphysical assets: intellectual properties (such as trademarks) and the surviving residue of intangible assets, such as the theory by which the business is run.“[190]

[190] Edvinsson, L./Malone, M., Intellectual Capital, realizing your company's true value by finding its hidden brainpower, N.Y. 1997, S. 36.

Die weiteren Ausführungen beschränken sich auf die Behandlung des Prozesskapitals und des Intellectual Property, weil die Unterscheidung zwischen immateriellen Vermögensgegenständen, wie Patenten, Trademarks, Copyrights und exklusiven Marktzutrittsrechten,[191] und dem Intellectual Property (Trademarks) so marginal zu sein scheint, dass aufgrund einer nicht klarer fassbaren Definition und Abgrenzung dieser beiden Bereiche die folgenden Überlegungen unternommen werden.

Die erwähnenswerte Besonderheit des Intellectual Property sowie der Intangible Assets liegt wohl darin, dass beide dieser immateriellen Faktoren ausschließlich dann in der Bilanz Berücksichtigung finden, wenn ein Anhaltspunkt der Entgeltlichkeit gegeben ist. Sobald also auch nur ein Teil eines immateriellen Vermögensgutes entgeltlich erworben wurde oder seine Herstellung im Unternehmen mit geldwerten Tätigkeiten verbunden war, die man diesem Vermögensgut eindeutig zuordnen kann, sind die Voraussetzungen für eine Aktivierbarkeit gegeben.

5.4.1 Process Capital

Dem Prozesskapital soll eine Differenzierung zugrunde gelegt werden, die es ermöglicht, zwischen internen und externen Prozessen zu unterscheiden. Dabei sollen als Prozesse des internen Bereiches solche verstanden werden, die ausschließlich innerhalb des Unternehmens vorgegeben und gesteuert werden. Ihre Wirkung nach außen ist nur mittelbar und indirekt, sofern sämtliche im Unternehmen gesetzten Aktivitäten in der einen oder anderen Weise immer eine Auswirkung auf die Umwelt zeigen. Diese Prozesse stehen aber in keinem direkten Verhältnis zu Bereichen, die extern vorgegeben oder beeinflusst werden.

Demgegenüber sind Prozesse des externen Bereiches durch eine direkte Verbindung zur Umwelt gekennzeichnet. Diese direkte Verbindung kann beispielsweise aufgrund gesetzlicher Vorschriften verursacht sein, die interne Abwicklung ist jedoch beiden Prozesstypen (des internen und des externen Bereiches) gemein.

5.4.1.1 Interner Bereich (Strategie und Organisation)

5.4.1.1.1 Definition und Geltungsbereich der Strategie

Der Begriff der Strategie geht zurück auf das altgriechische „Strategema" und bedeutet Feldherrntätigkeit bzw. Kriegslist.[192] Eine eindeutige und erschöpfende Definition für das Wort „Strategie" gibt es nicht.[193] Grundsätzlich versteht man jedoch darunter einen systematisierten Ansatz, über den eine Abfolge von Schritten definiert wird, die zu einem angestrebten Ziel führen sollen. Aufgrund ihrer Ausrichtung auf ein in einer komplexen Umweltsituation zu erreichendes Ziel beruht sie ihrem Wesen nach

[191] Vgl. Edvinsson, L./Malone, M., Intellectual Capital, realizing your company's true value by finding its hidden brainpower, N.Y. 1997, S. 24.

[192] Vgl. Senger, H., Strategeme, Band I, Bern/München/Wien 2000, S. 18.

[193] Vgl. Hinterhuber, H., Business Information for Management, Wien 2002, S. 63 ff.

nicht in erster Linie auf theoretischem Methodenwissen, sondern auf praktischer Klugheit und Erfahrungswissen (auf dem gesunden Menschenverstand). Ihre Anwendung im Rahmen der Unternehmensführung mag durch folgende Definition treffend gekennzeichnet sein: „Die Strategie ist der Weg von der Kernkompetenz zum Kernauftrag. Der Kernauftrag eines jeden Unternehmens geht in Richtung Vision und besteht darin, die Kunden noch erfolgreicher oder wettbewerbsfähiger zu machen oder ihre Lebensqualität zu erhöhen und gleichzeitig den Wert des Unternehmens zu erhöhen.“[194] Die Qualität der Strategie, ihre Umsetzbarkeit und ihre Erfolgschancen sind ein wesentliches Element für die Bestandssicherung eines Unternehmens.

Die Strategie ist ein aus fünf Elementen bestehendes Gesamtkonzept, das besagt, wie ein Unternehmen seine Ziele zu erreichen versucht:

1. Element: Wo wollen wir tätig sein?
2. Element: Wie gehen wir vor?
3. Element: Wodurch unterscheiden wir uns von den Konkurrenten?
4. Element: Wie bewegen wir uns auf der Zeitachse?
5. Element: Wodurch steigern wir den Wert unseres Unternehmens?

Abbildung 17: Die fünf Elemente der Strategie
Quelle: Hinterhuber, Business Information for Management, Vienna 2002, S. 65

[194] Vgl. Hinterhuber, H., Leadership, Frankfurt am Main 2003, S. 60.

Die unterschiedlichen Typologien von Strategien werden nach folgenden Unterscheidungskriterien (Anwendungsbereichen) klassifiziert:[195]

- Organisatorischer Geltungsbereich: Unternehmungsgesamt-, Geschäftsbereichs- und Funktionsbereichsstrategie
- Funktion: Absatz-, Produktions-, Forschungs- und Entwicklungs-, Investitions-, Finanzierungs- und Personalstrategien
- Entwicklungsrichtung: Wachstums- (Investieren), Stabilisierungs- (Halten), Schrumpfungsstrategien (Desinvestieren)
- Marktverhalten: Angriffs- oder Verteidigungsstrategien
- Produkte/Märkte: Marktdurchdringungs-, Marktentwicklungs-, Produktentwicklungs-, Diversifikationsstrategie
- Wettbewerbsvorteile/Marktabdeckung: Strategie der Kostenführerschaft, Differenzierungs-, Konzentrationsstrategie (auf Kostenführerschaft oder Produktdifferen zierung)

5.4.1.1.2 Der Strategieprozess

Essenziell für eine qualitativ hochwertige Unternehmensstrategie ist eine vollständige Analyse des Unternehmens, seiner Ressourcen und Fähigkeiten sowie des Marktumfeldes, in dem dieses tätig ist. Wurden die identifizierten Problembereiche und strategischen Maßnahmen aus den Erkenntnissen dieser Grundlagenanalysen abgeleitet und sind die Ursachen dafür bekannt, kann man grundsätzlich davon ausgehen, dass der Strategieprozess zumindest einmal korrekt eingeleitet wurde. Dies sagt jedoch noch nichts über die Qualität der Strategie aus. Die Aufstellung eines Planes zur Umsetzung der Strategie sowie die Implementierung der Maßnahmen zur Zielerreichung stellt neben der laufenden Kontrolle der Einzelschritte ein wesentliches Erfolgskriterium dar.

Die folgende Darstellung (siehe Abb. 18, S. 112) illustriert den Strategieprozess in dessen Einzelschritten.

Die Leistungskontrolle[196] dient als Unterstützung und begleitende Maßnahme zu den Einzelschritten, die zur Umsetzung der Strategie notwendig sind. Mit ihrer Hilfe wird der strategische Prozess einerseits angetrieben und andererseits überwacht.

Der Strategieprozess selbst wird ausgelöst durch das Erkennen von Problemfeldern und Handlungsbedarf in einzelnen Bereichen und der aktiven Auseinandersetzung damit. Ziel ist somit die Identifikation und die Klassifizierung strategischer Themen. Dabei spielt das Setzen von Prioritäten im Rahmen der Abarbeitung der Themenfelder und der Problemlösung eine wesentliche Rolle. Die Überlastung einer Organisation mit einer Vielzahl von Strategieprojekten stellt einen häufig begangenen Fehler dar und bewirkt oftmals ein nur schleppendes Vorankommen oder gar ein Scheitern derselben im Strategieprozess.

---

[195] Vgl. Welge, M./Al-Laham, A., Strategisches Management, 4. Auflage, Wiesbaden 2003, S. 326.

[196] Vgl. Venzin, M./Rasner, C./Mahnke, V., Der Strategieprozess, Frankfurt/New York 2003, S. 14ff.

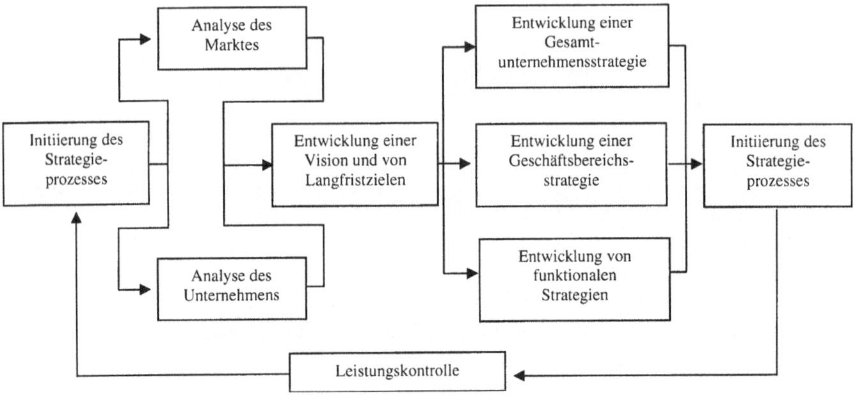

Abbildung 18: Der Strategieprozess
Quelle: Venzin, Rasner, Mahnke; Der Strategieprozess, Frankfurt/New York 2003, S. 12

Da jedes Unternehmen versucht, den Markt, in dem es tätig ist, möglichst gut zu verstehen, um seine Ressourcen und Fähigkeiten entsprechend gewinnmaximierend einsetzen zu können, ist eine Voraussetzung für die Entwicklung einer erfolgreichen Unternehmensstrategie eine detaillierte Analyse des Marktumfeldes.[197] Zu diesem Zweck ist der Markt in seine für die Unternehmung relevanten Segmente aufzugliedern, innerhalb derer ökonomische, politische, soziale, technische und kulturelle Trends erkannt und zukünftige Entwicklungen vorhergesehen werden müssen. Das Bewusstsein über die strategischen Erfolgsfaktoren, die über Erfolg oder Misserfolg eines Unternehmens am Markt entscheiden, ist das Ziel derartiger Marktanalysen, die meist im Zuge von Sekundärerhebungen gewonnen werden. Dabei sind die kritischen Erfolgsfaktoren der Unternehmung jedoch klar von jenen des Marktes abzugrenzen.

Die Analyse eines Unternehmens[198] wird mit Hilfe von Managementinstrumenten wie Bench-marking, Wertschöpfungskettenanalyse, Kernkompetenzenanalyse etc. durchgeführt. Sie soll Aufschluss über die Stärken und Schwächen des Betriebes selbst geben.

Aus der Analyse des Marktes einerseits und der Unternehmung andererseits und aus der Fusion zwischen Marktanforderungen und Unternehmenseigenschaften lässt sich eine Vision und daraus abgeleitet eine Strategie entwickeln.

Die Aufgabe der Vision, die den Ausgangspunkt eines Strategieprojektes darstellt, ist Leistungsanregung und soll daher möglichst breite Akzeptanz unter den Mitarbei-

---

197 Vgl. Welge, M./Al-Laham, A., Strategisches Management, 4. Aufl., Wiesbaden 2003, S. 187 ff.

198 Vgl. Welge, M./Al-Laham, A., Strategisches Management, 4. Aufl., Wiesbaden 2003, S. 235 ff.

tern erfahren. Sie soll von den Mitarbeitern aus Überzeugung mitgetragen werden und nicht, weil sie von der Unternehmensführung vorgegeben wurde. Aus diesem Grund ist es zweckmäßig, die Vision als eine in allgemein verständlichen Worten gehaltene Beschreibung einer „besseren Zukunft" zu formulieren, mit der sich jeder identifizieren kann.

Sind Vision und Langfristziele definiert, kann unter Berücksichtigung der vorangegangenen Analysen, welche die nötigen Detailinformationen über die Umwelt und die Unternehmung bereitstellen, die Gesamtunternehmensstrategie entwickelt werden. Dieser kommt dabei die Aufgabe zu, Unternehmensressourcen ergebnisoptimierend auf die Geschäftseinheiten zu verteilen und zwischen diesen Koordinations- und Synergiehebungsfunktionen bei der Strategieverfolgung zu nutzen. Sofern eine Unternehmung aufgrund der Größe ihres Leistungsprogrammes oder -angebotes gleichzeitig in voneinander nahezu unabhängigen Teilbereichen (Divisionen, Geschäftseinheiten) agiert, muss für jeden dieser Teilbereiche eine Einzelstrategie entwickelt werden, die der Gesamtunternehmensstrategie untergeordnet sind, welche die Koordination und Steuerung dieser Teilbereiche vornimmt und anhand derer die Unternehmungsgesamtebene (Geschäftsleitung) einen wertschaffenden Beitrag für die Gesamtheit der unterschiedlichen Geschäftseinheiten zu erarbeiten hat.

Demgegenüber konzentriert sich die Geschäftsbereichsstrategie auf die bestmögliche Marktsegmentbearbeitung und Wettbewerberdifferenzierung. Ihr Ziel stellt dabei auf dauerhafte Wettbewerbsvorteile gegenüber der Konkurrenz ab.

Dabei hat ein Geschäftsbereich grundsätzlich zwei Strategieauswahlmöglichkeiten: Strategie der Kostenführerschaft (der attraktivste Preis für eine Leistung oder ein Produkt bestimmt die Kaufentscheidung der Kunden) oder Differenzierungsstrategie (der Preis spielt eine untergeordnete Rolle bei der Kaufentscheidung, vielmehr zählen die einzigartigen oder besonderen Produkteigenschaften wie Image, Funktion, Design etc.).

Die Entwicklung von (funktionalen) Strategien für die Funktionaleinheiten wie Marketing, Personalwesen, Logistik, Einkauf, Finanzen, EDV, Produktion und Logistik dienen der Unterstützung der Strategieverfolgung der einzelnen Geschäftsbereiche. Ihr Ziel ist die Maximierung der Produktivität unter Optimierung des Ressourceneinsatzes. Funktionale Strategien stellen also „konkrete Umsetzungspläne" der Strategien der Geschäftsbereiche dar.[199]

Entsprechend kann der Strategieprozess in folgende Planungsebenen (siehe Abb. 19, S. 114) gegliedert werden.

Der Prozess der Strategieumsetzung stellt einen häufig vorkommenden Problembereich dar, da die Projekte und Initiativen oftmals unzureichend verfolgt werden. Aus diesem Grund sind Projektfortschrittskontrollen, laufende Kommunikation der Ziele und der Vision sowie Anreizsysteme (MBO, Turnaround Management etc.) unverzichtbar.

---

[199] Vgl. Venzin, M./Rasner, C./Mahnke, V., Der Strategieprozess, Frankfurt/New York 2003, S. 21.

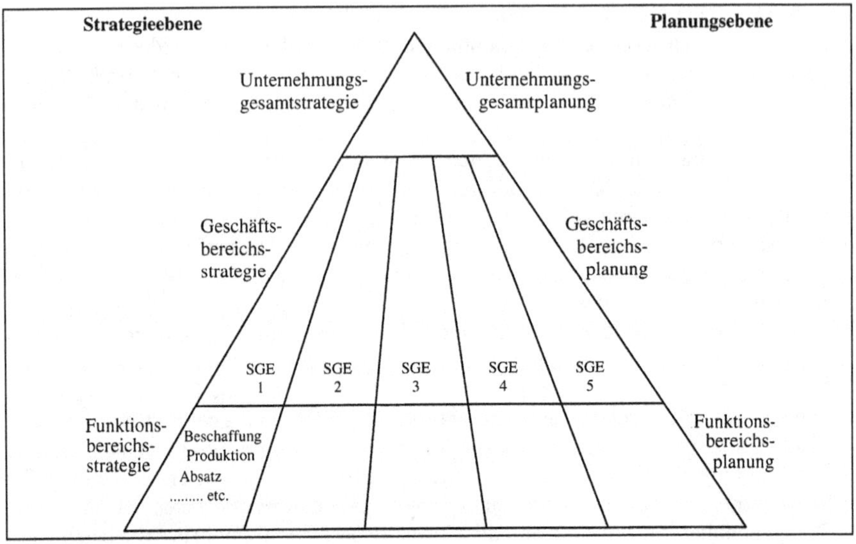

Abbildung 19: Strategieerstellungsebenen
Quelle: Vgl. Welge, Al-Laham, Strategisches Management, 4. Auflage, Wiesbaden 2003, S. 328

Die folgende Darstellung zeigt die Zusammenhänge des Strategieentwicklungsprozesses:[200]

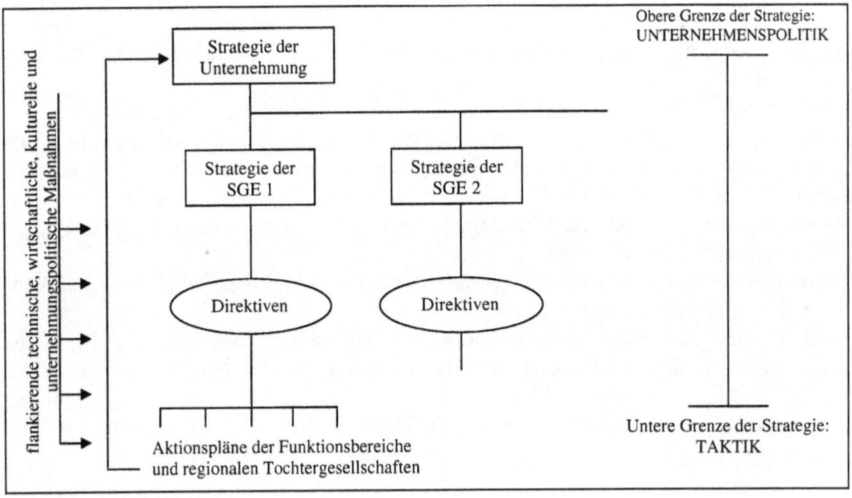

Abbildung 20: Grundschema der strategischen Zusammenhänge
Quelle: Hinterhuber, Wettbewerbsstrategie, 2. Auflage, Berlin/New York 1990, S. 56

[200] Vgl. Hinterhuber, H., Wettbewerbsstrategie, 2. Auflage, Berlin/New York 1990, S. 56.

Die grundsätzliche Einhaltung der dargestellten Einzelschritte zur Strategieentwicklung und -umsetzung gibt noch keine Auskunft über die Qualität der Strategie, was jedoch für ihre Bedeutung und ihr Gewicht im Vergleich zu anderen Firmenwertdeterminanten, für eine Zurechnung und entsprechende Abschreibung ausschlaggebend wäre.

5.4.1.1.3 Bewertung der Qualität einer Strategie

Die in der Literatur diskutierten Strategiebewertungsmodelle stoßen häufig auf Umsetzungsprobleme, die auf die fehlende Erfassung strategischer Einflussfaktoren, fehlende Berücksichtigung des Kundenwertes und auf die organisatorischen Probleme des Prozessmanagements (Verteilung von Aufgaben auf Bewertungsträger und die Koordination der entstehenden Schnittstellen) zurückzuführen sind.[201] Die Elemente, die bei der Bewertung der Qualität des Strategieerstellungsprozesses zu berücksichtigen sind, betreffen die:

1. *Prognosen der Entwicklung strategischer Einflussfaktoren* wie Marktpotenzial, Marktpreisniveaus, Kundenzufriedenheit, Ressourcenbedarf und Beschaffungspreise;
2. *Ermittlung der Wertbeiträge von Geschäftsstrategien* wie die Analyse vergangener Finanzentwicklungen, Cashflow-Entwicklungen, Kapitalkosten, Sensitivitätsanalysen;
3. *Formulierung der Zusammenfassung der Ergebnisse und Strategieauswahl.*

Unabhängig davon sind die strukturellen Elemente (Träger und Schnittstellenkoordination) der Umsetzung der Strategie zu bewerten.[202] Die Qualität der gewählten Strategie könnte sich jedoch auch anhand folgender Fragen erfassen lassen:[203]

1. Stimmt die Strategie mit der Vision (oder dem Kernauftrag) und der Umweltenwicklung überein? Lässt der Markt eine angemessene Wertsteigerung zu? Erfüllt die Strategie die Hauptfolgsfaktoren im gewählten Marktsegment?
2. Steht die Strategie im Einklang mit dem Kartellrecht, mit der nationalen Gesetzgebung, mit den internationalen Abkommen oder den Gesetzen des Gastlandes?
3. Stimmt die Strategie mit den Führungswerten und der Kultur des Unternehmens überein?
4. Ist die Strategie konsistent mit den jeweiligen regionalen kulturellen Wertvorstellungen und Normen?
5. Steht die Strategie im Einklang mit dem Gewissen und den persönlichen Werten der Unternehmensleitung?

---

[201] Peschke, M., Wertorientierte Strategiebewertung, Wiesbaden 1997, S. 83 ff.

[202] Vgl. Welge, M./Al-Laham, A., Strategisches Management, 4. Auflage, Wiesbaden 2003, S. 506.

[203] Vgl. Hinterhuber, H., Leadership, Frankfurt am Main 2003, S. 94.

6. Nutzt die Strategie die dynamischen Fähigkeiten und Ressourcen des Unternehmens? Verfügt das Unternehmen über eine Kernkompetenz, mit der es die Konkurrenten distanziert?
7. Ist die angestrebte Differenzierung auf Dauer haltbar? Ist die Kerndifferenzierung schwer imitierbar? Wenn nicht, beruht die Strategie auf kontinuierlicher Prozessverbesserung und Innovation?
8. Sind die Elemente der Strategie kohärent? Bilden Kernauftrag, Kernkompetenz, Differenzierung, Zeit und ökonomische Logik eine integrierte Ganzheit? Passen sie zueinander und verstärken sie sich gegenseitig?
9. Ist die Strategie umsetzbar? Verfügt das Unternehmen über die Ressourcen, die dynamischen Fähigkeiten und die zeitlichen Kapazitäten, um die Strategie umzusetzen? Schafft die Organisation den Übergang? Ist das Führungsteam fähig und bereit, den unternehmerischen Veränderungsprozess zu führen?
10. Sind ein strategisches und ein finanzielles Controllingsystem eingerichtet?
11. Ist ein Katastrophenplan vorhanden? Ist er aktualisiert worden? Ist eine Führungskraft für die Kommunikation nach außen verantwortlich?
12. Ist eine unternehmerisch denkende und handelnde Führungskraft für die Strategie verantwortlich?

5.4.1.1.4 Die Qualität der Organisationsform

„Es gibt keine Organisationsmodelle, die für jede Unternehmung und für jede Strategie Gültigkeit besitzen.“[204] Auch lassen sich die unterschiedlichen Organisationsformen wie lineare, funktionale, divisionale, Holding-, Matrix- und schließlich Projekt- oder Prozessorganisationen nicht an bestimmten Strategien festmachen. Die Qualität und Funktionalität einer Organisation lässt sich daher wohl am besten an ihrem reibungslosen Ablauf bzw. dem vorhandenen Ausmaß von Störungen dieses Ablaufs und an einem intakten Organisationsmanagement messen.

Da unzählige Störungen und Fehler allerdings unentdeckt bleiben und dies teilweise auch auf fehlende oder mangelhafte Qualifikation und Integrität jener Mitarbeiter zurückzuführen ist, die auf diese Fehler aufmerksam machen sollten, ist das Maß der begangenen Fehler ein mit objektiven Kriterien schwer zu messender Bereich. Auch die oft unterlassene Dokumentation und Aufzeichnung von Fehlern erschwert eine objektive Sicht. Die Qualität einer Organisation kann daher wohl am besten von externen Beratern und Prüfern beurteilt werden. So sind beispielsweise Abschlussprüfer, Finanzprüfer oder externe Berater des technischen Bereiches, der Logistik, des Einkaufes oder anderer Bereiche oftmals die einzigen, die in der Lage sind, ein objektives Urteil abzugeben, sofern ihnen andere Betriebe als direkte Vergleichsgrundlage dienen und im Regelfall persönliche Befangenheit ausgeschlossen werden kann.

[204] Vgl. Hinterhuber, H., Strategische Unternehmensführung, II. Strategisches Handeln, 6. Auflage, Berlin/New York 1997, S. 109.

Unabhängig von den Inhalten und der Qualität von Unternehmensberichterstattungen spielt jedoch die Regelmäßigkeit sowie die Häufigkeit des Erscheinens solcher Berichte eine wesentliche Rolle, anhand derer ein Urteil über die Funktionalität von Prozessen und damit die Qualität der Organisation erfolgen kann.

Ein weiterer Indikator, der über Qualität und Erfolg der Organisation Auskunft geben kann, ist die Aktualität der eingesetzten Instrumente. Manche Unternehmen arbeiten mit „veralteten" – wenn auch zulässigen – Standards andere bereits mit modernen, fortschrittlichen Beurteilungswerkzeugen. Dies gilt beispielsweise im Finanzbereich wohl am ehesten für die Konzernberichterstattung, die einerseits nach den Regelungen des Handelsgesetzbuches oder bereits nach den modernen Vorschriften der IAS, der US-GAAP oder der IFRS durchgeführt werden kann.

Die Kommunikation innerhalb des Betriebes, die am effizientesten durch Jour-Fix, Medien wie beispielsweise Unternehmenszeitschriften oder den direkten persönlichen Kontakt wahrgenommen werden kann, trägt ebenso zur Qualität einer Organisation bei wie die Kommunikation mit Banken und anderen Stakeholdern. Das daraus abgeleitete Verhalten dieser externen Anspruchsgruppen beeinflusst in weiterer Folge die Qualität des Arbeitsumfeldes und der Ergebnisse der Organisation. Fragen zur Bonität eines Unternehmens leiten sich so auch oft aus persönlichen Sympathiegefühlen einzelner Akteure ab und nicht unbedingt ausschließlich aus Faktoren wie etwa dem Vorliegen einer oportun scheinenden Strategie oder Ähnlichem.

Die Vorbereitung und Offenheit hinsichtlich innovativer Instrumente des Kapitalmarktes und die rechtzeitige Einstellung – meist organisatorischer Art – auf die neuen Anforderungen, wie sie etwa derzeit von den Banken vielfach betrieben wird (Thematik um Basel II), spielen eine wichtige Rolle bei der Beurteilung des zukünftigen Erfolges sowie des Anteils der Organisationsform und -struktur am Firmenwert eines Unternehmens.

5.4.1.2 Externer Bereich

5.4.1.2.1 Dividenden und Ausschüttungspolitik einer Unternehmung

Die Gewinnverteilung in Industrieunternehmen wirkt auf die Höhe des auszuweisenden Firmenwertes besonders dann, wenn im Gesellschaftsvertrag oder in der Satzung festgeschriebene und nur schwer abänderbare Regelungen dazu existieren. Ist der zukünftige Gewinn durch Auskehrung an den/die Eigentümer bereits verteilt und steht er nicht der Gesellschaft für diverse Dispositionen wie etwa Investitionen zur Verfügung, kommt es zu einer den Firmenwert reduzierenden Folge. Sofern keine gesellschaftsvertraglichen Festlegungen zur Gewinnverwendung existieren, ist zu prüfen, inwieweit das Gesetz (HGB) dazu Aussagen trifft und ob diese zwingende gesetzliche Bestimmungen oder dispositive Regelungen darstellen. Dies hängt im Wesentlichen von der Gesellschaftsform der Unternehmung ab.

Das österreichische Handelsgesetzbuch unterscheidet grundsätzlich die Gesellschaftsformen der Personengesellschaft von jener der Kapitalgesellschaft.[205] Die Ba-

[205] Vgl. Heidinger, M./Rabel, K./Peißl, C./Schellmann G./Heidinger, T., Rechtsformgestaltung II, Wien 1994, S. 174ff.

sis jeder Gesellschaft bildet der Begriff der „Person". Personen sind Rechtssubjekte, Zurechnungspunkte, Träger von Rechten und Pflichten und werden eingeteilt in natürliche (physische) und in juristische Personen. Die natürliche Person beginnt ihre Existenz mit ihrer Geburt und beendet diese mit ihrem Tod (§ 22 ABGB). Juristischen Personen werden zwar weitestgehend die gleichen Rechte eingeräumt wie natürlichen Personen, sie stellen jedoch „künstlich" geschaffene Gebilde dar wie beispielsweise Körperschaften, Anstalten und Stiftungen (§ 26 ABGB).

Das folgende Schaubild veranschaulicht die unterschiedlichen Formen von „Personen":[206]

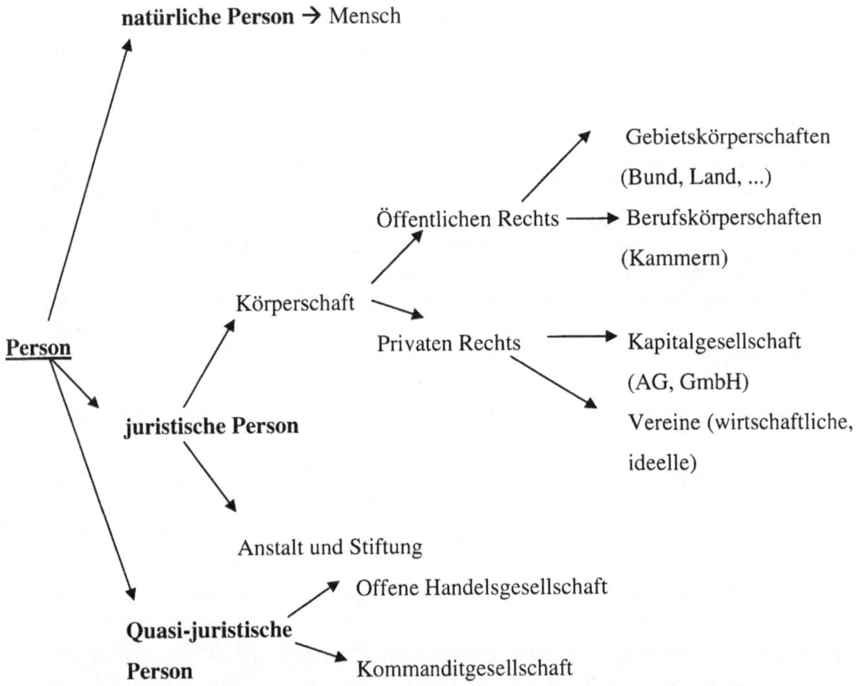

Die Gesellschafter einer GmbH haben grundsätzlich Anspruch auf den handelsrechtlich erwirtschafteten Gewinn.[207] Die Hauptversammlung beschließt den Jahresabschluss, entlastet die Geschäftsführung und entscheidet über die Verwendung des Jahresergebnisses (Jahresgewinnes). Dabei bleibt es den Gesellschaftern überlassen, ob und in welchem Umfang der Gewinn unter den Gesellschaftern verteilt werden soll. Es ist auch durchaus denkbar, dass die Gesellschafterversammlung eine Thesau-

[206] Vgl. Hannak, K., Grundbegriffe des Bürgerlichen Rechts, Wien 1987, S. 15ff.

[207] Vgl. http://www.personal-office.de/inhalt/hbvo_gewinnverteilung.html. (14.4.2004).

rierung des Gewinnes beschließt. Grundsätzlich bedarf es für derartige Beschlüsse jedoch der Einstimmigkeit, da zumindest eine angemessene Verzinsung des eingesetzten Kapitals auszuschütten ist. Davon abweichende, gesellschaftsvertragliche Regelungen sind in der GmbH möglich, da dies ein dispositives Recht darstellt.

Bei der Personengesellschaft sieht das Handelsgesetz in § 121 Abs. 1 eine gleichmäßige Aufteilung des Jahresergebnisses auf die Gesellschafter vor. Der Vorzugsgewinnanteil modifiziert diese Form der Gewinnverteilung derart, dass jedem Gesellschafter vor Zuweisung einer Gewinntangente zunächst 4% seines Kapitalanteils als Verzinsungsäquivalent auszuzahlen sind. Erst der diesen Betrag übersteigende Gewinnanteil kann in weiterer Folge gemäß § 121 Abs. 3 HGB nach Köpfen verteilt werden. Da diese Gesetzesstelle jedoch auch hier dispositiv ist, kann sie im Gesellschaftsvertrag beliebig abgeändert werden. So können beispielsweise die Zurverfügungstellung eines bestimmten Know-hows oder einer Idee oder aber auch die Übernahme einer unbeschränkten Haftung, mit der man die Kreditwürdigkeit einer Gesellschaft verbessert, unterschiedliche Gewinnverteilungsmodalitäten begründen. Dies kann so weit führen, dass ein Gesellschafter gänzlich von der Gewinnverteilung ausgeschlossen wird.[208] Dies ist jedoch nur mit der Zustimmung des jeweils betroffenen Gesellschafters zulässig, da es sich hier eindeutig um einen Eingriff in den Kernbereich des Gesellschafters handelt. Ein Ausschluss vom Gewinn bedarf somit eines einstimmigen Beschlusses der Gesellschafterversammlung, sofern der Gesellschaftsvertrag eine entsprechende Regelung nicht bereits mit Mehrheitsbeschluss ermöglicht.

Inwieweit nun die Interessenlage der Gesellschafter mit jener der Gesellschaft übereinstimmt, ist ein bedeutender Indikator für die Werthaltigkeit eines Firmenwertes. Für einen Unternehmenskäufer ausschlaggebend ist, ob er eine die Gewinnverteilung bestimmende Mehrheit am Unternehmen erwerben kann oder nicht. Ist das nicht der Fall, ist der Gesellschaftervertrag und dessen mögliche Abänderung in diesem Punkt zu prüfen.

Die viele Unternehmen beschäftigende Kernfrage ist jene nach der „optimalen" Ausschüttung. Für die Zurverfügungstellung von Kapital erwartet sich der Gesellschafter legitimerweise eine entsprechende Verzinsung, die auch die Risikotangente berücksichtigt. Die Interessenslage der Kapitalgeber und der Gesellschaft können hinsichtlich der Dividende oder Gewinnausschüttung konträr sein. Sie münden jedoch im gemeinsamen Streben nach langfristiger Wertsteigerung des eingesetzten Kapitals und nach einer langfristigen Existenzsicherung des Unternehmens. Einerseits wird ein Unternehmen daher seine Ausschüttungen von der Mittelverfügbarkeit und den internen Investitionsmöglichkeiten abhängig machen wollen, gleichzeitig wird der Kapitalgeber jedoch eine stabile und vor allem hohe und steuerschonende Ausschüttung erwarten.

Neben jenen liquiden Mitteln, die ein Gesellschafter zur Bestreitung seines Lebensunterhaltes benötigt, sollte er sich die Frage stellen, wie er seinen darüber hinausgehenden Gewinnanteil veranlagen möchte. Ist die Gesellschaft in der Lage, eine Eigenkapitalrentabilität sicherzustellen, die über jener am Kapitalmarkt oder einer

[208] Vgl. Cortolezis, V., Steuern und Recht, ÖGWT: per saldo 3/98, S. 25 f.

bereits sehr konkret in Aussicht stehenden Alternativinvestition liegt, ist eine Thesaurierung sinnvoll. Ist dies nicht der Fall, wäre eine unternehmensinterne Veranlagung nahe liegend. Im Interesse des Gesellschafters verfolgt die Mehrzahl der Unternehmungen jedoch ein modernes Shareholder-Value-Management, um dem Gesellschafter den größtmöglichen Nutzen zu sichern (siehe Abbildung 21: Shareholder-Value-Management).

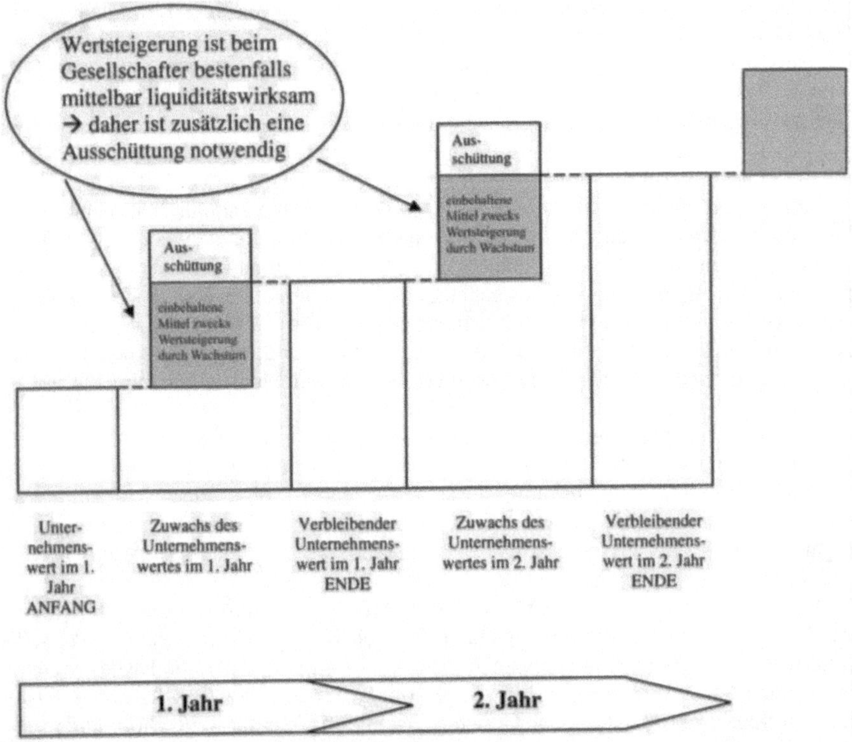

Abbildung 21: Shareholder-Value-Management
Quelle: STG – Coopers & Lybrand, Präsentationsunterlage 1996

Für Personengesellschaften finden sich jedoch, nicht zuletzt auch aufgrund der Tatsache, dass Familien bevorzugt derartige Gesellschaftsformen wählen und Entscheidungen hinsichtlich der Gewinnverteilung daher nicht selten informell und irrational vonstatten gehen, keine vergleichbaren, offiziell bekannten Verteilungsschlüssel. Zwar sollten diesbezüglich bereits im Gesellschaftsvertrag die notwendigen Vorkehrungen und Szenarien für eine effiziente Gewinnverwendung geregelt werden, doch befindet sich eine Gesellschaft zum Zeitpunkt der Errichtung eines Gesellschaftsvertrags im Regelfall im Anfangsstadium ihrer rechtlich-wirtschaftlichen Existenz, zu dem noch nicht mit Gewinnen gerechnet wird weshalb die diesbezüglich zu treffenden vertraglichen Festlegungen oftmals schlichtweg vergessen, oder aufgrund ihrer, zu diesem Zeitpunkt noch als „unwesentlich" wahrgenommenen Bedeutung einfach unterlassen werden. Der Vollständigkeit halber und um zukünftigen Streitigkeiten im Gesellschafterverband vorzubeugen, sollte man solche Fragen jedoch bereits zu Zeiten, in denen noch keine Gewinne erzielt werden, bei der Formulierung des Gesellschaftsvertrages berücksichtigen.

Regelungsmechanismen der Kapitalgesellschaft – sofern solche vorhanden sind – für die Personengesellschaft einfach zu übernehmen, um so zu einer einfachen Lösung dieser Frage zu gelangen, scheint auf den ersten Blick hin nahe liegend. Aber die doch sehr unterschiedlichen Rahmenbedingungen, insbesondere im gesellschaftsrechtlichen Sinne, aber auch hinsichtlich der oftmals divergierenden Interessen von Gesellschaftern einerseits und Aktionären andererseits (z. B. langfristige Bestandssicherung des Unternehmens versus kurzfristige Renditemaximierung) sowie natürlich auch steuerrechtlicher Aspekte können einen gewichtigen Einfluss auf eine voneinander abweichende „Dividendenpolitik" bzw. „Ausschüttungspolitik" haben.

Aufgrund der meist sehr engen persönlichen Verbundenheit der Gesellschafter einer Personengesellschaft mit ihrem Unternehmen (die oft Familienunternehmen sind) kommt es nicht selten zu irrationalen Gewinnverteilungsbeschlüssen, in die nicht selten auch die Belegschaft eingebunden ist. So wird von den Gesellschaftern dieser Gesellschaftsform meist das akzeptiert, was der Familien- und gleichzeitig Unternehmenspatriarch wünscht und vorschlägt. Ein Akt des kritischen Hinterfragens von derart getroffenen Entscheidungen findet vor diesem Hintergrund nur in Ausnahmefällen statt.

Ziel der Beschreibung dieses Aspektes eines Firmenwertes ist nicht, den „richtigen Verteilungsschlüssel" zu finden, der ja branchenspezifisch und, wie bereits erwähnt, umweltspezifisch unterschiedlich ausgeprägt sein dürfte, sondern innerhalb eines gewissen Rahmens einen üblichen Gewinnausschüttungsmodus zu erkennen. Liegt eine Gesellschaft unter oder über diesem vorgegebenen Rahmen, kann dies Firmenwert-reduzierende oder Firmenwert-steigernde Auswirkungen haben. Wie sich dies im Konkreten darstellt, muss im Einzelfall geprüft werden. Anhand der folgenden Darstellung (siehe Abb. 22, S. 122), welche die Gewinnausschüttungsquoten ausgewählter Unternehmen (der Jahre 1985 bis 1995) zeigt, lassen sich Orientierungshilfen hinsichtlich einer üblichen Relativgröße ableiten.

5.4.1.2.2 Rechtskonformität (siehe Umweltmanagementsysteme 5.3.3.1.3)

5.4.1.2.3 Kontrolltätigkeit im und um das Unternehmen mit Hilfe der Revision

Definition und Aufgaben der Internen Revision

Für die Begriffe „Revision" und „Kontrolle" stellt „Überwachung" den Oberbegriff dar. Die Überwachung ist eine Managementaufgabe. Dabei werden Ist- und Soll-Werte miteinander verglichen, um die Unternehmenszielerreichung zu gewährleisten bzw. die dafür nötigen Anpassungsdispositionen bei den Mitarbeitern auszulösen.

Gemittelte Gewinnausschüttungsquoten ausgewählter Unternehmen in den Jahren 1985 bis 1995
Ausschüttungsquote auf Basis Gewinn nach Steuern (in %)

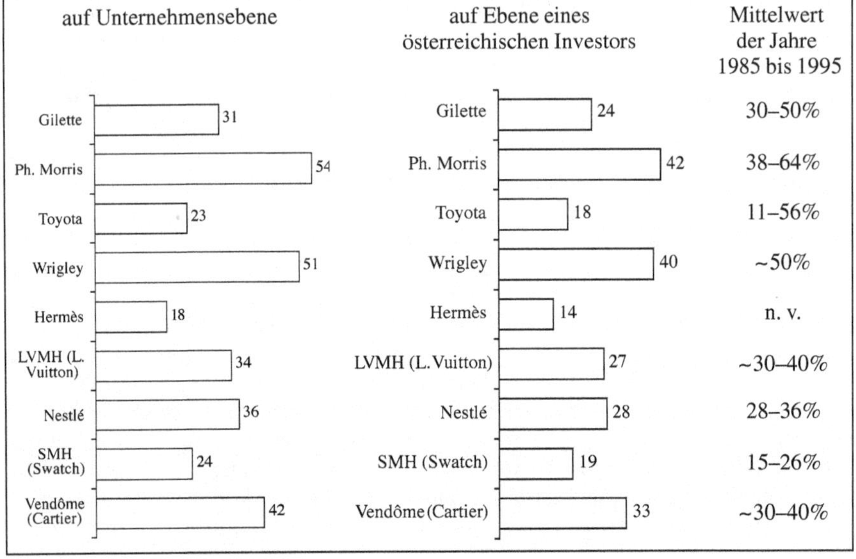

Abbildung 22: Gewinnausschüttungsquoten ausgewählter Unternehmen
Quelle: STG-Coopers & Lybrand Studie 1995 (Geschäftsberichte, Value Line Bloomberg, Swiss Stock Guide)

Revision/Prüfung dagegen ist ein von einer außerhalb der betrieblichen, untersuchten Arbeitsbereiche stehenden Abteilung regelmäßig durchgeführter Prozess, bei dem das tatsächlich Erreichte bzw. Angestrebte fortlaufend kritisch untersucht und an Sollwerten gemessen wird mit dem Ziel, der Geschäftsführung berichtsweise explizite Empfehlungen zur Verbesserung oder Änderung der gefundenen Ist-Situation zu erteilen.

Dies geschieht unter Zuhilfenahme materieller Prüfungshandlungen. (Materielle Prüfungshandlungen unterscheiden sich von formellen Prüfungshandlungen dadurch, dass erstere physisch vor Ort ausgeführt werden, wohingegen zweitere eher „abstrakt“, mittels schriftlicher Unterlagen erfolgen).[209]

Die externe und die interne Revision unterscheiden sich dadurch, dass die externe Revision auf betriebsfremde, außenstehende Überwachungssubjekte, die interne Revision jedoch vornehmlich auf Abteilungen bzw. Mitarbeiter des eigenen Unternehmens zielt. Die interne Revision konstituiert sich durch den „Ruf der Geschäftsleitung“ und ist weder direkt (mit dem zu prüfenden Bereich nicht selbst befasst) noch indirekt (gegenüber dem zu prüfenden Bereich nicht weisungsgebunden) ab-

[209] Vgl. Deutsches Institut für Interne Revision e.V., Fragebogen Interne Revision, Bühl/Baden 1984.

hängig. Die Mitarbeiter der internen Revision sind unmittelbar der Geschäftsführung unterstellt, jedoch ohne eigene Anordnungsbefugnis, und haben alle Unternehmensbereiche mit Ausnahme der Geschäftsleitung zum Prüfungsziel. Dabei sollen kritische, manipulationsfreie Rückmeldungen über betriebsinterne Fakten, Vorgänge und Entwicklungen an die Geschäftsführung berichtet werden, um dieser die notwendigen Entscheidungen für Korrekturmaßnahmen zu ermöglichen und zu erleichtern. Durch das Bewusstsein der Existenz eines entsprechenden Kontrollmediums werden die Unternehmensangehörigen angehalten, ihre Aufgaben so sorgfältig wie möglich zu erledigen, Fehler zu vermeiden und bewusst unternommene Normabweichungen (wie z. B. Unterschlagungen etc.) erst gar nicht zu begehen.

Zu den Aufgaben der Revision zählt u. a. die Prüfung der Einhaltung gesetzlicher oder von der Geschäftsführung erlassener Direktiven und Vorschriften. Außerdem ist die Wirksamkeitsanalyse von installierten Kontrolleinrichtungen und organisatorischen Strukturen ein wesentliches Element der Revision.

Der Vollständigkeit halber soll erwähnt sein, dass Gutachtertätigkeiten sowie die Ausbildung von Führungskräftenachwuchs, zu den Nebenaufgaben zählt, welche die Revision in einem Unternehmen häufig erfüllt.

Unter Kontrolle versteht man grundsätzlich die Durchführung eines Soll-Ist-Vergleiches. Die interne Revision kontrolliert nur in dem Sinne, dass sie Abweichungsanalysen erstellt sowie die Einleitung geeigneter Korrekturmaßnahmen veranlasst. Im Gegensatz zur internen Revision werden Kontrollhandlungen normalerweise von direkt oder indirekt prozessabhängigen Personen vorgenommen. Hier kann es möglich sein, dass das Kontrollorgan für die von ihr zu kontrollierende Tätigkeit selbst verantwortlich ist, was zu Verzerrungen und Fehlleistungen führen kann.

Das Controlling, das wohl am besten mit den Begriffen Steuern, Regeln, Leiten, Kontrollieren umschrieben ist und zu dessen Aufgaben nicht nur fehlerkorrigierende Aktivitäten, sondern alle Maßnahmen zur Zielerreichung zählen, ist ein führungsunterstützendes System. Es konzentriert sich vorwiegend auf die zielorientierte und zukunftsbezogene Steuerung, wohingegen die Revision sich hauptsächlich auf die ordnungsorientierte Überwachung und die vergangenheits- bzw. gegenwartsbezogene Tatbestandsanalyse beschränkt. Das Controlling orientiert sich ausschließlich am betrieblichen Rechnungswesen, aus dem auch sämtliche Daten für die Analysearbeit gezogen werden. Demgegenüber prüft die Revision auch Bereiche, die nicht unbedingt im Rechnungswesen abgebildet sind.

Es zählt mit zu den Aufgaben der internen Revision, das Controlling auf seine Funktionstüchtigkeit und Wirtschaftlichkeit hin zu überprüfen.

Im Sinne des Wirtschaftlichkeitsprinzips muss der Mitteleinsatz kleiner als der daraus resultierende Erfolg sein. Demzufolge muss konsequenterweise auch die interne Revision, die als Prüfung ebenso eine Abfolge wirtschaftlicher Handlungen darstellt, diesem Prinzip entsprechen.

Die mit der internen Revision verbundene Kontrolltätigkeit und eine daraus resultierende Weiterentwicklung von Abläufen zur Verbesserung der Wirtschaftlichkeit in wirtschaftlichen Einheiten wurde seit jeher praktiziert. Demnach ist die interne Revision nichts Neues, lediglich die Bezeichnung als solche wird als neuzeitlich einzustufen sein.

Da unternehmerische Weiterentwicklungen eine Voraussetzung für wirtschaftlichen Erfolg und betriebliches Fortbestehen bilden, stellt die interne Revision, aus deren Kontrolltätigkeit unter anderem die Verbesserung der Wirtschaftlichkeit von Abläufen bestimmter wirtschaftlicher Einheiten resultiert, eine existenzielle Notwendigkeit für jedes Unternehmen dar. Die durch die Kontrolltätigkeit initiierten Weiterentwicklungen sind dabei untrennbar verbunden mit einzuleitenden Änderungen bestehender Prozesse.

Änderungen des Gewohnten und Vertrauten verursachen bei den Betroffenen jedoch meist Widerstand, der aus der Unsicherheit gegenüber dem Neuen und Unbekannten erwächst. Die Bereitschaft, das Bekannte gegen etwas Ungewisses einzutauschen, ermöglicht zwar erst jegliche Weiterentwicklung und damit wirtschaftlichen und gesellschaftlichen Fortschritt, löst jedoch gleichzeitig Befürchtungen aus, das Bestehende verlieren zu können. Daher nehmen die Menschen gegenüber Änderungen ein oftmals kritisches, aufgrund der Wechselbeziehung von Risiko und Vorteil ambivalentes Verhältnis ein.

Dem Problem des Widerstandes ist die interne Revision in der Praxis fortwährend ausgesetzt. Die mit der Revisionstätigkeit befassten Verantwortlichen haben sich ihre Praktiken im Umgang mit derartigen Problemen meist selbst erarbeitet. Eine wissenschaftliche, analytische Aufarbeitung von Problemstellungen, die den Widerstand gegenüber Änderungsbestrebungen zum Inhalt haben, und die entsprechenden in der Praxis angewandten, unterschiedlichen Bewältigungsmöglichkeiten besteht bislang nicht. Die wissenschaftliche Auseinandersetzung mit Widerstand, der grundsätzlich in Weiterentwicklungsbestrebungen seinen Ursprung findet und von Kontrollaktionen der internen Revision ausgelöst wird, stellt jedoch nicht das zentrale Anliegen dieser Arbeit dar. Die erklärte Zielsetzung liegt vielmehr in der Gewichtung des Beitrags der Revisionstätigkeit einer Unternehmung im Hinblick auf den Firmenwert.

Die interne Revision zur Aufdeckung doloser Handlungen

Die Fakten, die im Zusammenhang mit wirtschaftskriminellen Handlungen stehen, sprechen für sich:

- Im Jahr 1996 wurden Industrieunternehmen durch 800.000 Wirtschaftsstraftaten um rund DM 20 Mrd. geschädigt. In nahezu jedem zweiten Fall waren Mitarbeiter die Täter.
- Der Großteil der Unterschlagungshandlungen bleibt unentdeckt. 98% aller gefundenen Untreuehandlungen werden durch Zufälle, Denunziationen neidischer Kollegen und anonyme Hinweise aufgedeckt. Dies, weil entsprechende Abteilungen in den meisten Betrieben einfach fehlen.
- In der gesellschaftlichen Realität zeigt sich, dass
  - 25% der Mitarbeiter grundehrlich,
  - 25% unehrlich und
  - 50% gelegentlich (un)ehrlich sind.

  Dies soll darauf hinweisen, dass sich die Gelegenheiten für dolose Handlungen u. a. durch fehlende interne Kontrollsysteme ergeben.

- Im Wesentlichen sind die Betrogenen keine Krisenkandidaten, sondern hochprofitable Gesellschaften.
- Oft sitzen die Täter in ausländischen Tochtergesellschaften, in denen durch die örtliche Distanz und die dadurch erschwerte Kontrollmöglichkeit relativ große Handlungs- und Entscheidungsfreiheit besteht.
- Nicht selten gelingt es den Wirtschaftskriminellen, die von ihnen verursachten Schäden als Ergebnis unternehmerischer, im Tagesgeschäft getätigter Fehlentscheidungen darzustellen.
- In den USA wird die Geschäftsleitung unter Straf- und Bußgeldandrohungen für korruptes Verhalten ihrer Mitarbeiter zur Verantwortung gezogen und so zur Aufrechterhaltung funktionierender interner Kontrollsysteme verpflichtet.

In Europa wird das Vorkommen, ja sogar die Verfolgung derartiger Vergehen von den betroffenen Unternehmen oft verschwiegen, da man so eine mögliche Rufschädigung und öffentliche Diskussion zu vermeiden sucht. Nicht so in den angelsächsischen Ländern, wo Wirtschaftskriminalität geahndet wird. Dort findet man regelmäßig:

- Unterschlagungsbeauftragte und anonyme Stellen, bei denen Hinweise anonym abgegeben werden können,
- Personal, das vor der Einstellung konsequent durchleuchtet und auch während der Tätigkeit immer wieder überprüft wird,
- prinzipielle Bekanntmachungen von Unterschlagungshandlungen und offene Kommunikation ihrer Auswirkungen,
- Arbeitsverträge, in denen zur Vermeidung von Korruption bereits zu Beginn des Dienstverhältnisses auf die Konsequenzen von Unterschlagungshandlungen hingewiesen wird.

Hiermit soll jedoch nicht der Eindruck entstehen, dass es die einzige Aufgabe der Revision sei, kriminelle Handlungen freizulegen. Bedingt durch den Einblick, den die Revision in Geschäftsbereiche erhält, in denen sie ablauforganisatorisch optimierend ins Tagesgeschäft einzugreifen beabsichtigt und Verbesserungsvorschläge für Prozessausgestaltungen erarbeitet (was ja zu ihren originären Aufgaben zählt), stößt sie nicht selten ganz automatisch auf dolose Handlungen.

Die interne Revision als Instrument zur Optimierung von Prozessen

Darüber hinaus spielen Strategien wie die Verlagerung von Produktionsstätten in Billiglohnländer, die Straffung der Verfahrenssysteme in Produktion und Verwaltung, der massive Eingriff in die Unternehmensbeschaffung und ähnliche systembeeinflussende Maßnahmen eine bedeutende Rolle dabei, die Wirtschaftlichkeit eines Unternehmens zu verbessern. Diese Systeme müssen in weiterer Folge jedoch permanenter Kontrolle unterliegen, wofür der Begriff der „Überwachung" jede Form der Prüfung und Kontrolle umfasst.

Dies zählt mit zum Aufgabenbereich der Betriebsführung. Ihre Aufgabe besteht nicht nur in der Aufstellung eines durchdachten Wirtschaftsplanes, sondern auch in der Überwachung der Ergebnisse des betrieblichen Handelns. Hierbei müssen die Ergebnisse mit den Planungen übereinstimmen. Die Überwachung ist also neben der Planung und Organisation die dritte Hauptaufgabe der Betriebsführung.

Zum Gegenstand der Überwachung zählt grundsätzlich der gesamte Tätigkeitsbereich des Betriebes mit Ausnahme der obersten Führungsspitze, da eine Überwachung dieser Spitze durch sich selbst nicht sinnvoll und somit undenkbar wäre. Dabei ist zu beachten, dass der Begriff des Controlling über die Überwachungsfunktion weit hinausgeht, da er auch Planung und Steuerung mit einbezieht und auch als Informations- und Führungsinstrument für das ganze Unternehmen dient.[210] Man könnte darunter eine Entscheidungs- und Führungshilfe durch „ergebnisorientierte Planung, Steuerung und Überwachung des Unternehmens in allen seinen Bereichen und Ebenen" verstehen.

Eine wesentliche Frage hinsichtlich der Werthaltigkeit eines zu bezahlenden oder bereits bezahlten Firmenwertes ist jene nach Existenz und Sinnhaftigkeit einer internen Revision. Als eine im Auftrag der Unternehmensleitung tätig werdende, vom laufenden Arbeitsprozess losgelöste, unabhängige und selbständige Einheit zur Überwachung sämtlicher Bereiche des Unternehmens kommt einer Revisionsabteilung eine besondere Bedeutung zu.

Der österreichische Gesetzgeber verlangt von Banken und Versicherungen die Einrichtung und Aufrechterhaltung interner Kontrollsysteme und Revisionen derselben.[211] Das deutsche Gesetz für „Kontrolle und Reorganisation" schreibt derartige Revisionstätigkeiten heute bereits der Privatwirtschaft vor. Auch in Österreich ist eine ähnliche Entwicklung erkennbar. Die Überwachung von Abläufen in einer Gesellschaft zählt zu einer der bedeutendsten Managementaufgaben. Der darunter fallende Vergleich von Ist- und Soll-Werten, um die Erreichung der Unternehmensziele zu gewährleisten bzw. um das dafür nötige Anpassungsverhalten bei den Mitarbeitern zu veranlassen, wird mangels Zeit und Qualifikation oft nicht ausreichend wahrgenommen.

Die Revision ist mehr als die Durchführung einer bloßen Überwachungstätigkeit. Sie stellt einen in regelmäßigen Abständen stattfindenden Prozess dar, bei dem das tatsächlich Erreichte bzw. das Angestrebte fortlaufend kritisch hinterfragt und bis hin zu den strategischen Vorgaben mit den Sollwerten verglichen wird. Dies mit dem Ziel, explizite Empfehlungen zur Verbesserung der vorgefundenen Ist-Situation abgeben zu können.

Unter Zuhilfenahme materieller Prüfungshandlungen, also der persönlichen Einsicht und Kontrolle von Abläufen durch den Revisor selbst, spielen formelle Prüfungshandlungen unter Zugrundelegung von Zahlen und Daten eine wesentliche Rolle.

Erklärtes Ziel einer internen Revision ist, wie bereits erwähnt, die langfristige Existenzsicherung der Unternehmung, in der sie eingesetzt wird, durch die Sicherstellung einer beständig guten Prozessqualität in dem auditierten Unternehmen, die

---

[210] Vgl. Horvath, P., Controlling, 4. Auflage, München 1991, Controlling – Entwicklung und Stand einer Konzeption zur Lösung der Adaptions- und Koordinationsprobleme der Führung, ZfB 1978, S. 194ff.

[211] Vgl. §§ 17b VAG und § 24a KWG.

Umsetzung von Verbesserungsvorschlägen im Konzern oder Unternehmen und damit in letzter Konsequenz die Ergebnisverbesserung der gesamten Unternehmensgruppe.

Die interne Revision sollte dazu beitragen, durch eine planvolle Organisation und Koordination aller Methoden und Maßnahmen Folgendes gewährleisten:

- Die Sicherheit des Vermögens und der Erfolgspotenziale der Gesellschaft(en)
- Die Steigerung der betrieblichen Effizienz, Aufdeckung von Verlustquellen und Schwachstellen, aber auch von Stärken und Erfolgspotenzialen
- Die Einhaltung der vorgeschriebenen Geschäfts- und Arbeitsanweisungen, Richtlinien und Verfahren
- Die Funktionsfähigkeit und Zuverlässigkeit des internen Kontrollsystems, der internen Informationssysteme sowie des Berichtswesens
- Die Einhaltung der gesetzlichen Vorschriften
- Kontrolle der Behebung von Mängeln bzw. Umsetzung von Beschlüssen in der Folge von durchgeführten Revisionen

Nicht zur Aufgabe der internen Revision gehört es, Änderungen (an der Ablauf- und Aufbauorganisation eines Unternehmens) vorzunehmen. Würde sie das tun, wäre ihre Arbeit ad absurdum geführt, da sie die Zweckmäßigkeiten von Maßnahmen beurteilen müsste (was ihrer eigentlichen Aufgabe entspricht), die sie selbst getroffen hat. Eine objektive Prüfung wäre dann nicht mehr möglich.

Die interne Revision verfährt nach einem Plan (Revisionsprogramm), der vor dem Aktiv-werden der Revisionsabteilung festgelegt wird, und der die Prüfungen in den einzelnen betrieblichen Teilbereichen darstellt. Meist handelt es sich dabei um ein mehrjähriges Programm, bei dem die einzelnen betrieblichen Abteilungen und Teilbereiche je nach ihrer Bedeutung unterschiedlich oft geprüft werden. Zu ungeplanten Prüfungen kommt es, wenn in einzelnen Abteilungen plötzlich unerwartet Schwierigkeiten auftreten oder sich Unregelmäßigkeiten vermuten lassen.

Grundsätzlich lässt sich das Vorgehen der internen Revision in klar definierten Schritten festlegen, die einen geordneten Ablauf sicherstellen sollen.[212] Angesichts der Tatsache, dass allgemein rund 5% des Umsatzes durch doloses Verhalten und weitere 5% durch mängelbehaftete Kontrollsysteme verloren gehen, gewinnt eine Revisionsabteilung in grundsätzlich jeder Unternehmung ihre Existenzberechtigung.

5.4.2 Intellectual Property

Das so genannte Intellectual Property[213] bezieht sich im Wesentlichen auf Vermögenswerte, die sich grundsätzlich im Gedankengut von Mitarbeitern befinden, und besteht, wie bereits erwähnt, insbesondere aus Industrial Property (Erfindungen und

[212] Vgl. Egner, H., Arbeitstechnik der Internen Revision, Bilanz- und Buchhaltungspraxis 1971, S. 215.

[213] Vgl. Granstrand, O., The Economics and Management of Intellectual Property, Northampton, MA 1999, S. 4.

Patente, Know-how, Designs, Handelsgeheimnisse, Entwicklungsprojekte, u. Ä.) und Copyrights (Vermögen von urheberrechtlich zu schützendem, teils künstlerischem Wert wie Zeichnungen, Gemälde, Skulpturen, Photogaphien, u. Ä.).[214]

Diese Arbeit beschäftigt sich primär mit dem hier erwähnten Intellectual Property, weil Copyrights, Kunstgegenstände und ähnliche Rechte für Unternehmungen, besonders für Industrieunternehmen, gewöhnlich von untergeordneter Bedeutung sind.

5.4.2.1 Patente

Patente stellen auf Erfindungen basierende und aufgrund eines eingebrachten Schutzantrages gewährte Exklusivitätsrechte auf Verfahren dar, mit denen ein Produkt oder ein Prozess auf vollkommen neue Art hergestellt wird oder die eine neue technische Lösung darstellen. „A patent is a limited-term exclusive right provided to inventors/applicants who file an adequate patent application. All patents will be published so that the general public will know of the invention and be informed of how it works.“[215]

Das eingebrachte und gewährte Patent schützt die Erfindung vor Nachahmung, Gebrauch, Vertrieb und Verkauf durch jemand anderen als den Erfinder. Dieser kann die Erfindung damit, ohne dafür einen Grund anführen zu müssen, vor dem Zugriff Dritter bewahren. Er hat aber auch die Möglichkeit, seine Erfindung teilweise oder gänzlich, entgeltlich oder unentgeltlich zu übertragen. Der Patentschutz währt grundsätzlich maximal 20 Jahre.[216]

Das Ziel des Patentschutzes ist, dem Erfinder, der für gewöhnlich viel Zeit und auch Geld in die Entwicklung einer marktreifen Erfindung investiert hat, eine Amortisation seines finanziellen Einsatzes und eine gewinnbringende Verwertungschance zu ermöglichen. Ohne einen derartigen Schutz könnten Erfindungen unmittelbar imitiert bzw. nachgeahmt werden und der „Kreative“ (Erfinder) hätte keine Möglichkeit, das eingesetzte Kapital zu kompensieren bzw. einen etwaigen Gewinn, der ja Anreiz für die Entwicklung einer Erfindung darstellen soll, zu erhalten. Dieser Regelung liegt also der Gedanke zugrunde, dass Innovationen, die ja schließlich die Weiterentwicklung des Kenntnisstandes in einem bestimmten Bereich und einen Nutzen für die jeweiligen Anwender beinhalten, auch durch entsprechend attraktive finanzielle, aber auch immaterielle Rückflüsse wie Anerkennung und Wertschätzung zu honorieren sind. Zu diesem Zweck muss der volle Gehalt der Erfindung öffentlich bekanntgemacht werden, um darauf wiederum weitergehende Entwicklungen gründen zu können.

Ohne einen zeitlich ausgedehnten Schutz für eine Erfindung entfiele praktisch der Anreiz zur Entwicklung von Innovationen. Der materielle wie immaterielle Nutzen von Erfindungen wäre für die jeweiligen Erfinder – wie beispielsweise von elektrischem Licht (Edison und Swan), Plastik (Baekeland), Kugelschreibern (Biro),

---

[214] Vgl. (12. 5. 2004) http://www.wipo.int/about-ip/en/overview.html.

[215] Granstrand, O., The Economics and Management of Intellectual Property, Northampton, MA 1999, S. 415.

[216] Vgl. (12. 5. 2004) http://www.wipo.int/about-ip/en/patents.html.

Mikroprozessoren (Intel) etc. – nur ein sehr eingeschränkter, und somit nicht geeignet, Impulse für neue Entwicklungen zu setzen.

Eine Innovation muss, um patentfähig zu sein (d. h. von einem Patentamt als patentierfähig anerkannt zu werden), von praktischer Anwendbarkeit und ihr erfinderisches Element klar erkennbar sein.

5.4.2.2 Designs[217]

Unter Industriedesign ist der ästhetische Aspekt hinsichtlich Form und Oberfläche eines Produktes, zweidimensionaler Bildnisse auf dem Produkt oder Farbvariationen des Produktes zu verstehen. Industriedesign findet auf Konsumgütern (Uhren, Schmuck, Haushaltsgeräten etc.) gleich wie auf Industrieprodukten Anwendung. Meist ist es das äußere Erscheinungsbild eines Produktes, das es neben seinem wirtschaftlichen Wert interessant macht. Die Bedeutung dieses Faktors hat, so wie die übrigen immateriellen Vermögenswerte, in den letzten Jahrzehnten an Gewicht gewonnen. Auch wenn in der Vergangenheit zu einem gewissen Grad immer schon auf das äußere Erscheinungsbild von Produkten Wert gelegt wurde, hat sich das Bewusstsein dieses Faktors hinsichtlich seiner die Kaufentscheidung beeinflussenden Kraft maßgeblich verändert.

Der Schutz eines Designs bezieht sich immer auf das äußere Erscheinungsbild und nicht auf technische Besonderheiten des Produktes. Dafür muss das Design ähnlich einem Patent einen Neuheitswert insofern aufweisen, als kein identisches oder ähnliches Design bereits existieren darf. Der Schutz, den öffentliche Behörden einräumen, währt unterschiedlich lange, hat jedoch in den meisten Ländern eine Gültigkeit von 5 Jahren. Eine Verlängerung ist gewöhnlich bis zu einer Gesamtschutzlaufzeit von maximal 15 Jahren zulässig.

Nach der Beschreibung der einzelnen den Firmenwert maßgeblich bestimmenden Determinanten sowie der Darstellung der unterschiedlichen Unternehmensbewertungsverfahren wird im nachfolgenden konzeptionellen Teil dieser Untersuchung die Entwicklung eines Modells zur Ermittlung einer den wirtschaftlichen Verhältnissen tatsächlich entsprechenden Nutzungsdauer vorgenommen. Die dabei entwickelte Methodik zur Festlegung einer determinantenspezifischen Abschreibung stellt den zentralen Teil dieser Arbeit dar.

In weiterer Folge wird sodann der Versuch unternommen, dem Leser anhand eines Fragebogens eine systematische Abfolge unterschiedlicher Fragen als Instrument für die Bestimmung des Gewichtes der Determinanten des Firmenwertes an die Hand zu geben. Dabei muss, wie bereits oben erwähnt, jedes Unternehmen eine individuelle Einschätzung des jeweiligen Stellenwerts dieser in Frage stehenden Determinanten treffen, welche ein möglichst zutreffendes Bild der Firmenwertzusammensetzung zu geben imstande sind.

---

[217] Vgl. (12. 5. 2004) http://www.wipo.int/about-ip/en/industrial_designs.html.

Konzeptioneller Teil

6 Gesamtkonzept zur Festsetzung der Nutzungsdauer der einzelnen Determinanten

Das hier entwickelte Modell beruht auf der These, dass „firmenwertbestimmende Determinanten von Industrieunternehmen, nach Bedeutung gewichtet und entsprechend ihrer voraussichtlichen wirtschaftlichen Nutzungsdauer, in weiterer Folge möglichst realitätsnah, unabhängig voneinander abgeschrieben werden können".

Die handelsrechtlichen und steuerrechtlichen Folgen leiten sich dann nicht aus der Zuordnung der Werte auf die Determinanten ab, sondern resultieren im Wesentlichen aus der im Einzelfall geänderten Nutzungsdauer. Diese geänderte Nutzungsdauer kann infolgedessen längere, aber auch kürzere Abschreibungsdauern als die aktuell gültigen steuerrechtlichen Vorschriften indizieren. Die Anwendung dieses Modells würde somit zu einer Abkehr vom pauschalen Ansatz handelsrechtlicher oder steuerrechtlicher Vorschriften führen.

Zunächst geht es jedoch um die Frage nach der Identifikation der einzelnen Determinanten und ihrer jeweiligen Gewichtung, bevor der Aspekt der korrekten Nutzungsdauer und damit der Abschreibung geklärt werden kann. Eine Umfrage kann immer nur der Beantwortung der Frage nach der Gewichtung dienen, nicht jedoch Auskunft über die Nutzungsdauer eines Wirtschaftsgutes geben, weil diese dem Wirtschaftsgut immanent ist.

Die objektive Bewertung der einzelnen Determinanten unter Zugrundelegung der verschiedenen Bewertungsansätze ist in dieser Arbeit von untergeordneter Bedeutung und wird daher nicht näher behandelt. Das Ergebnis einer objektiven Bewertung wäre das Erlangen der Kenntnis über die tatsächlich am freien Markt für die Firmenwertdeterminanten erzielbaren Werte.

Davon zu unterscheiden sind jene Werte, die im Zuge eines Unternehmenskaufes für die Summe aller den Firmenwert bestimmenden Faktoren bezahlt werden. Der dabei bezahlte Wert leitet sich in den seltensten Fällen direkt aus dem tatsächlichen Wert der Determinanten ab, sondern stellt sich meistals Resultierende einer Ertragswertermittlung einer Unternehmung dar. Ein Teil dieses bezahlten Wertes kann dem Firmenwert zugewiesen werden, wobei jedoch in den meisten Fällen nicht klar ist, woraus dieser Firmenwert im Detail besteht und wie sich der bezahlte Wert auf die Determinanten verteilt. Im Zusammenhang mit der in dieser Studie durchgeführten Umfrage wird für Industrieunternehmen erstmals Klarheit hinsichtlich der geläufigsten Determinanten des Firmenwertes geschaffen und gleichzeitig Transparenz über ihr Gewicht zueinander hergestellt.

Zwischen dem Wert der Determinanten und ihrer Nutzungsdauer besteht kein direkter Zusammenhang. Unabhängig davon werden in dem hier vorgestellten Modell einerseits Ansätze für eine realitätsnahe Abschreibung entwickelt, andererseits wird im letzten Abschnitt dieses Kapitels auf eine Methodik hingewiesen, die innerhalb der Faktoren (wie Humankapital, Kundenkapital etc.) für die Determinanten (Marke, Kunde etc.) eine Wertfestsetzung ermöglicht.

Die erwarteten Ergebnisse der Umfrage lassen jedoch eine Einheitlichkeit in jenem Sinne erwarten, dass Varianzen, wenn überhaupt, nur in geringfügigem Maß auftreten und damit die Abkehr von einem Pauschalansatz (sowohl bei Bewertung als auch bei Abschreibung des Firmenwertes und seiner ihn bestimmenden Faktoren) für Bewertung und Nutzungsdauer gerechtfertigt scheint.

Zur Bestimmung der Nutzungsdauer der Determinanten des Firmenwertes wird wiederum ein pauschaler Ansatz gewählt, der zwar aufgrund seines wenn auch eingeschränkten, aber dennoch nach wie vor generalistischen Ansatzes und weiterer möglicher Detaillierungsoptionen auf der Ebene der Determinanten selbst auch laufend optimiert werden kann, aber die derzeitige Abschreibungsmethodik wesentlich realitätsnäher gestaltet.

6.1 Abschreibung des Human Capital

Zum besseren Verständnis des Modells der Abschreibung des Human Capital ist es notwendig, dessen nachstehend aufgeführten Elemente näher zu erläutern, die maßgeblich die wirtschaftliche Nutzungsdauer beeinflussen:

- *Altersstruktur der Belegschaft*

Bei einer „gesunden" Altersstruktur verteilen sich die Mitarbeiter bezüglich der Dauer ihrer verbleibenden Betriebszugehörigkeit gleichmäßig über das gesamte Unternehmen und zwar in der Form, dass jedes Jahr durchschnittlich ein Mitarbeiter in Pension geht und ein neuer Mitarbeiter nachrückt. Das bedeutet, dass sich relativ betrachtet der Abgang von Mitarbeitern im Mehrjahresvergleich gleichmäßig darstellt und jeder Abgang durch einen Zugang kompensiert wird. Diese Annahme ist demnach, die zuvor genannten Absolutzahlen betreffend, in Abhängigkeit von der Unternehmensgröße und Mitarbeiteranzahl entsprechend anzupassen. Auch ist bei Ermittlung der Nutzungsdauer für das Humankapital hinsichtlich des Pensionsantrittsalters zwischen Männern und Frauen zu differenzieren. Das heißt, dass sich die Zusammensetzung der Belegschaft nach n/2 Jahren zu 50% geändert hat, wobei n die bis zur Pensionierung zu erbringende Gesamtleistungs- bzw. Gesamtarbeitszeit darstellt.

Bei einer überdurchschnittlich guten Altersstruktur muss die im Unternehmen bis zur Pensionierung zu erbringende, durchschnittliche Restleistungs- oder -arbeitszeit (R) größer sein als n/2 Jahre. Dies entspricht:

R (Männer) > n (Männer)/2

und

R (Frauen) > n (Frauen)/2

Stellt sich die Altersstruktur eines Unternehmens hingegen schlechter als im obigen guten Szenario dar, dann muss die bis zur Pensionierung zu erbringende, durchschnittliche Restleistungs- oder -arbeitszeit (R) kleiner sein als n/2. Dies entspricht:

R (Männer) < n (Männer)/2

und

R (Frauen) < n (Frauen)/2

Da die Leistungen der im Unternehmen tätigen Individuen für dessen wirtschaftlichen Erfolg von unterschiedlicher Bedeutung sind, sind bei den Berechnungen des Wertes der Leistung im Rahmen der verbleibenden Betriebszugehörigkeit Leistungsfähigkeitsunterschiede mittels Gewichtung zu berücksichtigen. Ausgehend davon, dass der bezogene Lohn oder das Gehalt ein Indikator für den Wert einer Arbeitsleistung ist, die ein Mitarbeiter für ein Unternehmen erbringt, dient der monetäre Jahres- oder Monatsbezug als Faktor für eine Gewichtung. D. h., die Restarbeitszeit jedes einzelnen Mitarbeiters wird mit dessen Monatsbezug multipliziert und die Summe aller Multiplikationen sodann durch die Summe aller Monatsbezüge dividiert.

- *Fluktuationsrate*

Die Fluktuationsrate beschreibt den Anteil an Kündigungen im Verhältnis zum Höchststand der Gesamtdienstnehmeranzahl im zurückliegenden Wirtschaftsjahr. Die durchschnittlich verbleibende Arbeitszeit ist jedoch um die im Unternehmen vorliegende Fluktuationsrate der letzten Jahre, geglättet um zufällige Höhen und Tiefen, zu kürzen, für den Fall, dass diese in absehbarer Zukunft diesen Durchschnittswert übersteigen sollte. Das bedeutet, dass bestenfalls das Delta als Differenzgröße zum Industriestandard zu berücksichtigen ist.

$x_1 = R * (1 - \Delta \text{ Fluktuationsrate})$

übliche Fluktuationsrate (siehe dazu Erhebungen des lokalen statistischen Zentralamtes oder des WIFO)

–

tatsächlich vorliegende bzw. objektiv zu erwartende Fluktuationsrate

= Δ Fluktuationsrate

- *Lebenserwartung der Belegschaft*

In gleicher Weise ist eine Anpassung hinsichtlich der durchschnittlichen Lebenserwartung der Belegschaft und damit der Ausfallwahrscheinlichkeit anhand biometrischer Berechnungsgrundlagen vorzunehmen, sofern es diesbezüglich überdurchschnittliche, in der Zukunft zu erwartende Veränderungen geben sollte oder eklatante Differenzen gegenüber allgemeinen Richtwerten der Industrie und überregionalen Standards bestehen.

$x_2 = R * (1 - \Delta \text{ Lebenserwartung})$

übliche Lebenserwartung (siehe dazu Erhebungen des lokalen statistischen Zentralamtes oder des WIFO)

–

tatsächlich vorliegende bzw. objektiv zu erwartende Lebenserwartung

= Δ Lebenserwartung

- *Änderungen bezüglich der aktuellen Leistungszeiten und sonstige Einschränkungen (kollektivvertragliche Arbeitszeitverkürzung etc.)*

Urlaub, Krankheit und sonstige Nichtleistungszeiten werden hier nicht weiter erfasst, da diese kaum unnatürlichen Schwankungen unterliegen dürften, somit im laufenden Jahresergebnis berücksichtigt und bei der Bewertung des erworbenen Unternehmens bereits erfasst wurden. In diesem Zusammenhang kann davon ausgegangen werden, dass derartige wertbeeinflussende Einschränkungen bei einer Akquisition bereits in die Kaufpreisberechnung für ein Unternehmen eingegangen sind, was im Rahmen einer nochmaligen Erfassung eine darüber hinausgehende beschleunigte bzw. verlangsamte Abschreibung als nicht gerechtfertigt erscheinen ließe.

Sollten jedoch massive, in der Zukunft liegende Änderungen dieser Bereiche aufgrund etwa gesetzlicher Anpassungen bereits bekannt sein, müssen diese entsprechend der Lebenserwartung oder entsprechend der Fluktuationsrate berücksichtigt werden.

Abschreibungsmodell:

$$T_A = \sum_{i=1}^{n\,\text{Männer}} \text{gewichtete Restleistungsjahre} + \sum_{i=1}^{n\,\text{Frauen}} \text{gewichtete Restleistungsjahre} \,/\, |\,\text{Anzahl Mitarbeiter}\,| + x_1 + x_2$$

mit T_A = Ist-Nutzungsdauer des Humankapitals
und $n/2$ = Soll-Nutzungsdauer des Humankapitals

- *Natürlicher Verbrauch (Halbwertszeit) des Wissens*

Nachdem die oben erwähnten Teilbereiche ermittelt und ausgewertet sind, ist zu berücksichtigen, dass jede Wissensgruppe einen natürlichen, zeitbezogenen Wissensverbrauch aufweist. Dieser steht in direktem Zusammenhang mit erfolgten oder unterlassenen Fortbildungsmaßnahmen bzw. Maßnahmen, die gewährleisten, dass das Erlernte erhalten oder vertieft werden kann. Wird verabsäumt, einmal erworbenes Wissen mittels derartiger, wissenserhaltender oder -erweiternder Aktivitäten zu bewahren, so induziert dies den erwähnten Wissensverlust. Im Zuge derartiger Aktivitäten, die naturgemäß auch nach einer Unternehmensakquisition zu setzen sind, stellt der so bewahrte Wissensstand einen originären Faktor dar. Aus diesem Grund wird bei der Ermittlung der Nutzungsdauer von im Zuge einer Unternehmensakquisition erworbenem Wissen von dem Umstand ausgegangen, dass keine wissenserhaltenden Maßnahmen gesetzt werden.

Angeeignetes und kumuliertes gesellschaftliches Wissen nimmt grundsätzlich exponentiell zu und die Entscheidung darüber, welche Wissensbestandteile für Unternehmen von Relevanz sind, wird fortlaufend schwieriger. Gleichzeitig kommt es zu einer zunehmenden Entwertung von Wissen, wobei dieser Entwertungsprozess im Zeitverlauf ebenfalls an Geschwindigkeit zunimmt. Dabei zeigt sich jedoch, dass fachspezifisches Wissen wesentlich schneller als Allgemeinwissen verloren geht. Die Halbwertszeit von etwa der schulischen Grundausbildung währt also wesentlich länger als ein spezifisches EDV-Wissen. So gilt als nachgewiesen, dass die schulische Allgemeinbildung nach rund 20 Jahren, berufliches Fachwissen nach etwa 3 Jahren und EDV-Fachwissen nach bereits 1,5 Jahren die Hälfte seiner Relevanz eingebüßt hat.[218] Die folgende Graphik veranschaulicht dieses Faktum und unterteilt gleichzeitig in so genannte Wissensgruppen (s. Abb. 23: Halbwertszeit des Wissens).

Ordnet man nun die Mitarbeiter einer dieser Graphik entsprechenden Klassifizierung zu, ist die oben entwickelte Formel für jede Mitarbeiterwissensgruppe individuell mit einem diesem Umstand gerecht werdenden Faktor zu multiplizieren. Dabei wird davon ausgegangen, dass das jeweilige Gehalts- bzw. Lohnniveau in direktem Zusammenhang mit dem Wissensniveau eines Mitarbeiters steht. Gleichzeitig werden nur solche Mitarbeiter als Wissensträger im Sinne des Intellectual Capital bezeichnet, die Fachkräfte darstellen, besonderes Technologiewissen besitzen (Anwendungstechniker, Entwicklungsmitarbeiter etc.) oder aufgrund ihrer Hochschulausbildung im Management des Unternehmens eine entscheidende und lenkende Funktion innehaben. Für alle restlichen Mitarbeitergruppen wird kein besonders hervorzuhebender Wissensverbrauch unterstellt, womit eine Ermittlung der Nutzungsdauer des auf diese Mitarbeiter entfallenden Humankapitals unter Zuhilfenahme der oben entwickelten Formel als ausreichend erachtet werden kann.

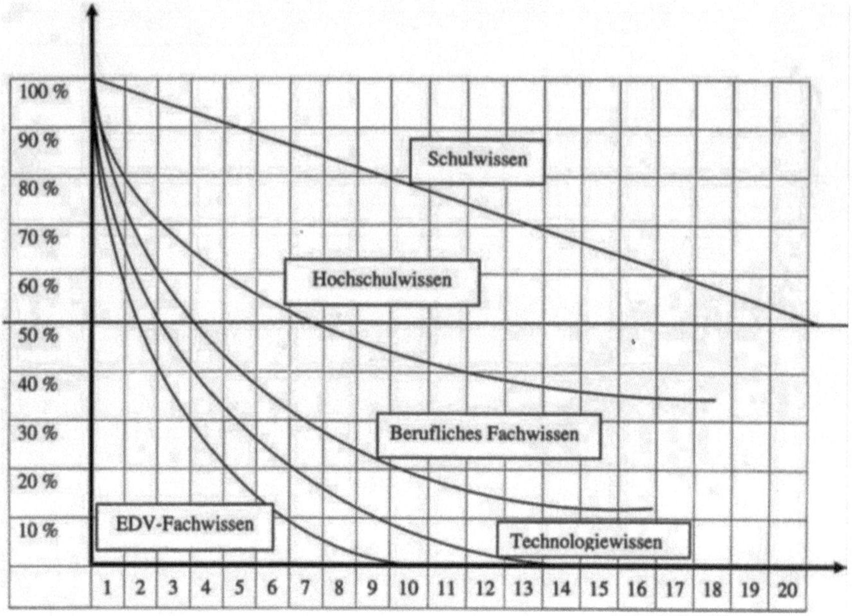

Abbildung 23: Halbwertszeit des Wissens

Quelle: Güldenberg, Wissensmanagement und Wissenscontrolling in lernenden Organisationen, Wiesbaden 1998, S.

---

[218] Vgl. Güldenberg, S., Wissensmanagement und Wissenscontrolling in lernenden Organisationen, Ein systemo-rientierter Ansatz, Wiesbaden 1998, S. 2.

Für eine um das Prinzip der Halbwertszeit des Wissens erweiterte Berechnung sind demnach nur folgende Mitarbeiterwissensgruppen zu berücksichtigen:

- Mitarbeiter mit Hochschulwissen
- Mitarbeiter mit beruflichem Fachwissen (Geschäftsbereichsleiter, Anwendungstechniker, Verkäufer, Kundenbetreuer)
- Mitarbeiter mit Technologiewissen (Entwicklung, Versuch, Konstruktion, Meister, Werksleiter, Beschaffung, Arbeitsvorbereitung, Prozesstechniker)
- Mitarbeiter mit EDV-Fachwissen

Mitarbeiter mit EDV-Wissen werden dabei besonders hervorgehoben, da der Wissensverzehr hier innerhalb einer besonders kurzen Frist vonstatten geht.

Die anzuwendende degressive Abschreibungsmethode sieht demnach, abgeleitet aus den in Abbildung 23: Halbwertszeit des Wissensdargestellten Erkenntnissen, für die einzelnen Mitarbeitergruppen folgenden Werteverzehr (Prozentsätze für die Ermittlung der Abschreibung) per annum vor:

	Hochschulwissen	Fachwissen	Technologiewissen	EDV-Fachwissen
1. Jahr	20%	26%	34%	42%
2. Jahr	10%	13%	15%	15%
3. Jahr	6%	9%	10%	12%
4. Jahr	5%	8%	8%	9%
5. Jahr	4%	6%	7%	6%
6. Jahr	3%	5%	6%	5%
7. Jahr	3%	5%	5%	4%
8. Jahr	3%	4%	4%	3%
9. Jahr	2%	3%	3%	1%
10. Jahr	2%	3%	2%	0%

Abbildung 24: Prozentsätze für die Festsetzung der degressiven Abschreibung

Nach dem 10. Jahr wird für den verbleibenden Wert des Wissens eine lineare Abnutzung unterstellt, da man aufgrund des geringen Wertabfalls von einem gleichmäßigen Verbrauch ausgehen kann.

Allerdings sind die Überlegungen hinsichtlich des „natürlichen Verbrauchs (der Halbwertszeit) des Wissens" zumindest insofern von nur eingeschränkter Bedeutung, als dieser Ansatz hinsichtlich der Abschreibung einer Differenzierung bezüglich der steuerrechtlichen bzw. handelsrechtlichen Zulässigkeit bedarf. Steuerrechtlich sind die Anschaffungskosten „gleichmäßig verteilt" auf die betriebsgewöhnliche Nutzungdsdauer abzusetzen. Damit schreibt das Einkommensteuergesetz die lineare Abschreibung als die einzig zulässige Abschreibungsmethode vor. Alle anderen Abschreibungsmethoden mit Ausnahme der Teilwertabschreibung (Absetzung für Substanzverringerung § 8 EStG) sind unzulässig. Anders stellt sich die Situation in der Handelsbilanz dar. Hier ist jede Form einer „planmäßigen Abschreibung" zulässig

(§ 204 Abs. 1 HGB), wodurch jede andere betriebswirtschaftlich sinnvolle Abschreibungsmethode in Betracht kommt (degressiv, progressiv oder leistungsabhängig). Entscheidet sich das bilanzierende Unternehmen für einen handelsrechtlichen Ansatz, mit dem von der linearen Abschreibung abgewichen wird, so muss dies in der Steuerbilanz entsprechend korrigiert werden oder in der Mehr-Weniger-Rechnung seine Berücksichtigung finden.[219] Für diese Unternehmensgruppen kann eine Erweiterung des Modells um die Überlegungen hinsichtlich der Halbwertszeit des Wissens in Erwägung gezogen werden.

- *Der lästige Gesellschafter*

Zu berücksichtigen ist auch der Umgang mit jenem Anteil des Humankapitals, der für einen lästigen Gesellschafter bezahlt wurde (siehe Kapitel 5.2.2: Der Gesellschafter). Dieser Wert ist aufgrund der fehlenden wirtschaftlichen Nutzungsdauer unmittelbar im ersten Jahr gänzlich abzuschreiben, was sowohl den geltenden handelsrechtlichen als auch den geltenden steuerrechtlichen Vorschriften entspricht.

6.2 Abschreibung des Customer Capital

- *Neukunden*

Neukunden, die nach dem Unternehmenskauf hinzugewonnen werden, stellen eine originäre und damit selbst geschaffene Komponente des Firmenwertes, im engeren Sinne des Customer Capital dar. Im weiteren Sinn könnte dieser Faktor bereits beim Humankapital Berücksichtigung gefunden haben, weil es das Wissen und die Expertise des Verkaufspersonals ist, das die Akquirierung von neuen Kunden erst möglich macht. Für die Bestimmung der wirtschaftlichen Nutzungsdauer und damit der Abschreibung des Kundenkapitals ist die Loyalität, die sich in der Treue der Kunden gegenüber dem Unternehmen ausdrückt, ein bedeutendes Maß. Um die wirtschaftliche Nutzungsdauer objektiv bestimmen zu können, sind einerseits langfristige Lieferverträge, die meist mit Key Accounts abgeschlossen wurden, zu Hilfe zu ziehen und andererseits die durchschnittliche Verweildauer der „restlichen" Kunden zu ermitteln. Diese beiden Faktoren stellen somit das Maß für die Abschreibung des Kundenkapitals dar.[220]

Abschreibungsmodell:

	Anteil Key Accounts am Umsatz * durchschnittliche Fristigkeit der Lieferverträge
+	
	Anteil Restkunden am Umsatz * durchschnittliche Kundenbindung
=	Nutzungsdauer

[219] Vgl. Doralt, W., Einkommensteuergesetz Kommentar, Band I, Wien 2000, S. 18, § 7 Tz 60–63.

[220] Vgl. Stewart T., Der vierte Produktionsfaktor: Wachstum und Wettbewerbsvorteile durch Wissensmanagement, München/Wien 1998, S. 233–237.

Wobei bei der durchschnittlichen Kundenbindung Gelegenheitskäufe unberücksichtigt bleiben, auch wenn diese wiederholt auftreten. Aufgrund ihres geringen Volumens stellen diese für gewöhnlich keinen eigenen Einzelfaktor zum Kundenkapital dar.

- *Marke*

Die Marke stellt, wie bereits mehrfach erwähnt, einen der bedeutendsten Einzelfaktoren des Firmenwertes dar, wodurch ihr auch die größte Bedeutung unter den Determinanten des Customer Capital zukommt.

Abschreibungen entgeltlich erworbener Marken sind nur dann zulässig, wenn deren Nutzungsdauer zeitlich begrenzt ist bzw. die Marken einer Abnutzung unterliegen. Zur Abnutzbarkeit von Warenzeichen und Marken nahm der deutsche Bundesfinanzhof am 4. September 1996 wie folgt Stellung: „Wirtschaftsgüter sind abnutzbar, wenn ihre Nutzung zeitlich begrenzt ist (vgl. § 253 Abs. 2 Satz 1 HGB). Eine Marke kann unter wirtschaftlichen Gesichtspunkten nur zeitlich begrenzt genutzt werden und ist dadurch dem Grunde nach ein abnutzbares Wirtschaftsgut. Das gilt auch dann, wenn ihr Bekanntheitsgrad laufend durch Werbemaßnahmen gesichert wird. Als betriebsgewöhnliche Nutzungsdauer einer Marke gilt in Anlehnung an § 7 Abs. 1 Satz 3 EStG ein Zeitraum von 15 Jahren, es sei denn, der Steuerpflichtige weist eine kürzere Nutzungsdauer nach."[221]

Handelsrechtlich gibt es dazu keinen allgemeinen Erfahrungssatz, wonach sich Warenzeichen grundsätzlich innerhalb einer bestimmten Nutzungsdauer verbrauchen und damit prinzipiell abnutzbar sind.[222] Auf genau diese betriebswirtschaftlich nachzuweisende, kürzere Nutzungsdauer zielen die folgenden Überlegungen.

Patentrechtlich kann die Schutzdauer einer Marke, die gem. § 47 Markengesetz 10 Jahre gilt, beliebig oft verlängert werden. Rein wirtschaftlich steht der Lebenszyklus einer Marke in direktem Zusammenhang mit dem Lebenszyklus der unter ihr vertriebenen Produkte. Der Produktlebenszyklus stellt den Weg eines Produktes von seiner Markteinführung bis zum Ausscheiden aus dem Markt dar und unterscheidet die Einführungsphase, die Wachstumsphase, die Reifephase, die Sättigungsphase und die Degenerationsphase des Produktes. Die Dauer der einzelnen Phasen des Produktlebenszyklus ist für jedes Produkt verschieden, die Reihenfolge aufgrund der identischen Marktreaktionen jedoch immer die gleiche. Produkte aus dem Konsumgüterbereich haben in der Regel eine kürzere Lebensdauer als Produkte aus dem Investitionsgüterbereich.

Allgemein kann beobachtet werden, dass die Produktlebenszyklen der Produkte tendenziell immer kürzer werden. [223] Beispiele hierfür stellen die Computerindustrie, die Automobilindustrie, die Pharmaindustrie, aber auch andere Branchen dar. Dies

---

[221] Vgl. (22. 5. 2004) http://www.bstbl.de/daten/1_99/BSTBL_I_1999_14_686.htm.

[222] Vgl. (22. 5. 2004) http://www.uni-muenster.de/Rektorat/Forschungsberichte-1999-2000/fo04ib01.htm.

[223] Vgl. (22. 5. 2004) http://www.rechnungswesen-office.de/inhalt/hco_produkt_lebenszyklus_kurve.html.

bedeutet für das Unternehmen, dass die Amortisation der Produktentwicklungskosten, aber eben auch jene der Markenakquisition stärker in den Vordergrund der Betrachtung rückt, insbesondere hinsichtlich ihrer Nutzungsdauer und damit Abschreibungsüberlegungen.

Branche	**Zeitraum**		
	70er Jahre	**80er Jahre**	**90er Jahre**
Anlagenbau	13 Jahre	11 Jahre	9 Jahre
Chemische Industrie	10 Jahre	9 Jahre	6 Jahre
Elektrotechnik	12 Jahre	8 Jahre	6 Jahre
Fahrzeugbau	11 Jahre	9 Jahre	7 Jahre
Informationstechnik	11 Jahre	8 Jahre	5 Jahre
Maschinenbau	12 Jahre	9 Jahre	7 Jahre
Durchschnitt	11 Jahre	9 Jahre	6 Jahre

Abbildung 25: Historische Entwicklung der Lebensdauer von Produkten, untergliedert nach Branchen
Quelle: Vgl. Droege, Backhaus, Weiber, Strategien für Investitionsgütermärkte: Antworten auf neue Herausforderungen, Landsberg/Lech 1993, S. 54

Zentral für die Festlegung der Restnutzungsdauer einer entgeltlich erworbenen Marke ist die Bestimmung des Stadiums bzw. des jeweiligen Lebenszyklus, in dem sich ein Produkt befindet. Darüber hinaus ist zur Beurteilung der Lebensdauer von Marken eine branchenspezifische Betrachtung notwendig, die jedoch aufgrund der bisher nicht ausreichend vorhandenen empirischen Datenlage nicht möglich scheint.[224]

Die Lebensdauer bzw. Restnutzungsdauer sowie die Validität und Werthaltigkeit einer Marke sind untrennbar mit der Qualität und der Sicherheit der Produkte verbunden. Ein Abstellen der Nutzungsdauer der Marke auf die unter ihr vertriebenen Produkte unter Berücksichtigung der Produktlebenszyklen[225] scheint damit gerechtfertigt. Eine Analyse von 330 unterschiedlichen Marken, die allgemein gültigen Lebenszyklen von Produkten beachtend und die Tatsache berücksichtigend, dass zahlreiche empirische Studien eine relativ hohe Misserfolgsquote bei der Einführung von Neuproduktideen (Misserfolgsrate von Innovationen) nachweisen (von 14 registrierten Innovationsideen wird nur eine in den Markt eingeführt)[226], ergibt je nach situati-

---

[224] Vgl. Interbrand Group, The world's gratest brands, An international review by Interbrand, New York 1992, S. 16 f.

[225] http://www.kfw-mittelstandsbank.de/mportal/Gruenderzentrum/d020Marke/d010Market/d010Planu/d040ProduL/d040ProduL.jsp (22.5.2004).

[226] Vgl. Loch, C., Management von Innovation und Wachstum, Disziplin oder Flexibilität, Wiesbaden 1997, S. 185.

vem Branchenkontext eine angemessene Abschreibungsperiode von etwa 3 bis 8 Jahren. Hierbei handelt es sich allerdings um eine branchen- und länderübergreifende Approximation der realen Lebensdauerverteilung von Marken.

„Unabhängig von dieser Einschränkung wird jedoch deutlich, dass die große Mehrheit der Marken eine relativ kurze Nutzungsdauer von lediglich einigen Monaten bis zu wenigen Jahren hat. Die meisten Marken erweisen sich kurz- bis mittelfristig als wirtschaftlicher Misserfolg. Dieses Ergebnis erscheint zunächst überraschend, weil sich die subjektiven Assoziationen zum Stichwort 'Marke' zumeist auf sehr langlebige Marken beziehen (z. B. Maggi, Dr. Oetker, Persil, Nivea, Mercedes Benz) und dementsprechend eine längere Lebensdauer von Marken erwarten lassen. Diese subjektive Wahrnehmungsverzerrung erklärt sich dadurch, dass es den wenigen sehr erfolgreichen Marken durch ihre jahrzehntelange Marktpräsenz und ihre massiven Investitionen in die Kommunikation der jeweiligen Marke (in kumulativer Betrachtung) gelungen ist, sich dauerhaft im Gedächtnis der Konsumenten zu verankern. Die eng begrenzte Lebensdauer aller übrigen Marken hat demgegenüber zur Folge, dass diese Verankerung im Langzeitgedächtnis nur bedingt erreicht worden ist.“[227]

Aufgrund dieser Überlegungen und der durchgeführten empirischen Erhebungen wird unabhängig von der jeweiligen Phase im Produktlebenszyklus einer entgeltlich erworbenen Marke eine **Nutzungsdauer von maximal 8 Jahren** zugrunde gelegt.

Diese kann bei einem nachgewiesen fortgeschrittenen Produktlebenszyklus jedoch auch darunter liegen. Die Nutzungsdauer von höchstens acht Jahren für eine entgeltlich erworbene Marke ist zwar eine Approximation, jedoch mit einer relativ hohen Wahrscheinlichkeit, und wird im Regelfall sogar häufig darunter liegen.

- *Glaubwürdigkeit und Umwelt*

Die Frage nach der Abnutzung und damit dem Verbrauch von Glaubwürdigkeit und Umwelt lässt sich wohl am besten anhand einer Analyse des Verfalls bei Unterlassung der entsprechenden Pflege dieser beiden Bereiche beantworten. Unterlässt man es nach einer Akquisition, jene die Glaubwürdigkeit und die Rechtskonformität im Umweltbereich bestimmenden Faktoren zu pflegen, bedingt dies den Verfall dieses Vermögenswertes, bis er schließlich für das Unternehmen keinen Wert mehr hat. Dies bedeutet, dass die Kurve des Glaubwürdigkeitsverfalls nicht asymptotisch verläuft, sondern einen Endpunkt (Wert = 0) hat.

Das Glaubwürdigkeitsniveau bleibt für einen gewissen Zeitraum nach einer Akquisition unverändert, bis ein Vorfall wie beispielsweise die Überschreitung von Emissionswerten, die etwa durch Geruchsbelästigung offenkundig werden kann, oder ein Arbeitsunfall, der üblicherweise auch sofort bekannt wird, oder ein anderer Vorfall,

[227] Meffert, H./Backhaus, K./Becker, J., Arbeitspapier Nr. 117, Abnutzbarkeit und Nutzungsdauer von Marken. Ein Beitrag zur steuerlichen Behandlung von Warenzeichen, Münster 1998, S. 25.

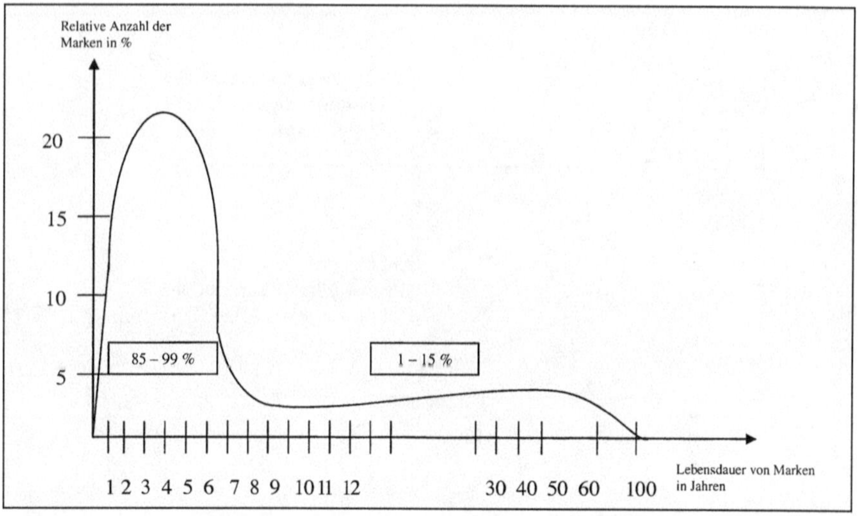

Abbildung 26: Verteilungsfunktion der Nutzungsdauer von Marken
Quelle: Vgl. Meffert, Backhaus, Becker, Arbeitspapier Nr. 117, Abnutzbarkeit und Nutzungsdauer von Marken, Münster 1998, S. 26

der eine der Anspruchsgruppen betrifft, dieses Niveau reduziert. Unterlässt es das Unternehmen dann immer noch, jene die Glaubwürdigkeit erhaltenden Maßnahmen zu setzen und auf einen solchen Vorfall öffentlich einzugehen, kommt es zu einem zügig voranschreitenden Verfall dieses Vermögenswertes. Um dies zu vermeiden, muss das Unternehmen Aktivitäten setzen, die jedoch unbestritten zu einem originären und damit selbst geschaffenen Firmenwert beitragen. Abbildung 27 soll diesen Werteverfall der Glaubwürdigkeit und der Umweltkonformität illustrieren.

Die Frage nach der Fristigkeit der Abschreibung dieses Vermögenswertes stellt sich als eine zweifache dar. Einerseits ist zu berücksichtigen, dass im Störfall die Nutzungsdauer eine wesentlich kürzere sein wird als im Zuge des „natürlichen Verbrauches", andererseits wird der so genannte „natürliche Verbrauch" ebenfalls durch einen Störfall eingeleitet. Der Unterschied zwischen den beiden Varianten liegt in der Fristigkeit, d. h. darin, wann dieser Störfall eintritt. Rein wirtschaftlich betrachtet, ist im Zweifelsfall jener Zeitpunkt zu wählen, zu dem mit größter Wahrscheinlichkeit oder aber zu dem spätestens mit einem solchen Zwischen- oder Störfall zu rechnen ist. Die österreichische Gewerbeordnung (GewO) aus dem Jahr 1973 regelt dazu Folgendes[228]:

„Der Inhaber einer genehmigten Betriebsanlage hat diese regelmäßig wiederkehrend prüfen zu lassen, ob sie dem Genehmigungsbescheid und den sonst für die Anlage geltenden gewerberechtlichen Vorschriften entspricht; „die Prüfung hat sich erforderlichenfalls auch darauf zu erstrecken, ob die Anlage einer gemäß § 82 a Abs. 1 erlassenen Verordnung unterliegt".

[228] Vgl. § 82 b der österreichischen Gewerbeordnung (GewO) 1973.

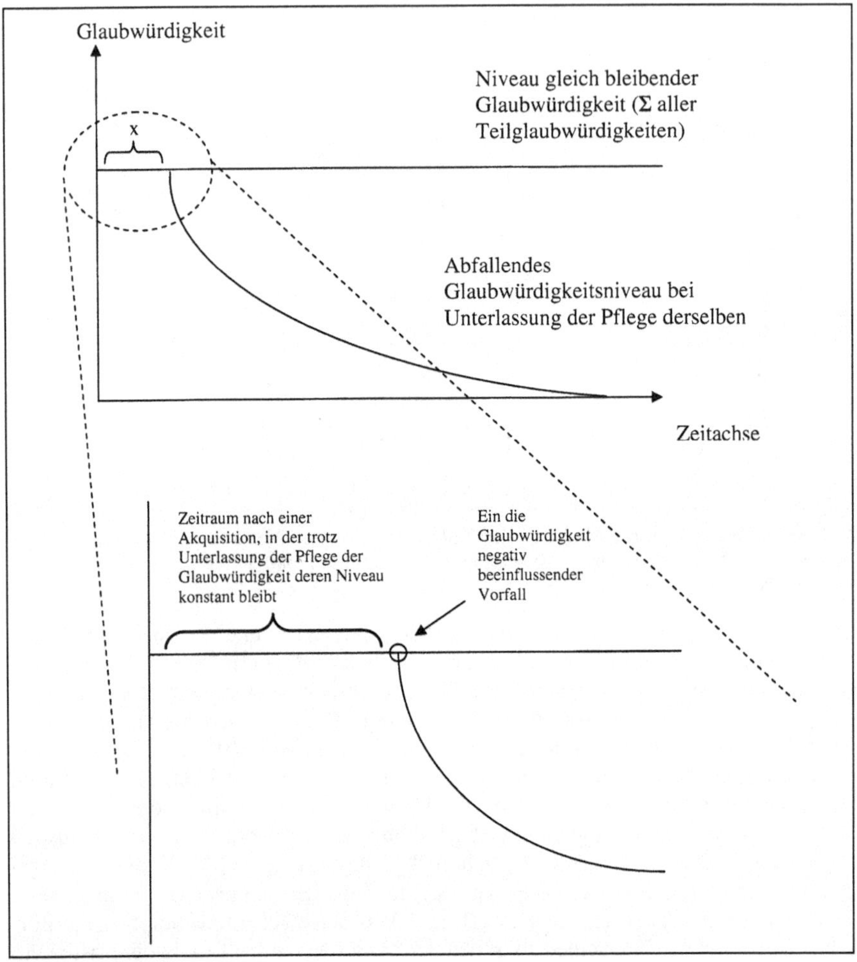

Abbildung 27: Werteverfall der Glaubwürdigkeit
Quelle: eigene Darstellung

„Sofern im Genehmigungsbescheid oder in den genannten sonstigen Vorschriften nichts anderes bestimmt ist, betragen die Fristen für die wiederkehrenden Prüfungen sechs Jahre für die unter § 359 b fallenden Anlagen und fünf Jahre für sonstige genehmigte Anlagen.“

Da § 82 b GewO ein Prüfungsintervall von maximal sechs Jahren (§ 359 b GewO) vorsieht, scheint es angemessen, für die wirtschaftliche Nutzungsdauer der immateriellen, die Glaubwürdigkeit sowie die Umweltsituation eines Unternehmens beeinflussenden Faktoren des Customer Capital keinesfalls einen längeren Zeitraum für die Auslösung der Abnutzung anzusetzen als eben diese sechs Jahre. Das heißt, dass jedes Unternehmen spätestens nach einer Dauer von sechs Jahren zur Überprüfung der Erfüllung der gestellten Auflagen verpflichtet ist. Die Erfüllung dieser Auflagen ist der Behörde durch entsprechende Dokumentation und Offenlegung von Prüfergebnissen zu belegen. Besondere Bedeutung kommt dabei den „wiederkehrenden Auflagen" zu. Zu diesen zählen „Arbeitsplatzevaluierungen", „Emissionsmessungen", „technische Prüfungen von Anlagen wie Kränen, Rolltoren etc." und Ähnliches. Bei Unterlassung der entsprechenden die Rechtskonformität erhaltenden Maßnahmen kann davon ausgegangen werden, dass spätestens nach sechs Jahren und somit nach der in § 82b GewO festgesetzten Dauer genau diese Übertretungen und Unterlassungen von der Behörde festgestellt werden.

Alles, was nach der Akquisition zur Aufrechterhaltung der Gesetzeskonformität unternommen wird, muss – wie bereits erwähnt – dem originären und damit dem nicht absetzbaren Firmenwert (genauer, den Faktoren des Customer Capital) zugerechnet werden.

Dieser Störfall, der entsprechend den angestellten Überlegungen nach spätestens sechs Jahren eintritt, löst üblicherweise eine Diskussion unter den Stakeholdern aus, die den Prozess des Werteverfalls der Glaubwürdigkeit einleitet. Dieser Prozess, der sich in fünf Phasen einteilen lässt (Latenzphase, Emergenzphase, Aufschwungphase, Reifephase, Abschwungphase), vollzieht sich, wenn nicht gegengesteuert wird, sehr rasch und kann nach bereits nach 1–3 Jahren abgeschlossen sein.[229]

> Die Abschreibung der Glaubwürdigkeit und der Umwelt erstreckt sich über einen Zeitraum von maximal **9 Jahren**.
>
> *(max. 6 Jahre bis zum Eintritt des Störfalles und max. 3 Jahre bis zum Höhepunkt der Eskalation in der Öffentlichkeit)*

6.3 Abschreibung des Process Capital

Die Qualität einer Strategie zählt unbestritten zu den wesentlichen, das Process Capital beeinflussenden Determinanten des Firmenwertes. Je nachdem, wie sich die Strategie eines Unternehmens darstellt, wird diese mehr oder weniger Bedeutung im Verhältnis zu den übrigen Determinanten einnehmen.

Da jedoch die Nutzungsdauer dieses Faktors – mehr als dessen eigentlicher Wert – im Mittelpunkt des Interesses der hier angestellten Betrachtungen steht, gilt es die diesbezüglich relevanten Einflussgrößen zu identifizieren.

Die Strategie wird gewöhnlich für eine bestimmte Zeitspanne entwickelt, die je nach Unternehmen und dem in diesem tätigen Management zwischen 5 bis 10 Jahren liegt. Diese Zeitspanne stellt in der Regel die objektiv erwartete Nutzungsdauer des

[229] Vgl. Strehl, W./Promberger, K., Lehrveranstaltung: Das Management der Umweltbeziehungen in der Vergangenheit und seine Entwicklung heute, Innsbruck 1994, S. 15–17.

„Wirtschaftsgutes Strategie" dar, so dass der Faktor „Strategie" über einen innerhalb dieses Rahmens liegenden Zeithorizont gleichmäßig abgeschrieben werden sollte.

(Gewichtung des Einzelfaktors „Strategie" lt. Befragungsergebnis) / Zeitrahmen der Strategieumsetzung = jährliche Abschreibung des Einzelfaktors „Strategie"

Natürlich existieren innerhalb des Prozesskapitals, insbesondere des externen Bereiches, noch eine Vielzahl weiterer Prozesse. Diese können entweder anlagen- bzw. maschinenbezogen oder aber ausschließlich von Personen bestimmt sein. Der Wert jener Prozesse mit Anlagenbezug ist entgeltlich im Kaufpreis der Maschinen berücksichtigt und wird mit diesen auf deren wirtschaftliche Nutzungsdauer (meist 10 Jahre) abgeschrieben. Auch im Zuge eines entgeltlichen Unternehmenserwerbes werden die im Kaufpreis enthaltenen stillen Reserven des materiellen Anlagevermögens den einzelnen Anlagegütern zugeordnet und mit diesen, nach Festsetzung der Restnutzungsdauer (Ausnahme: Grund und Boden) abgeschrieben. Den hier anzustellenden Betrachtungen sind somit ausschließlich jene Prozesse zu unterziehen, die einen klaren Personenbezug aufweisen. Da sich die Bestimmung der Nutzungsdauer dieses Prozesstyps ausschließlich durch personenbezogene Elemente auszeichnet, ist der diesem Teil des Prozesskapitals zuordenbare Wert analog zur Modellierung der Abschreibung des Humankapitals zu gestalten. Prozesswissen, das entgeltlich erworben wird, geht mit Pensionierung oder Kündigung der dieses Wissen tragenden Mitarbeiter verloren. Genau diese Überlegungen berücksichtigt das Abschreibungsmodell des Faktors Humankapital. Der Bereich, der hinsichtlich seiner Bedeutung hier jedoch hervorgehoben werden soll, ist jener mit direktem Lieferantenbezug. Ausschließlich diesem sei nachfolgend gesondert Rechnung getragen.

Einkaufsgepflogenheiten, Lieferantenstruktur und -verlässlichkeit

Die Prozesse innerhalb dieses Teils des Prozesskapitals bilden, wie bereits erwähnt, einen sehr bedeutenden und damit gesondert hervorzuhebenden Einzelfaktor des Firmenwertes. Wie bei den anderen Einzelfaktoren stellt sich auch hier nicht vorrangig die Frage nach dem Wert, sondern nach einem Ansatz zur Festsetzung der wirtschaftlichen Nutzungsdauer dieses „Vermögenswertes".

Ausgehend von einer A-B-C-Analyse der Lieferanten wird angenommen, dass dem auf die als C-Lieferanten klassifizierten Partner entfallenden Teil der den Firmenwert bestimmenden Einzeldeterminante in der Regel keine besondere Bedeutung zukommt. Aus diesem Grund ist Loyalität, Verlässlichkeit, Preiselastizität etc. dieser Lieferantenklasse für das einkaufende Unternehmen in Bezug auf die restlichen Determinanten von untergeordnetem Gewicht. Da nach dem Paretoprinzip[230] zudem rund 20% der Lieferanten für rund 80% der Lieferungen des für den Betrieb nötigen Materialbedarfs verantwortlich sind und diese 20% in der Regel ausschließlich A-Kunden sind, erscheint eine Beschränkung auf diese Lieferantengruppe als gerechtfertigt. Das heißt, dass der mit dem Firmenwert bezahlte Mehrwert, der sich auf Einkaufsgepflogenheiten, Lieferantenstruktur und die Verlässlichkeit von Lieferanten

[230] Vgl. (27.10.2004) http://www.ephorie.de/hindle_pareto-prinzip.htm.

beschränkt, ausschließlich für Lieferanten der Kategorie A bezahlt wurde. Diese Feststellung schränkt die zu betrachtende Gruppe zwar ein, gibt jedoch noch keine Antwort auf die Frage nach Modus und Ausmaß der Abschreibung.

Der Divisor und damit die Bezugsgrößen zur Ermittlung der Nutzungsdauer muss eine direkte Beziehung zur objektiv nachvollziehbaren „Abnutzbarkeit" aufweisen. Eine solche bei diesem Einzelfaktor festzulegen, scheint schwer möglich, weil Werteerhalt und Werteverlust oftmals – wenn auch nicht ausschließlich – in direktem Zusammenhang mit der personellen Besetzung im Unternehmen steht. Diesem Umstand wurde jedoch bereits unter den im Humankapital angestellten Überlegungen Rechnung getragen. Trotzdem sollen die dabei angestellten Überlegungen auch hier, aufgrund des besonderen Gewichtes der Humankomponente, nochmals aufgegriffen werden.

Bei der Entwicklung einer Formel zur Ermittlung der Restnutzungsdauer des Faktors „Einkauf" wird deshalb auf jene Gedanken, wie sie für das Human Capital angestellt wurden, zurückgegriffen. Dies jedoch mit der Beschränkung auf Daten von für A-Lieferanten zuständigen Mitarbeitern und unter Berücksichtigung der Fristigkeit der mit dieser Lieferantengruppe abgeschlossenen Verträge.

Gewichtung des Einzelfaktors „Einkaufsgepflogenheiten, Lieferantenstruktur und deren Verlässlichkeit" lt. Befragungsergebnis / Durchschnittlicher Restverbleib der mit A-Lieferanten in direktem Kontakt stehenden Vertriebsmitarbeiter unter Berücksichtigung der Fristigkeit der Lieferverträge

Die beiden Faktoren innerhalb des Prozesskapitals sind insofern unterschiedlich zu gewichten, als die Bedeutung der „Strategie" im Regelfall jene der „Einkaufsgepflogenheiten, Lieferantenstruktur und -verlässlichkeit" übertreffen dürfte. Versucht man nun diese beiden Einflussgrößen des Prozesskapitals zueinander in ein Verhältnis zu setzen, stellt sich die Frage nach den auszuwählenden Bezugsgrößen, die ein derartiges Verhältnis bestimmen können. Weder die investierte Zeit noch die von beiden Faktoren verursachten Kosten stellen hierfür ein geeignetes Maß dar. Eine Strategie kann als genial bezeichnet werden, obwohl kaum Geld und Zeit in ihre Entwicklung investiert wurden. Entsprechend kann die Qualität und damit der Wert der Prozesse gering sein, obwohl reichlich Geld und Zeit für ein hoch entwickeltes Prozessmanagement aufgewendet wurden. Aufgewendete Zeit bzw. investiertes Kapital stellen folglich keine geeigneten Indikatoren für die Wertbestimmung der Determinanten des Prozesskapitals dar.

6.4 Abschreibung des Intellectual Property

Als ein Maß für die Abschreibung des Intellectual Property kann die Restlaufzeit der einzelnen Patente, Lizenzen und Copyrights herangezogen werden. Hierzu sind die jeweiligen Laufzeiten der Patente zu addieren und sodann durch die Anzahl der Patente, Lizenzen und Copyrights zu dividieren. Dabei ist solchen Patenten, die einen wesentlichen Beitrag zum Unternehmenserfolg leisten, auch durch entsprechende Berücksichtigung bei der Abschreibung angemessen Rechnung zu tragen.

Beispiel:

P1: Umsatzbeitrag von P1/Gesamtumsatz = Anteil von P1 am Gesamtumsatz = y1
P2: Umsatzbeitrag von P2/Gesamtumsatz = Anteil von P2 am Gesamtumsatz = y2
P3: Umsatzbeitrag von P3/Gesamtumsatz = Anteil von P3 am Gesamtumsatz = y3
Pn: Umsatzbeitrag von Pn/Gesamtumsatz = Anteil von Pn am Gesamtumsatz = yn
mit:
P1 .... Patent, Lizenz oder Design 1
P2 .... Patent, Lizenz oder Design 2
P3 .... Patent, Lizenz oder Design 3
Pn .... Patent, Lizenz oder Design n

Der Anteil des jeweiligen Patentes am Gesamtumsatz gibt noch keine Auskunft über dessen Ergebnisbeitrag. Diese Information ist jedoch für die relative Gewichtung der Patente notwendig, weil nur sie unternehmenswertbestimmend ist. Zu diesem Zweck ist der Deckungsbeitrag einer stufenweisen Fixkostendeckungsrechnung auf einer möglichst hohen Stufe heranzuziehen (etwa der Deckungsbeitrag IV). Um den Fixkosten entsprechend Rechnung zu tragen, werden diese den unter Lizenz hergestellten oder bearbeiteten Produkten im Verhältnis ihres Umsatzanteils am Gesamtumsatz (yn) zugeteilt. Dies ergibt:

∑ IDB IV I von P1 + (verbleibende Fixkosten * y1) = Anteil von P1 am Ergebnis = x1

Die Summe der Ergebnisanteile aller Patente, sofern Designs, Lizenzen etc. in ähnlicher Weise Berücksichtigung finden, entspricht dabei dem prozentuellen Wert des Intellectual Property.

Beispiel:

P1: X1 = 3%
P2: X2 = 4%
P3: X3 = 1%
Pn: Xn = 2%

∑ P = 10%

D.h. alle Patente tragen zusammen rd. 10% zum Ergebnis bei und machen damit 10% des Firmenwertes aus.

Das Gewicht jedes einzelnen Patentes im Verhältnis zu den anderen Patenten errechnet sich wie folgt:

[100 /(∑ P*100)] * (x1*100) = z1 **auf 100% → [100/(10%*100)] * (xn*100) = zn**

P1: X1 = 3%	30% = z1
P2: X2 = 4%	40% = z2
P3: X3 = 1%	10% = z3
Pn: Xn = 2%	20% = zn
∑ P = 10%	100%

Der sich aus der Umfrage ergebende, also nicht der objektiv nachweisbare, sondern subjektiv entrichtete Anteil des Intellectual Property am Firmenwert wird auf die Determinanten des Intellectual Property (Patente, Lizenzen, Designs etc.) im Verhältnis ihrer jeweiligen Gewichtung verteilt.

Nach oben angeführtem Beispiel kommt demnach Patent 1 ein Wertanteil an dem sich lt. Umfrage ergebenden Gesamtpatentwert (Intellectual Property) von 30%, Patent 2 von 40%, Patent 3 von 10% und Patent n von 20% zu.

In einem letzten Schritt ist die nach der Akquisition für die Nutzung des Intellectual Property (etwa eines Patentes) zur Gewinnrealisierung (Verwertung) zur Verfügung stehende Restlaufzeit und damit die Abschreibungsdauer (Nutzungsdauer) jedes einzelnen Patentes, Designs oder jeder Lizenz zu bestimmen und mit den oben ermittelten Werten abzuschreiben.

Der Vollständigkeit halber sei erwähnt, dass derartige Rechte mit dem Ablauf ihres Rechtsschutzes in der Unternehmung nicht notwendigerweise nicht mehr verwendet werden. Allerdings erlangen Mitbewerber in der Folge einer nicht weiter verlängerbaren Schutzmöglichkeit von Patenten, Lizenzen, Designs etc. die Gelegenheit, derartiges Wissen anzuwenden und damit wirtschaftlich zu verwerten. Durch die vermehrte Zahl der Anbieter des bislang patent- oder designrechtlich geschützten Produktes reduziert sich die Attraktivität des erzielbaren Verkaufspreises und damit der erreichbare Deckungsbeitrag von mit Hilfe solchen Wissens hergestellten Gütern. Nach Ablauf des Patentschutzes kann für die Restnutzungsdauer somit ein noch bestehender allgemein gültiger Produktlebenszyklus unterstellt werden. Da ein solcher in einem Markt mit vollständiger Konkurrenz jedoch meist nur einen geringen Beitrag zum Unternehmenserfolg leistet, wird er in diesem Modell vernachlässigt.

Vereinfachter Ansatz zur Ermittlung der wirtschaftlichen Nutzungsdauer:

Summe der Laufzeit jedes einzelnen Patentes, jeder Lizenz oder Copyrights / Anzahl der Patente, Lizenzen und Copyrights = Summe der durchschnittlichen Nutzungsdauer aller Patente, Lizenzen und Copyrights

Dieser Ansatz stellt einen gemittelten Abschreibungsmodus und eine gewisse Vereinfachung bei der Ermittlung der Nutzungsdauer des Intellectual Property dar, bleibt aufgrund seines pauschalen Ansatzes jedoch ein Näherungswert. Eine Beurteilung und Abschreibung jedes einzelnen Vermögensgegenstandes analog zur pauschalierten Einzelwertberichtigung wäre zwar grundsätzlich vorstellbar, würde jedoch den Verwaltungsaufwand erheblich erhöhen.

Nicht rechtlich geschütztes Vermögen wie Know-how und Unternehmensgeheimnisse bedürfen hinsichtlich ihrer wirtschaftlichen Nutzungsdauer einer gesonderten Behandlung. Ihre tatsächliche Nutzungsdauer hängt von vielen Faktoren ab, die in direktem Zusammenhang mit den Geheimhaltungsrichtlinien eines Unternehmens stehen.

6.5 Bestimmung des Werteverhältnisses der Determinanten

Das – innerhalb der Faktoren – bestehende Werteverhältnis der Determinanten kann zweifach bestimmt werden. Zunächst ist jedoch zu klären, welche Determinanten davon betroffen sind. Zu prüfen ist einerseits der Faktor Customer Capital mit seinen Determinanten Neukunden, Marke, Glaubwürdigkeit und Umwelt und andererseits der Faktor Prozesskapital, innerhalb dessen eine wertmäßige Trennung zwischen der Strategie und den übrigen Unternehmensprozessen vorzunehmen ist.

Ein denkbarer Ansatz zur Wertermittlung bestünde darin, zunächst jene Fragen im Rahmen des Fragebogens, die für die Bedeutung der Determinanten maßgeblich sind, auszuwählen und daran anschließend eine Gewichtung dieser Determinanten zueinander vorzunehmen. Somit ist nach dem (in Kapitel 7) bereits vorgestellten Muster vorzugehen. Die Auswahl der relevanten Fragen sollte ebenfalls durch den in Kapitel 7 bestimmten Personenkreis erfolgen, um ein von persönlichen Einzelinteressen unverzerrtes, möglichst objektives Ergebnis zu erhalten.

Ein zweiter Ansatz zur Bestimmung und Zuweisung eines Wertes an die Determinanten (wie etwa Marke, Glaubwürdigkeit, Neukunde etc.) innerhalb eines Faktors (CC etc.) liegt in der direkten Wertbestimmung der Determinanten durch den genannten Personenkreis. Dabei sollen möglichst realistische Werteverhältnisse zugewiesen werden. Dieses Verfahren stellt eine verkürzte Variante des oben beschriebenen Modus der Wertermittlung dar. Durch das Auslassen einzelner zu bestimmender Fragen, die über das Gewicht der Determinanten Auskunft geben sollen, geht allerdings ein bedeutender Abstraktionsgrad verloren, was eine von subjektiven Interessen geprägte Wertbestimmung erleichtert.

Grundsätzlich hat der Erwerber festzulegen, für welche Wirtschaftsgüter (ob materiell oder immateriell) er wie viel zu zahlen bereit ist oder war (sofern er die Akquisition bereits durchgeführt hat). Traut man dem Erwerber dabei ausreichend Objektivität zu und unterstellt man ihm keine im Sinne des Eigeninteresses von den realen Werteverhältnissen bewusst abweichende Bewertung, dann kann ihm diese Kompetenz auch ohne weitere Bedenken zugewiesen werden. Um diesbezügliche Zweifel jedoch weitgehend auszuschließen, empfiehlt es sich, dem in Kapitel 7 genannten Personenkreis (Wirtschaftsprüfern, Geschäftsführern und Eigentümervertretern) auch hier die Wert- bzw. Bedeutungszuteilungskompetenz zu verleihen. Aufgrund der bereits angesprochenen zu erwartenden Neutralität (Wirtschaftsprüfer) und der gleichzeitig vorliegenden Interessenpluralität (Erwerber, Verkäufer) ist von dieser Personengruppe ein den tatsächlichen Verhältnissen am nähesten kommendes Urteil zu erwarten. Der Personenkreis, der über die Gewichtung des Verhältnisses etwa zwischen Strategie und Unternehmensprozessen Auskunft geben soll, setzt sich somit zusammen aus:

- Wirtschaftsprüfern,
- Geschäftsführern,
- Eigentümervertretern (hier einerseits Verkäufer, aber andererseits auch Käufer).

So gewissenhaft an einer Methodik zur Bestimmung bzw. Zuweisung eines Wertes für die Determinanten auch gearbeitet wird, sie wird – zu welchem Ergebnis man auch immer kommt – einen Näherungswert hervorbringen. Auch wenn es gelingt, einen Marktwert für die einzelnen Faktoren und Determinanten zu finden, so ist dieser immer unter dem Aspekt zu relativieren, dass ihr tatsächlicher Wert, anders als materielle Vermögenswerte, wesentlich von der persönlichen Werteinschätzung des Erwerbers abhängt. Diese Einschätzung jedoch allein dem Käufer eines Unternehmens zu überlassen, würde jeglichem Missbrauch Tür und Tor öffnen. Aus diesem Grund ist das Urteil des zuvor festgelegten Personenkreises, der sowohl das Umfeld, die Synergien und andere maßgeblich wertbeeinflussende Elemente der Käuferseite kennt, diese jedoch genauso von der Verkäuferseite aus beurteilen kann und die abschließend vom – soweit als möglich – neutralen Stand des Wirtschaftsprüfers bewertet, für eine Wertfestsetzung ausschlaggebend.

Empirischer Teil

7 Umfrage und Umfrageergebnisse

Hypothesen

Anhand des Fragebogens soll die in Kapitel 1.2 aufgestellte Hypothese, dass die Determinanten des Firmenwertes nach deren Bedeutung gewichtet und zueinander in ein Verhältnis gesetzt werden können, getestet werden. Mit Bestätigung dieser Hypothese ist ein vom Firmenwert abgeleitetes Quantifizieren seiner Determinanten möglich.

Außerdem wurde eine zweite Hypothese aufgestellt, dass es nämlich ein homogenes Verständnis der Befragten über die grundsätzliche Existenz sowie die Bedeutung und das Verhältnis dieser Determinanten zueinander gibt und dass die Gewichtung dieser Determinanten von Unternehmen zu Unternehmen inhomogen ist.

Umfang des Fragenkataloges

Bei der Erstellung des Fragebogens wurde von einer allgemein geringen Vertrautheit eines Großteils der Interviewpartner mit den Begriffen um das intellektuelle Kapital ausgegangen, was jedoch nicht gleichbedeutend mit einer etwa fehlenden oder eingeschränkten Urteilsfähigkeit der befragten Personen hinsichtlich der Bedeutung der betreffenden Determinanten ist. Zudem dürfte die Gestaltung des Fragenkatalogs die Bedeutung der mit dem intellektuellen Kapital verbundenen Begrifflichkeiten im Zuge der Beantwortung der einzelnen Fragen für die Befragten weitgehend explizit gemacht haben.

Auswahl der Fragen (unternehmensspezifisch unterschiedlich)

In dem umfangreich gestalteten Fragebogens wird ein Pool an Fragen bereitgestellt, aus dem der Betrachter individuell und damit unternehmensspezifisch auswählen kann. Diese Auswahl soll über die das Gewicht der Faktoren bestimmenden Fragen entscheiden. So sind beispielsweise einzelne Fragen des Umweltbereiches sehr allgemein, andere dafür wiederum ausgesprochen spezifisch gehalten. Folglich beziehen sich einzelne Fragen durchaus nur auf bestimmte Unternehmen besonderer Branchen, während andere als Standardfrage branchenübergreifend für jedes Unternehmen Geltung beanspruchen können. So wird etwa in einem Dienstleistungsunternehmen den Fragen zur Beurteilung des Umweltbereichs weniger Bedeutung als etwa bei einem Hersteller von Kühlschmierstoffen beigemessen.

Außerdem hat der Fragebogen auf den Umstand Bedacht zu nehmen, dass die einzelnen Faktoren des intellektuellen Kapitals sehr vielfältig ausgeprägt sein können, in den unterschiedlichsten Erscheinungsformen auftreten und jedenfalls nicht einheitlich zu gewichten sind. Jedenfalls hat eine Auswahl der den Firmenwert und dessen Faktoren bestimmenden Fragen unternehmensspezifisch zu erfolgen.

Zielgruppe/Kreis der Befragten

Aus diesem Grund wird vorgeschlagen, die in Kapitel 4.8 angesprochene Eingrenzung auf besondere Anspruchsgruppen, die jene in der Erhebung als bedeutend zu gewichtenden Fragen auszuwählen haben, für jedes Unternehmen individuell vorzunehmen. Dementsprechend wird die Auswahl der für das Gewicht der Determinanten ausschlaggebenden Fragen von der Geschäftsführung, dem Beirat (in Kapitalgesellschaften parallel dazu dem Vorstand und dem Aufsichtsrat) als dem Eigentümervertreter sowie von Bankenvertretern vorgenommen. Dieser Personenkreis wird um weitgehend neutrale Wirtschaftsprüfer ergänzt. Die Beantwortung des Fragebogens selbst erfolgt jedoch durch jene Interessengruppen, denen man die für eine realitätsnahe Bewertung notwendige Sachkenntnis einerseits und die spezifischen Unternehmenskenntnisse andererseits zutraut.

Ergebnis/Auswertung

Hinsichtlich der Bedeutung der einzelnen Firmenwertdeterminanten erhebt der Fragebogen einerseits die aktuelle Situation in dem Unternehmen des jeweils Befragten (Ist-Situation), andererseits ermittelt er jene Bedeutung, welche der die Frage betreffende Bereiche (Humankapital, Strukturkapital, Kundenkapital, Organisationskapital und Prozesskapital) nach der subjektiven Einschätzung der Befragten haben sollte (Soll-Situation).

Die Auswahl der wesentlichen Fragen jedes Bereiches (Humankapital, Strukturkapital, Kundenkapital, Organisationskapital und Prozesskapital) erfolgt einerseits anhand der Häufigkeit der Fragebeantwortung, sowie andererseits anhand der Bedeutung, welche die Befragten diesen Fragen subjektiv zugesprochen haben.

Die Bedeutung der Determinanten des Firmenwertes zueinander wird in weiterer Folge über diese Fragen, mittels metrischer Messung ihrer Merkmalsausprägung und Ermittlung des Mittelwertes sowie der Standardabweichung, festgestellt.

Die Ergebnisse, sowohl hinsichtlich der Auswahl der als bedeutend qualifizierten Fragen als auch hinsichtlich ihrer metrischen Messresultate, sollen dem Betrachter als Orientierungshilfe dienen. Im Detail sollten die hier gefundenen Ergebnisse jedoch aufgrund der bereits mehrfach erwähnten unternehmensspezifischen Ausprägungsvielfalt des intellektuellen Kapitals und der individuell auszuwählenden Fragen nicht als Standardbewertung betrachtet werden. Die oben erwähnte, für jedes Unternehmen gesondert zu treffende Auswahl der die Gewichtung bedingenden Fragen, ist stets losgelöst von den hier ausgewählten Fragen vorzunehmen. Für das weiter unten vorgestellte Fallbeispiel wurden hinsichtlich der Auswahl der „bedeutenden“ Fragen die jeweils vier ersten Fragen jedes Themenbereiches (Human Capital, Customer Capital, Process Capital, Innovation Capital) ausgewählt.

7.1 Fragebogen

English

Human Capital can be defined as the combined knowledge, skill innovativeness and ability of the company's individual employees to meet the task at hand. It also includes the company's values, culture and philosophy. Due to this tight connection to the individual human capital cannot be owned by the company. Contrary to this

structural capital can be owned and even traded by the company. The hardware, software, organizational structures, patents, trademark – in other words everything which is left at the office when the employees go home is accounted for structural capital. It furthermore includes **customer capital** – primarily the relationship developed with key customers. [Stewart 1997]

Deutsch

Human Kapital inkludiert sowohl die gemeinsamen Kompetenzen, Fähigkeiten, Talente und Erfahrungen von Mitarbeitern und Managern als auch deren Kreativität und Innovationsfähigkeit. Weiters sind darin die Werte der Unternehmung, deren Kultur und Philosophie enthalten - ausschlaggebend ist, Humankapital befindet sich nicht im Besitz der Unternehmung. Strukturkapital umfasst die unterstützende Infrastruktur und beinhaltet unter anderem Organisationsprozesse, Technologien, Informationssysteme und Intellectual-Property-Rechte – mit anderen Worte all das, was in der Unternehmung zurückbleibt, wenn die Mitarbeiter nach Hause gehen – im Gegensatz zum Humankapital kann **Strukturkapital** im Besitz der Unternehmung stehen und kann auch gehandelt werden. Strukturkapital wiederum besteht aus den Komponenten Kundenkapital und Organisationskapital, das sich wiederum aus Innovations- und Prozesskapital zusammensetzt. **Kundenkapital** definiert den Wert, der durch die Beziehung der Unternehmung zu Kunden, Lieferanten, Industrievereinigungen, Vertriebspartnern usw. generiert wird. [Stewart 1997]

Structure

Intellectual Capital

→ Human Capital e.g.
- Ease of the Decision Making Process
- Qualification of employees (skills, education, experience etc.)
- Employees (attitude towards the company, satisfaction with the company, Corporate Identity etc.)

Structural Capital:

→ Customer Capital e.g.
- Brand of the company and its products
- Sales (quality of: partners, distribution, contracts, customers etc.)
- Credibility
- Environmental Issues
- Market position and situation

Organisational Capital:

→ Process Capital e.g.
- Vision and Strategy
- Procurement
- Legal Compliance
- Audit (internal and external revision)

Innovation Capital:

→ Intellectual Property (Know-how)

→ Other Intangible Assets

Please evaluate now on the continuous scale ranging from one to five the following statements according to their present development in your company (column 1) and to their relevance for your company which should be aimed at (column 2).

		Column 1					Column 2				
1= I agree 2 = I partially agree 3 = I am neutral 4 = I hardly agree 5 = I do not agree		1	2	3	4	5	1	2	3	4	5
HUMANCAPITAL (HC)											
1.	Human Capital represents the main component of our Intellectual Capital.										
2.	All decision-makers are aware of the importance of HC and its value is well-known to them.										
3.	Aimed actions are set in order to increase and to retain the HC within in the company.										
4.	HC represents a substantial Factor of our goodwill.										
5.	Each employee is conscious of his/her value in the context of our enterprise.										
6.	HC is taken into account for the recruitment/selection of personnel (potentials, training...).										
7.	The employees' satisfaction affects directly the value of HC.										
8.	Competencies of each employee are known and are considered within the creation and retaining of HC.										
9.	Training measures are also set in view to their effect on the Human Capital.										
10.	The loyalty of our employees represents a substantial factor of our Human Capital.										
11.	In our company exact knowledge of the holders of HC prevails.										
12.	There exists a structured concept to bind the holders of HC to the enterprise.										
13.	Our HC is directly connected to our profit.										
14.	The contribution of HC to our profit is measured accordingly.										
15.	Our HC is evaluated qualitatively.										
16.	Our HC is evaluated quantitatively.										
17.	The shareholder structure is clear and simple, and it reveals all possible legal risks.										
18.	The process of finding decisions on the shareholders level is regularly difficult, because of complex consent structures.										
19.	The company's development is slowed down by actions and votes of so called "hindering shareholders".										
20.	The shareholders are qualified to judge the necessity of the proposed actions, which need their consent in order to be realized.										
21.	On average the employees have a high level of qualification.										
22.	The qualification of our top management is above average.										
23.	Head-hunters try to pull employees away and hire them for other companies.										
24.	The fluctuation rate is low.										
25.	The employees are helpful and friendly to one another which motivates many of them to enjoy being at work.										
26.	The working conditions are subjectively felt to be good.										
27.	The employees are proud to work for this company.										

	Column 1					Column 2				
1= I agree 2 = I partially agree 3 = I am neutral 4 = I hardly agree 5 = I do not agree	1	2	3	4	5	1	2	3	4	5
28. The employees feel a high level of Corporate Identity.										
29. The employees are committed and generally satisfied with their jobs.										
30. The social benefits granted by the company are regarded as fundamentally positive.										
31. The employees feel that the company cares for their wellbeing and that the company is interested in their opinion.										
32. The gathered, performance-related information is on a satisfactory level.										
33. The performance-related targets are generally fulfilled.										
34. The personnel-related targets are generally reached.										
35. Monetary aims are an important factor of motivation in your company.										

	Column 1	Column 2
STRUCTURE CAPITAL		
36. Structure Capital (SC) represents the main component of our Intellectual Capital.		
37. All decision-makers are aware of the importance of SC and its value is familiar to them.		
38. Aimed actions are set in order to increase and to retain the SC within in the company.		
39. SC represents a substantial factor of our goodwill.		

	Column 1	Column 2
CUSTOMERCAPITAL		
40. Customer Capital (CC) represents the main component of our Intellectual Capital.		
41. All decision makers are aware of the importance of CC and its value is known to them.		
42. Aimed actions are set in order to increase and to retain the CC within in the company.		
43. CC represents a substantial factor of our goodwill		
44. There exists a strategic network with partners such as suppliers, public authorities, communities, universities in respect to their importance for our IC.		
45. Our key Customers are known.		
46. Our key customers are regularly and fully informed.		
47. The customers are loyal.		
48. There exists a detailed concept to win new customers.		
49. There exists a set of internal indicators to measure the effects of our customer policy on our business success-		
50. Our products are knowledge intensive – this means they contain much of our IC.		
51. Our products are consistently protected on our part in view to technology and knowledge projections.		
52. Our market position is accordingly familiar to all decision makers.		
53. Information on our market position is available in time.		
54. Our main competitors are known.		
55. Our market policy is operated with exact consideration of market position and its future development.		
56. Our market policy is operated with exact consideration of		

	Column 1					Column 2				
1= I agree 2 = I partially agree 3 = I am neutral 4 = I hardly agree 5 = I do not agree	1	2	3	4	5	1	2	3	4	5
our current and possible future competitors.										
57. Future competitors are known in time.										
58. We conduct bench marks regularly in our company.										
59. Our brand represents our main target/asset in our customer relationship.										
60. Information on the degree to which the brand is publicly known, is gathered periodically.										
61. The quality of our products and the attached services represent the main success factor of our trade mark.										
62. Our marketing ideas are creative and innovative.										
63. The marketing process is constantly controlled.										
64. Advertising of the products is essential to their success										
65. The success of the advertising activity is being measured.										
66. Developments in competition, the reproducibility and comparability of our own products are regularly examined.										
67. The ideal marketing mix is constantly questioned.										
68. The product improves the reputation of the company.										
69. Customer complaints are dealt with swiftly.										
70. The sales organisation is adapted to the needs of the market.										
71. Your sales partners are highly reliable.										
72. The company supports the society with social activities.										
73. The company has a professional credibility management!										
74. The company has a clear value system which is communicated to the environment/ stakeholders										
75. The company's ethics are externally (customers, suppliers, neighbours) known.										
76. Topics which influence a company's credibility are nown and actively, not reactively solved.										
77. The ethics of the company corresponds to the employee's understanding of an ethical correct behaviour.										
78. The company has a professional environmental management!.										
79. The fundamental ideas of credibility management are integrated in the company's evaluation and incentive system.										
80. The management of the company thinks and acts holistically.										
81. The management of the company thinks and acts in long terms.										
82. The management of the company thinks and acts dynamically.										
83. The company analyses, the needs, and interests not only of its stakeholders but also of the society with its changes on a regular basis.										
84. The company has a professional Crisis Management System.										
85. The company has a professional Public Affairs Management System.										
86. The vision and the company policy are communicated.										
87. The strategy and the goals are explicitly communicated.										
88. There is a uniform external appearance of the company.										

ORGANISATIONAL CAPITAL		
89. Organisational Capital (OC) represents the main component		

	Column 1					Column 2				
1= I agree 2 = I partially agree 3 = I am neutral 4 = I hardly agree 5 = I do not agree	1	2	3	4	5	1	2	3	4	5
of our Intellectual Capital.										
90. All decision-makers are aware of the importance of OC and its value is well-known to them.										
91. Aimed actions are set in order to increase and to retain the OC within in the company.										
92. OC represents a substantial factor of our goodwill										
93. Our OC is particularly based on our organizational structure.										
94. Our OC is particularly based on our processes.										
95. There exists a valid organizational chart.										
96. Every employee has a job description.										
97. The necessary working-steps, sequences and scheduling of the employees fulfilling their jobs are clearly defined.										
98. The areas of responsibility are clearly regulated.										
99. The diagram of the organisation and its processes is clear and comprehensible.										

	Column 1	Column 2
PROCESSCAPITAL		
100. Process Capital (PC) represents the main component of our Intellectual Capital.		
101. All decision-makers are aware of the importance of PC and its value is known to them.		
102. Aimed actions are set in order to increase and to retain the PC within in the company.		
103. PC represents a substantial factor of our goodwill.		
104. An appropriate management information system supports our activities within the range of our PC		
105. Our Company has a clear order on how the management processes have to be structured (e.g. analysis, planning, execution, control).		
106. The channels of information are sufficiently well structured, so that the management is constantly informed about the problems of individual departments.		
107. The company has set clear marketing goals, image, customer satisfaction etc.		
108. The market segments are defined and clearly distinguished.		
109. We have a clear strategy how to act on the market.		
110. The marketing budget follows the overall strategy.		
111. The actions to implement the strategy concerning prices, products, communication and distribution are clearly defined.		
112. Innovation is essential for the positive image in the market.		
113. Complaints of customers are the seed for innovations.		
114. The company acts market oriented and adapts its products to the needs of the customers!		
115. Our products are being developed in correlation to customer needs.		
116. A big part of the sales are generated with products which are not older than 5 years.		
117. The company follows a systematic approach to find new ideas.		

	Column 1					Column 2				
1= I agree 2 = I partially agree 3 = I am neutral 4 = I hardly agree 5 = I do not agree	1	2	3	4	5	1	2	3	4	5
118. Market trends and customer needs are considered when new products are developed.										
119. Incentives are set for new ideas and a bonus is being paid.										
120. Product analyses are carried out regularly in order to get information on their conformity.										
121. A reward system for successful suggestions for improvements is implemented.										
122. There is a QM-System.										
123. The QM-System is communicated to the employees on a regular basis.										
124. There is a reporting system related to the QM-System.										
125. The company has a plan of procedure in the case that illegal actions are disclosed.										
126. A system for recording bills is in place.										
127. All legal regulations concerning the company are being recorded and actualised.										
128. The company has an internal audit in place that prevents irregularities.										
129. No wastes are stored or disposed contrary to legal or official regulations so that people, animals or plants are endangered.										
130. Laws, ordinances, standards and other bodies of rules and regulations with environmental relevance are known for your legal entity and are documented in written form.										
131. All of the approval requiring equipment has been approved by the according authorities and are documented by official decisions.										
132. Those approvals are regularly updated.										
133. The limit values are adhered to emissions with environmental relevance.										
134. Environmental hazardous auxiliary substances of the production are known and alternative substances are known.										
135. The safe storage areas for environmentally hazardous materials are accordingly approved by the official authorities.										
136. In the case of construction soil analyses are carried out for means of protection from contaminated soil.										
137. The legal entity has safety and alarm plans for the case of fire and other emergencies to an appropriate extend.										
138. The employees are regularly instructed about these plans.										
139. Up-to-date plans for the water system do exist.										
140. The waste water systems and drains are regularly checked with respect to their functioning and for leaks.										
141. Probes, tests or expert opinions are available for operational previous damage, waste disposal sites and contaminated soil.										
142. There are suitable processes defined for the evaluation of newly developed and altered products and the environmental aims and policies of the company are taken into account in these.										

General Questions:

1. "Goodwill", Intangible Assets, Intellectual Capital and Knowledge Reporting are topics our company is presently dealing with.

   ☐ YES ☐ NO

2. Give a definition of the following terms:
   a. Goodwill
   b. Intangible Assets
   c. Intellectual Capital
   d. Knowledge Reporting

3. I am familiar with the following methods of measurement of Intellectual Capital. (Multiple answers possible)

Skandia Navigator	☐	Intangible Assets Monitor	☐
Balanced Scorecard	☐	IC-Index	☐
Value Chain Scoreboard	☐	Human Capital Intelligence	☐
Technology Broker	☐	Citation – Weighted Patents	☐
Inclusive Valuation Methodology	☐	The Value Explorer	☐
Intellectual Asset Valuatio	☐	Total Value Creation (TVC)	☐
Accounting for the Future (AFTF)	☐	Tobin's Q	☐
Investor assigned Market value (IAMV)	☐	Market-to Book VAlue	☐
Economic Value Added	☐	Human Resource Costing & Accounting	☐
Calculated Intangible Value	☐	Knowledge Capital Earnings	☐
Value Added Intellectual Coefficient (VAIC)	☐	IC- Rating	☐
Meritum Guidelines	☐	Danish Guidelines	☐

4. Which of the following components can be part of the goodwill? (Multiple answers possible)

Human Capital	☐	Structural Capital	☐
Customer Capital	☐	Organizational Capital	☐
Process Capital	☐	Innovation Capital	☐
All of the above	☐		

5. Value the following determinants – regarding their meaning and participation in the company's results – to each other!

Human Capital	%	Structural Capital	%
Customer Capital	%	Organizational Capital	%
Process Capital	%	Innovation Capital	%

6. Questions considering "Goodwill", "Intangible Assets", "Intellectual Capital", "Knowledge Reports" are topics for

General Management	☐	Financial Management	☐
Human Resource Management	☐	others:	☐

7. Do you know the
   a. actual Goodwill ☐ YES ☐ NO
      if so quantify it:
   b. value of the Intangibel Assets ☐ YES ☐ NO
      if so name it:
   c. value of the Intellectual Capitals ☐ YES ☐ NO
      if so name it:

8. Name those factors which in your opinion are decisive for the creation of
   a. Goodwill:
   b. Intangible Assets:
   c. Intellectual Capital:

9. Your position:

10. I am interested in the research results and I am available also for a personal discussion:

    ☐ YES ☐ NO

7.2 Befragungsergebnis

Wie bereits erwähnt, soll ein Fragebogen des vorliegenden Umfangs mit der darin enthaltenen Vielzahl unterschiedlicher Fragen den Interviewpartner veranlassen, mit dem noch relativ unbekannten Themenkreis der immateriellen Vermögenswerte im Zuge des Beantwortungsprozesses umgehen zu lernen und eine Vertrautheit mit den Begrifflichkeiten der einzelnen Determinanten zu entwickeln. Die Intention, im Beantwortungsprozess ein Bewusstsein für die Komponenten eines jeden Faktors und dessen Hintergründe (woraus besteht jeder Faktor und was steht dahinter) zu schaffen, war dabei zentrales Element. Insbesondere die am Ende des Fragebogens formulierten offenen Fragen dienten einer Überprüfung hinsichtlich des Wissenstandes über und des Umgangs mit dem intellektuellen Kapital. Der Fragebogen sollte dem Befragten also auch zu Bewusstsein führen, woraus sich das intellektuelle Kapital einerseits zusammensetzt und wie sich andererseits dessen Struktur aufbaut. Nur wenn unterstellt werden kann, dass die auskunftgebende Person mit dem Themengebiet hinreichend vertraut ist, kann der von ihr ausgefüllte Fragebogen bei der Auswertung der Umfrageergebnisse auch berücksichtigt werden. Das durch diese Detailfragen transparent gemachte implizite Wissen war also für die Qualität, mit der die im zentralen Interesse stehende Frage nach dem Bedeutung und Gewichtung der Bereiche beantwortet wurde, von besonderem Belang.

Dieser Fragebogen stellt die Grundlage für eine Aufteilung des Firmenwertes, den ein Erwerber im Zuge einer Unternehmensakquisition zu bezahlen bereit ist, auf seine ihn bestimmenden Einzelfaktoren (Human Capital, Customer Capital, Process Capital sowie Innovation Capital) dar. Nach Auswertung der beantworteten Fragebögen ist zunächst festzuhalten, dass die Hypothese, wonach der Großteil der Interviewpartner mit den Begriffen um den Themenkreis des intellektuellen Kapitals wenig vertraut ist, grundsätzlich nicht widerlegt wurde. Insbesondere die Antworten auf die offenen Fragen deuten auf diesen Umstand hin, obwohl es sich beim Befragtenkreis ausschließlich um Fachkundige oder Sachverständige (Steuerberater, Wirtschaftprüfer, Finanzverantwortliche etc.) gehandelt hatte.

Die Hypothese, wonach die den Firmenwert bestimmenden Determinanten ihrer Bedeutung nach gewichtet werden können, kann grundsätzlich bestätigt werden. Gleichzeitig zeigt sich aufgrund der Befragungsergebnisse, dass eine standardisierte Zuteilung des Firmenwertes auf dessen einzelne Determinanten, unabhängig vom jeweiligen Unternehmen, nur schwer möglich ist.

Die den einzelnen Fragen zugrunde gelegte Struktur geht von einer wie oben beschriebenen Firmenwertzusammensetzung der Faktoren Human Capital, Customer Capital, Process Capital sowie Innovation Capital aus. Dabei wird unterstellt, dass sich der Firmenwert zunächst auf das Humankapital und das Strukturkapital aufteilt. Der auf das Sturkturkapital entfallende verbleibende Prozentsatz, teilt sich wiederum auf das Kundenkapital und das Organisationskapital auf.

Die Auswertung der Ist-Situation ergab, dass aufgrund der stark divergierenden Befragungsergebnisse unter den einzelnen beteiligten Unternehmen kaum ein einheitliches und damit allgemein gültiges Verhältnis der Determinanten zueinander abgeleitet werden kann. Es zeigte sich vielmehr eine unternehmensspezifisch sehr unterschiedliche Verteilung des Firmenwertes auf seine Faktoren. Diese Heterogenität der Befragungsergebnisse bestätigt die Notwendigkeit einer unternehmensspezifischen Erhebung und einer aus dem jeweiligen Ergebnis abzuleitenden Wertbestimmung der Determinanten. Zudem ist anzumerken, dass diese uneinheitlichen Befragungsergebnisse auch innerhalb ein und derselben Branche aufgetreten sind. Eine allgemeingültige Gewichtung der Determinanten kann somit nicht erfolgen.

Gleichwohl kann festgehalten werden, dass die im Fragebogen erhobenen Soll-Werte (diese weisen die idealerweise bestehende Bedeutung der spezifischen Determinanten aus und weichen von dem im Unternehmen tatsächlich existenten, über die Ist-Werte erhobenen Gewicht der einzelnen Determinanten ab), anders als die Ist-Werte, einen aussagekräftigen Schluss zulassen. Die folgende Tabelle, in der die Ergebnisse der Soll-Auswertung der metrischen Erhebung abgebildet sind, bestätigt anhand der ausgewiesenen Extremwerte im Rahmen der ausgewählten Detailfragen dieses Bild. Bei jedem Unternehmenserwerb ist jedenfalls individuell zu hinterfragen ob, und wenn ja, warum es zu deutlichen Abweichungen von den hier ausgewiesenen Mittelwerten kommt. Wird diese Fragestellung im Zuge einer Unternehmensakquisition unterlassen, so ist aufgrund der Repräsentativität der durchgeführten Umfrage und mangels besseren Wissens von jenen der Tabelle zu entnehmenden Werteverhältnissen der Soll-Situation auszugehen. Die üblicherweise durch Wirtschaftsprüfer, Geschäftsführer und Eigentümervertreter zu treffende Auswahl der „wertbestimmenden Fragen" wurde hier dergestalt vorgenommen, dass jeweils die ersten vier Fragen jedes die Determinanten beschreibenden Themenbereiches als bedeutend ausgewählt wurden. Somit geben diese Fragen in weiterer Folge Auskunft über das Gewicht und die Bedeutung jener den Firmenwert bestimmenden Faktoren.

Die folgende Tabelle zeigt in der ersten Spalte jene Fragen, die grundsätzlich von Wirtschaftsprüfern, Geschäftsführern und Eigentümervertretern willkürlich ausgewählt werden und über das Gewicht der den Firmenwert bestimmenden Determinanten Auskunft geben sollten. Die zweite und dritte Spalte geben die Extremwerte wieder, die unter allen ausgewerteten Fragebögen bei der Beantwortung der Fragen abgegeben wurden. Die für die Ermittlung des Gewichtes der Determinanten bedeutendste Spalte aber ist jene, welche für jede einzelne Frage die sich aus der Summe aller Antworten ergebenden Mittelwerte, geteilt durch die Anzahl der beantworteten Fragebögen, enthält. Die Zusammenfassung der Mittelwerte der Fragen, die pro Kategorie (z.B. Humankapital [HC]) ausgewählt wurden, soll in weiterer Folge Auskunft über deren Gewicht in Bezug zu den restlichen Kategorien (Customer Capital [CC] etc. geben. Die hier getroffenen Schlussfolgerungen sind dabei immer unter Berücksichtigung und Annahme der unterstellten Struktur des intellektuellen Kapitals nach Skandia erfolgt.

Die Standardabweichung zeigt, mit welcher Streuung die gegebenen Antworten um den Mittelwert liegen. Diese Information gibt ein Bild von der Homogenität der Antworten wieder und ermöglicht damit eine Einschätzung der Aussagekraft und Bedeutung der Befragungsergebnisse. Da die Standardabweichungen durchaus als gering bezeichnet werden können und allenfalls einzelne „Ausreißer" das Bild der Befragung verzerren, kann allgemein von einem hohen Aussagegehalt und damit von einer Allgemeingültigkeit der Soll-Werte für die Faktoren des Firmenwertes gesprochen werden.

Auch wenn die Befragten, wie die Auswertung der Ist-Situation gezeigt hat, ein sehr uneinheitliches Bild hinsichtlich der Determinantengewichtung in ihren eigenen Gesellschaften gezeichnet haben, so haben sie offensichtlich ein relativ klares Idealbild einer Firmenwertaufteilung. Dies bestätigen die verhältnismäßig geringen Standardabweichungen.

Deskriptive Statistik

	Minimum	Maximum	Mittelwert der metr. Auswertung	Standardabweichung
HC is the main component of IC.	1	3,3	1,619	0,53057
HC is recognized by decision-makers.	1	3,8	1,652	0,66925
Aimed actions retain and increase HC.	1,3	3,5	2,116	0,45576
HC is a substantial factor of the goodwill.	1	3,8	1,768	0,63088
SC is the main component of IC.	1	3,7	2,081	0,67754
SC is recognized by decision-makers.	1	3,8	2,014	0,59416
Aimed actions retain and increase SC.	1	3,1	2,001	0,55681
SC is a substantial factor of the goodwill.	1	3,7	1,912	0,71056
CC is the main component of IC.	1	2,1	1,347	0,35152
CC is recognized by decision-makers.	1	2,05	1,480	0,32732
Aimed actions retain and increase CC.	1	2,95	1,589	0,44216
CC is a substantial factor of the goodwill.	1	2,05	1,374	0,33765
OC is the main component of IC.	1	3,3	1,912	0,56095
OC is recognized by decision-makers.	1	3,8	1,991	0,62960
Aimed actions retain and increase OC.	1	3,6	1,892	0,64434
OC is a substantial factor of the goodwill.	1	3,9	2,185	0,66459
PC is the main component of IC.	1	4,6	2,369	0,87146
PC is recognized by decision-makers.	1,2	3,2	2,100	0,55432
Aimed actions retain and increase PC.	1	4	2,068	0,66419
PC is a substantial factor of the goodwill.	1	4,7	2,086	0,85759

Gewichtete Mittelwerte der metrischen Auswertung (Skala 1–5, wobei das Höchstgewicht die Zahl 1 und das geringste Gewicht die Zahl 5 darstellt)**:**

HC = 4,21 SC = 4,00 PC = 3,84
CC = 4,55 OC = 4,01

Den Mittelwerten liegt eine metrische Erhebung der Bedeutung der einzelnen Bereiche/Fragen zugrunde. Dabei kommt der Zahl 1 das höchste und der Zahl 5 das geringste Gewicht zu. In der hier zu erläuternden Statistik handelt es sich ausschließlich um eine Auswertung der in der Umfrage erhobenen Soll-Werte. Das Werteverhältnis des Innovation Capital gegenüber den übrigen Faktoren wurde nicht näher hinterfragt, weil dieses – wie im Fallbeispiel dargestellt – anhand des einfach zu ermittelnden Erfolgsbeitrages seiner Einzelelemente ohne großen Aufwand quantifiziert werden kann. Da das Prozesskapital eine Resultierende ist, gestaltet sich die Ermittlung ihres Anteils am Firmenwert einfach. Aus diesem Grund sind nur das Human Capital, das Customer Capital sowie das Process Capital zueinander in Beziehung zu setzen. Die Struktur der Auswertung basiert auf dem von Skandia vorgegebenen Modell (die hier gezeigte Struktur steht in keinem Zusammenhang mit der durchgeführten Umfrage; die kursiv dargestellten Prozentsätze sind frei erfunden und sollen lediglich die zugrunde liegende Systematik veranschaulichen):

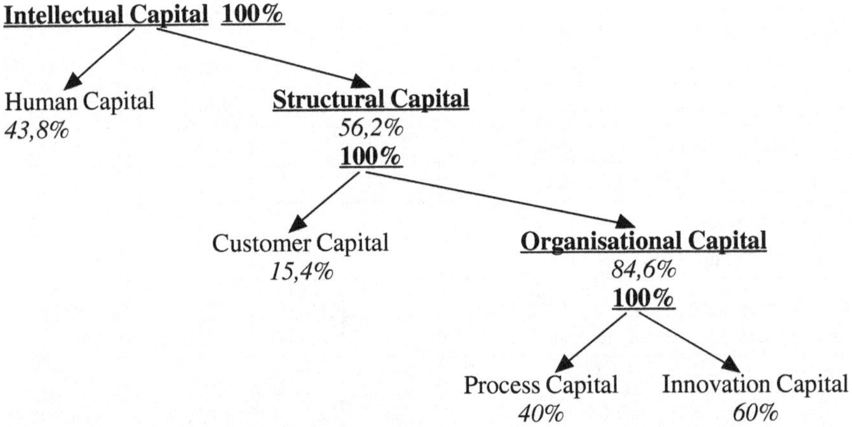

Die Auswertung und Zusammenfassung der drei im Verhältnis zueinander zu gewichtenden Determinanten ergibt folgendes Werteverhältnis:

Humankapital (HC) : Kundenkapital (CC) : Organisationskapital (OC)
51,28% 25,9% 22,82%

Dieses Werteverhältnis wird sodann dem Ergebnis aus den offenen Fragen des Fragebogens gegenübergestellt. Ist die Differenz deutlich größer als 20%, vermittelt dies den Eindruck, dass die Testperson mit dem Themenkreis der immateriellen Vermögenswerte offenbar nicht hinreichend vertraut war. Der Fragebogen ist in diesem Fall für die Ergebnisauswertung ungeeignet. Das intrinsische Wissen, das zu diesem Thema durch die einzelnen Fragen erhoben werden soll, kann aufgrund eines mangelhaften Verständnisses der Begriffe um das Thema des intellektuellen Kapitals nicht verwendet werden.

Für ein deutliches Abweichen zwischen den Soll- und den Ist-Werten (im Hinblick auf die unternehmensspezifische Situation) sind plausible, unternehmens- bzw. branchenspezifische Gründe zu nennen. Können diese genannt werden, so stellen die Ist-Werte (arithmetisches Mittel der Summe aller Mittelwerte) die Grundlage für das Werteverhältnis der Determinanten des Firmenwertes dar. Ist dies nicht möglich, kann im Zweifelsfall vereinfachend auf die allgemeinen Soll-Werte zurückgegriffen werden.

Der an dieser Stelle gewählte Bewertungsprozess stellt jedoch eine Vereinfachung der beiden in Kapitel 6.5 vorgestellten Modelle dar. Das Ergebnis einer vorhergehenden Auswahl der bedeutenden Fragen des Fragebogens durch den festgelegten Personenkreis (Wirtschaftsprüfer, Geschäftsführer und Eigentümervertreter) sowie die darauf folgende Ermittlung der Bedeutung und des Gewichtes der Determinanten (innerhalb der einzelnen Faktoren des intellektuellen Kapitals) nach dem in diesem Kapitel vorgelegten Muster wird hier wie folgt unterstellt:

Customer Capital

Neukunden	/	Marke	/	Glaubwürdigkeit und Umwelt
2		5		3

Process Capital

Strategie	/	Unternehmensprozesse (Lieferantenverlässlichkeit etc.)
7		2

Diese Aufteilung stellt somit das Verhältnis der Determinanten innerhalb der einzelnen Faktoren dar und dient dem im folgenden Kapitel vorgestellten Fallbeispiel als Grundlage.

8 Fallbeispiel

Am Beispiel einer der untersuchten Gesellschaften wird das Befragungsergebnis zur Gewichtung der den Firmenwert bestimmenden Determinanten dargestellt und damit die Operationalisierbarkeit des Modells gezeigt.

Dabei wird der Firmenwert auf seine Determinanten aufgeteilt und entsprechend der im Modell entwickelten Formeln abgeschrieben. Die Konsequenzen dieser Differenzierung und ihre Auswirkungen auf das Jahresergebnis der Gesellschaft werden am nachstehenden Beispiel verdeutlicht.

Folgende Schritte sind für die durchzuführende Analyse und die vorzunehmende Modifikation der Abschreibung erforderlich:

1. Schritt: Gewichtung der Determinanten anhand der Befragungsergebnisse
2. Schritt: Informationsbeschaffung zur Anwendung des Abschreibungsmodells
3. Schritt: Anwendung des Modells auf die Determinanten
4. Schritt: Berücksichtigung im Jahresabschluss (Bilanz und GuV)

Das in Österreich ansässige Unternehmen beschäftigt über 1.000 Mitarbeiter und erzielt einen Umsatz von rund 150 Mio. Euro. Das Industrieunternehmen ist im Möbel/Innenausbau-, Platten-, Karosserie- und Autolackiergewerbe sowie im Metallgewerbe tätig und verkauft seine Produkte in Afrika (1%), in Lateinamerika (6%), in Asien und Australien (13%), in Nordamerika (13%), in der Schweiz (8%) und im übrigen Europa (59%).

Das Unternehmen wurde im Jahr 2003 von einem amerikanischen Konzern übernommen, wobei ein Firmenwert aktiviert wurde, der in der erwerbenden Muttergesellschaft im Beteiligungsansatz enthalten ist. Bei der Konsolidierung ist ein Firmenwert auszuweisen.

Das Unternehmen ist umsatzstark, aber ertragsschwach. Der Jahresüberschuss beträgt 252.774,– €. Der aktivierte Firmenwert beläuft sich auf 1.536.334,– €. Sämtliche Zahlen beziehen sich auf das Wirtschaftsjahr 2003. Das Unternehmen ist eine Kapitalgesellschaft.

Ad Schritt 1. Ermittlung des Gewichtes der Determinanten

Zur Ermittlung der Bedeutung der Determinanten wurden jeweils die ersten vier Fragen jedes Themenbereiches aus dem Fragebogens ausgewählt. Diese vier Fragen dienen der Ermittlung des Gewichtes der einzelnen Faktoren des intellektuellen Kapitals, stehen repräsentativ für die normalerweise durch jene in Kapitel 7 genannten Anspruchsgruppen (Wirtschaftsprüfer, Geschäftsführer und Eigentümervertreter) auszuwählenden Fragen und geben damit das Verhältnis wieder, in dem der Firmenwert auf diese Determinanten aufzuteilen ist. In dem hier dargestellten Rechenbeispiel wird auf die oben ausgewerteten Soll-Werte der Umfrage Bezug genommen. Die Fragenauswahl, die durch Wirtschaftsprüfer, Geschäftsführer und Eigentümervertreter vorgenommen werden sollte, erfolgte analog der obigen Vorgehensweise.

Der Firmenwert der Zielgesellschaft in Höhe von 1.536.334,– € ist in dem vorliegenden Beispiel auf die Determinanten im oben dargestellten Werteverhältnis aufzuteilen.

Humankapital (HC)	:	Kundenkapital (CC)	:	Organisationskapital (OC)
51,28%		**25,9%**		**22,82%**
787.832,07 €		**397.910,51 €**		**350.591,42 €**

Einen Sonderfall stellt die Bewertung des Prozesskapitals dar. Dieses unterteilt sich, wie oben beschrieben, einerseits in die Strategie und andererseits in die Unternehmensprozesse. Diese Aufteilung hat grundsätzlich nach den in Kapitel 6.3 maßgebenden Vorgaben zu erfolgen. Diesbezüglich wird jedoch auf die Einbeziehung von Wirtschaftsprüfern, Geschäftsführern und Eigentümervertretern verzichtet und ein vereinfachter Ansatz angewandt, indem diesen beiden Faktoren ein vom Autor definierter Prozentsatz zugewiesen wird.

Ad Schritt 2. Vorbereitende Informationsbeschaffung zur Anwendung des Abschreibungsmodells

Human Capital

a) Altersstruktur der Belegschaft

Ermittlung der durchschnittlichen Soll-Restleistungsjahre (x):
Prämissen:

- Pensionsantrittsalter der Männer liegt bei 65 Jahren.
- Pensionsantrittsalter der Frauen liegt bei 60 Jahren.
- Durchschnittliches Arbeits- oder Dienstantrittsalter liegt bei 18 Jahren.
- Annahme: Arbeiter weisen tendenziell ein geringeres Dienstantrittsalter als Angestellte auf, die zum Teil deutlich darüber liegen können. Insbesondere die Akademiker unter den Angestellten sind deutlich älter als 20 Jahre, wenn sie ins Berufsleben eintreten.
- Lohn-/Gehaltsniveau: Männer : Frauen = 1 : 1
  (Die Begründung für eine Gleichgewichtung zwischen dem Entgelt von Männern und Frauen liegt in dem im vorliegenden Unternehmen angewandten analytischen Arbeitsplatzbewertungssystem, bei dem nicht die jeweilige Person, sondern der Arbeitsplatz als Bemessungsgrundlage für den Lohn/Gehalt herangezogen wird.)

	im Unternehmen tätige Männer	im Unternehmen tätige Frauen
Pensionsantrittsalter	65	60
durchschnittliches Arbeits- od. Dienstantrittsalter	18	18
Soll-Leistungsjahre	47	42
durchschnittliche Soll-Restleistungsjahre	*23,5*	*21*

Die durchschnittlichen Soll-Restleistungsjahre betragen im vorliegenden Unternehmen und unter Berücksichtigung der unterschiedlichen oben unterstellten Prämissen rund 22,25 Jahre.

Ermittlung der gewichteten, durchschnittlichen Ist-Restleistungsjahre:

A	B	C	D	E	F	G	H
Geschlecht	Name	Alter	Pensionsantrittsalter	Restleistungsjahre	Jahres-Brutto inkl. LNK	Gewichtetes Entgelt €	Gesamte Personalkosten der Gesellschaft
Informationen aus der Gesellschaft				D–C	Information aus der Gesellschaft	(E * F)	Information aus der Gesellschaft
M	Meyer	56	65	9	30.911,–	278.202,96	76.613.600,–
W	Müller	25	60	35	49.651,–	1.737.779,12	76.613.600,–
W	Huber	45	60	15	39.711,–	595.553,28	76.613.600,–
…	…	…	…	…	…	…	76.613.600,–
1.244						1.610.086.526,–	76.613.600,–

Summe des gewichteten Entgeltes aller Mitarbeiter in € 1.610.086.526,–
Dividiert durch das durchschnittliche Entgelt eines Mitarbeiters in € 61.586,–
Gewichtete durchschnittliche Ist-Restleistungsjahre (y):
(Summe G : durchschnittliches Entgelt) : Anzahl Mitarbeiter
26.144 : 1.244 Mitarbeiter

(y = 21,02 Jahre)

Kurzbeurteilung der Alterstruktur:
y < 22,25 Jahre: vorteilhafte Altersstruktur
y > 22,25 Jahre: nachteilige Altersstruktur

b) Fluktuationsrate

Fluktuationsrate bei dem vorliegenden Unternehmen:

Alter	Fluktuationsabschlag in % Arbeiter	Fluktuationsabschlag in % Angestellte
bis 30	7,5%	5%
31–45	2,5%	2,5%
46–55	1%	0,5%
ab 56	0%	0%

Diese Daten ergeben bei einem Verhältnis von Arbeitern zu Angestellten im Verhältnis von 2:1 eine durchschnittliche Fluktuation in Höhe von 2,4%.

3,2% durchschnittliche Fluktuationsrate Österreich
(Erhebung Arbeitsmarktservice Tirol 30. 8. 2004)

–

2,4% Fluktuationsrate beim vorliegenden Unternehmen

= + 0,8% Δ Fluktuationsrate

c) Lebenserwartung der Belegschaft

Die durchschnittliche Lebenserwartung der im Testunternehmen beschäftigten Mitarbeiter von 73,91 Jahren ist um 3,41% niedriger als der bei 76,51 Jahren liegende Bevölkerungsdurchschnitt in Österreich. Die männlichen Mitarbeiter des Testunternehmens sterben durchschnittlich im 74., die weiblichen Mitarbeiter durchschnittlich im 73. Lebensjahr. Das Verhältnis von Männern zu Frauen beträgt 10,3 : 1.

76,51 Lebenserwartung in Österreich
(siehe dazu Erhebungen des statistischen Zentralamtes)[231]

–

73,91 Lebenserwartung im Unternehmen (Sterbestatistik des Unternehmens)

= –3,41% Δ Lebenserwartung

Zusammenfassung Human Capital

$T_A = 21{,}02 * (1 + 0{,}008) * (1 - 0{,}0341)$

Die Ist-Nutzungsdauer des Humankapitals beträgt **20,5 Jahre**. Somit ist diese Determinante des Firmenwertes verteilt auf einen Zeitraum von 20,5 Jahren linear abzuschreiben.

Ergänzende Ausführungen zur Halbwertszeit des Wissens

Grundsätzlich können alle Mitarbeitergruppen, für die die Überlegungen hinsichtlich einer sich überproportional reduzierenden Abschreibung (degressiven Abschreibung) keine Rolle spielen, was in der oben beschriebenen Halbwertszeit des Wissens begründet liegt, von den hierzu angestellten Überlegungen ausgenommen werden. Damit wird die Nutzungsdauer des Humankapitals dieses Personenkreises so behandelt, wie zuvor bereits beschrieben.

---

[231] http://www.statistik.at/fachbereich_03/bevoelkerung_tab6.shtml (30. 8. 2004).

Für jene Personengruppen, deren Wissen sich überproportional schnell verbraucht, ist zunächst der auf sie entfallende Anteil am Firmenwert zu ermitteln und in weiterer Folge ihre Nutzungsdauer festzulegen. Dieser Personenkreis beschränkt sich auf:

- Mitarbeiter mit Hochschulwissen,
- Mitarbeiter mit beruflichem Fachwissen,
- Mitarbeiter mit Technologiewissen,
- Mitarbeiter mit EDV-Fachwissen.

Für die Festlegung der Nutzungsdauer werden die in Abbildung 24 (s. S. 138) ermittelten Prozentsätze zu Hilfe gezogen.

	Hochschulwissen	Fachwissen	Technologiewissen	EDV-Fachwissen
1. Jahr	20%	26%	34%	43%
2. Jahr	9%	13%	15%	15%
3. Jahr	6%	9%	9%	12%
4. Jahr	5%	8%	8%	9%
5. Jahr	4%	6%	7%	7%
6. Jahr	3%	5%	6%	5%
7. Jahr	3%	5%	5%	4%
8. Jahr	3%	3%	4%	3%
9. Jahr	2%	3%	3%	0%
10. Jahr	2%	3%	2%	0%

Bei der Ermittlung des auf die Zielgruppe entfallenden Teiles des Firmenwertes ist zunächst deren Gewicht im Vergleich zu den restlichen Mitarbeitern des Unternehmens zu erheben.

Firmenwert:	1.536.334,00
Gehalts-/Lohnsumme:	76.613.600,00
Wert des Humankapitals:	787.832,07

Mitarbeiter mit:

Hochschulwissen	**Fachwissen**	**Technologiewissen**	**EDV-Fachwissen**
Gehalts-Lohnsumme: 6.129.088,00	Gehalts-Lohnsumme: 18.387.264,00	Gehalts-Lohnsumme: 31.411.576,00	Gehalts-Lohnsumme: 4.596.816,00
Anteil an Gehalts-Lohnsumme gesamt: 8,0 %	Anteil an Gehalts-Lohnsumme gesamt: 24,0 %	Anteil an Gehalts-Lohnsumme gesamt: 41,0 %	Anteil an Gehalts-Lohnsumme gesamt: 6,0 %
Anteil am Humankapital 63.026,57	Anteil am Humankapital 189.079,70	Anteil am Humankapital 323.011,15	Anteil am Humankapital 47.269,92

Mittels folgender Tabelle werden die Beträge für die jährliche Abschreibung ermittelt:

Jahr	Mitarbeiter mit							
	Hochschulwissen	Wert / Jahres-AfA	Fachwissen	Wert / Jahres-AfA	Technologiewissen	Wert / Jahres-AfA	EDV-Fachwissen	Wert / Jahres-AfA
		63.026,57		189.079,70		323.011,15		47.269,92
1	20 %	12.605,31	26%	49.160,72	34 %	109.823,79	43 %	20.326,07
2	9 %	5.672,39	13%	24.580,36	15 %	48.451,67	15 %	7.090,49
3	6 %	3.781,59	9%	17.017,17	9 %	29.071,00	12 %	5.672,39
4	5 %	3.151,33	8%	15.126,38	8 %	25.840,89	9 %	4.254,29
5	4 %	2.521,06	6%	11.344,78	7 %	22.610,78	7 %	3.308,89
6	3 %	1.890,80	5%	9.453,99	6 %	19.380,67	5 %	2.363,50
7	3 %	1.890,80	5%	9.453,99	5 %	16.150,56	4 %	1.890,80
8	3 %	1.890,80	3%	5.672,39	4 %	12.920,45	3 %	1.418,10
9	2 %	1.260,53	3%	5.672,39	3 %	9.690,33	0 %	-
10	2 %	1.260,53	3%	5.672,39	2 %	6.460,22	0 %	-

Die oben kalkulierten Absolutbeträge der Jahresabschreibung stellen für jene Unternehmen die Grundlage einer nur nach handelsrechtlichen Grundsätzen möglichen degressiven Absetzung für Abnutzung dar. Außerdem ist es ratsam, nur ab einer bestimmten als bedeutend einzustufenden Zahl an Personen, die dem oben näher beschriebenen Personenkreis zugeordnet werden können, eine derartige Differenzierung vorzunehmen. Jedenfalls stellt diese Abschreibung einen zusätzlichen Verwaltungsaufwand dar, weil eine steuerrechtliche Abgrenzung nach aktuell geltenden Vorschriften unerlässlich ist.

Abschreibung des Customer Capital

- *Kunden*

Um die wirtschaftliche Nutzungsdauer objektiv bestimmen zu können, sind einerseits langfristige Lieferverträge, die meist mit Key Accounts abgeschlossen wurden, zu Hilfe zu ziehen, andererseits ist die durchschnittliche Verweildauer der „restlichen“ Kunden zu ermitteln. Diese beiden Faktoren stellen somit das Maß für die Abschreibung des Kundenkapitals dar.

Abschreibungsmodell:

	Anteil Key Accounts am Umsatz * durchschnittliche Fristigkeit der Lieferverträge
+	Anteil Restkunden am Umsatz * durchschnittliche Kundenbindung
=	Nutzungsdauer

Key Accounts

Umsatz gesamt	Key Account	Umsatz Key Accounts	Anteil Key Accounts am Gesamtumsatz	Vertragsdauer
	A	6.100	4,07%	1
	B	2.350	1,57%	0,5
	C	2.589	1,73%	0,5
	D	2.001	1,33%	1,5
	E	8.212	5,47%	0,5
150.000		21.252	14,17%	0,5

Restkunden

Umsatz der Restkunden	Anteil der Restkunden am Gesamtumsatz	durchschnittliche Kundenbindung
128.748	85,83%	2,5

Aus der obigen Formel ergibt sich somit eine Nutzungsdauer der Kunden von:
2,25911 Jahre

- *Marke*

Auf der Grundlage der oben angestellten Überlegungen beträgt die Nutzungsdauer einer entgeltlich erworbenen Marke maximal 8 Jahre. In den meisten Fällen wird die Nutzungsdauer sogar darunter liegen.

Da das Unternehmen in diesem Fallbeispiel sowohl dem Bereich Maschinenbau (Nutzungsdauer 7 Jahre) als auch der chemischen Industrie (Nutzungsdauer 6 Jahre) zugeordnet werden kann, wird von einer Nutzungsdauer von **6,5 Jahren** ausgegangen.

- *Glaubwürdigkeit und Umwelt*

Da § 82b der österreichischen Gewerbeordnung ein Prüfungsintervall von maximal sechs Jahren vorsieht (§ 359b GewO), scheint es in Anlehnung an die oben angestellten Überlegungen angemessen, bei der Berechnung der wirtschaftlichen Nutzungsdauer der Glaubwürdigkeit sowie der Umweltsituation einen Zeitraum von 6 Jahren als Sockel zugrunde zu legen.

Nach längstens diesem Zeitraum wird eine Diskussion ausgelöst, die den Prozess des Werteverfalls der Glaubwürdigkeit einleitet. Dieser Prozess ist in fünf Phasen (Latenzphase, Emergenzphase, Aufschwungphase, Reifephase, Abschwungsphase) zu untergliedern und läuft ohne entsprechende Gegensteuerungsmaßnahmen nach 1–3 Jahren aus.[232]

[232] Vgl. Strehl, W./Promberger, K., Lehrveranstaltung: Das Management der Umweltbeziehungen in der Vergangenheit und seine Entwicklung heute, Innsbruck 1994, S. 15–17.

> Die Abschreibung der Glaubwürdigkeit kann sich daher längstens auf einen Zeitraum von **9 Jahren** erstrecken.
>
> (max. 6 Jahre bis zum Eintritt des Störfalles und max. 3 Jahre bis zum Höhepunkt der Eskalation in der Öffentlichkeit)

Zusammenfassung Customer Capital

T_B = Abschreibung des Customer Capital

Abschreibung Kunden	=	**2,25 Jahre**
Abschreibung Marke	=	**6,5 Jahre**
Abschreibung Glaubwürdigkeit	=	**9 Jahre**

Abschreibung des Process Capital

- *Strategie*

Die Vision und die Strategie einer Unternehmung zählen unbestritten zu den wesentlichen, das Process Capital beeinflussenden Determinanten des Firmenwertes.

In Abhängigkeit von Branche, Unternehmen und Management wird der Zeitrahmen, innerhalb dessen eine Strategie verfolgt und zu erreichen versucht wird, zwischen 5 und 10 Jahren liegen. Diese Zeitspanne stellt die objektiv zu erwartende Nutzungsdauer des „Wirtschaftsgutes Strategie" dar. Im Testunternehmen wird den Mittelfristplänen der strategischen Planung eine Zielerreichungszeitspanne von 5 Jahren zugrunde legt.

> (Gewichtung des Einzelfaktors „Strategie" lt. Befragungsergebnis) / 5

- *Einkaufsgepflogenheiten, Lieferantenstruktur und deren Verlässlichkeit*

Diese Faktoren stellen in der Regel jene wesentlichen dem Process Capital zuzuordnenden Determinanten des Firmenwertes dar.

Die hier angestellten Überlegungen hinsichtlich der Nutzungsdauer beschränken sich auf so genannte A-Lieferanten, also ausschließlich erfolgskritische Lieferanten.

Entsprechend den in Kapitel 6.3 unter „Einkaufsgepflogenheiten, Lieferantenstruktur und Verlässlichkeit" angestellten Überlegungen wird auf die in diesem Unternehmensbereich wesentlichen Wissensträger Bezug genommen. Somit entspricht die Ermittlung des „Verbrauches" bzw. des „Werteverzehrs" dieser Determinante einer ähnlichen Vorgehensweise, wie sie im Rahmen des Humankapitals gewählt wurde. Die Bedeutung der Humankapazität spielt in diesem Bereich eine derart bedeutende Rolle, dass zur Ermittlung der Restnutzungsdauer auf das Humankapital Bezug genommen wird. Dies jedoch, wie bereits erwähnt, mit der Einschränkung, dass ausschließlich Daten von für A-Lieferanten zuständigen Mitarbeitern verwendet werden, außerdem unter Berücksichtigung der geltenden Fristen der Lieferverträge.

Nur für den Fall, dass bestehende Lieferverträge die Restleistungszeit des jeweils verantwortlichen Mitarbeiters (d. h. also die Zeit bis zur Pensionierung) überdauern, sind diese als die Nutzungsdauer bestimmendes Element zu berücksichtigen. Andernfalls dient der bis zur Pensionierung noch zu erbringende Restleistungszeitraum als die Nutzungsdauer bestimmendes Element. Dieses wird jedoch gekürzt um einen Risikoabschlag, der Umständen wie eklatanten Beschaffungs-preisnachteilen, Wechsel der bekannten Ansprechpersonen des Lieferanten, Konkurs oder Ausgleich des Lieferanten Rechnung tragen soll. Derartige Umstände würden das Unternehmen zu einem Lieferantenwechsel geradezu zwingen.

Gewichtung des Einzelfaktors „Einkaufsgepflogenheiten, Lieferantenstruktur und deren Verlässlichkeit" lt. Befragungsergebnis / Durchschnittlicher Restverbleib der mit A-Lieferanten in direktem Kontakt stehenden Vertriebsmitarbeiter unter Berücksichtigung der Fristigkeit der Lieferverträge

Umsatz:	150.000.000	
Einkaufsvolumen A-Lieferanten:	66.039.881	80,68%
Einkaufsvolumen:	81.849.851	100%

A-Lieferant	Einkaufs-volumen	Anteil	betreuender Mitarbeiter	Jahre bis zur Pension	Risiko-abschlag 50%	Restlaufzeit des bestehenden Liefer-vertrages	Nutzungs-dauer	gewichtete Nutzungs-dauer
1	2.990.504	4,53%	Eder	1	0,5	2	2	0,09
2	2.840.338	4,30%	Sonnweber	15	7	1	7	0,30
3	2.529.080	3,83%	Woite	8	4	1	4	0,15
4	2.504.599	3,79%	Meyer	11	5,5	2	5,5	0,21
5	2.436.235	3,69%	Höllbauer	7	3,5	2	3,5	0,13
6	2.425.199	3,67%	Polt	1	0,5	1	1	0,04
7	2.303.619	3,49%	Felder	17	8,5	1	8,5	0,30
8	2.011.342	3,05%	Eder	1	0,5	2	2	0,06
9	1.628.432	2,47%	Eder	1	0,5	2	2	0,05
10	1.599.465	2,42%	Meyer	11	5,5	2	5,5	0,13
11	1.517.225	2,30%	Woite	8	4	1	4	0,09
....	....		....	....	....	....	....	....
105	164.668	0,25%	Eder	1	0,5	1	1	0,00
	66.039.881	100%					Summe:	9,74

Das Prozesskapital wird demnach auf **9,74 Jahre** abgeschrieben.

Abschreibung des Intellectual Property

- *Patente, Lizenzen und Designs*

Als Maß für die Abschreibung dieser Determinante wird auf die Restlaufzeit der Patente, Lizenzen und Copyrights abgestellt. Dabei ist jedoch dem Gewicht der jeweiligen Patente und ihrem Beitrag, den sie zum Unternehmenserfolg leisten, entsprechend Rechnung zu tragen. Aus diesem Grund wird vom geleisteten Deckungsbeitrag ein Fixkostenanteil im prozentuellen Ausmaß des anteiligen Umsatzes der unter Patent hergestellten und vertriebenen Produkte in Abzug gebracht.

A:

$$\text{Deckungsbeitrag Patent 1} - (\text{Fixkosten} \times \text{Umsatzanteil Patent 1}) = \text{Ergebnisbeitrag Patent 1}$$

$$\text{Deckungsbeitrag Patent 2} - (\text{Fixkosten} \times \text{Umsatzanteil Patent 2}) = \text{Ergebnisbeitrag Patent 2}$$

$$\text{Deckungsbeitrag Patent 3} - (\text{Fixkosten} \times \text{Umsatzanteil Patent 3}) = \text{Ergebnisbeitrag Patent 3}$$

$$\text{Deckungsbeitrag Patent n} - (\text{Fixkosten} \times \text{Umsatzanteil Patent n}) = \text{Ergebnisbeitrag Patent n}$$

$$\Sigma\ \text{Ergebnisbeitrag aller Patente}$$

B:

$$\frac{\Sigma\ \text{Ergebnisbeitrag aller Patente}}{\text{Gesamtergebnis vor Steuern}} = \text{Prozentsatz, den unter Patent gefertigte Produkte zum Gesamtergebnis beitragen}$$

C:

Prozentsatz, den unter Patent gefertigte Produkte zum Gesamtergebnis beitragen
× Firmenwert
= Wert Intellectual Property

D:

$$\frac{\text{Ergebnisbeitrag Patent 1}}{\Sigma\ \text{Ergebnisbeitrag aller Patente}} = \text{Anteil Patent 1 am Intellectual Property}$$

$$\frac{\text{Ergebnisbeitrag Patent 2}}{\Sigma\ \text{Ergebnisbeitrag aller Patente}} = \text{Anteil Patent 2 am Intellectual Property}$$

$$\frac{\text{Ergebnisbeitrag Patent n}}{\Sigma\ \text{Ergebnisbeitrag aller Patente}} = \text{Anteil Patent n am Intellectual Property}$$

E:

Anteil Patent n am Intellectual Property * Wert Intellectual Property = Wert Patent n

Ergebnis 2003	252.74,00
Firmenwert	1.536.334,00
Fixkosten	33.487,00

Patent Nr.	Patent-inhaber	Zuständig-keit	Rest-laufzeit	Deckungs-beitrag II	Umsatz
1	Unternehmen	Herr A	7	100,1	171,9
2	Unternehmen	Herr B	6	600,6	825,3
3	Unternehmen	Herr A	4	616,8	852,3
4	Unternehmen	Herr B	9	47,3	107,1
5	Unternehmen	Herr A	11	4.439,6	5.821,2
6	Unternehmen	Herr B	13	6.706,7	8.853,3
7	Unternehmen	Herr A	17	72,6	174,6
8	Unternehmen	Herr B	11	573,1	813,6
9	Unternehmen	Herr A	14	644,6	874,8
10	Unternehmen	Herr B	18	204,6	321,3
11	Unternehmen	Herr A	18	55,0	90,9
12	Unternehmen	Herr B	8	3,3	9,9
13	Unternehmen	Herr A	16	304,7	368,1
14	Unternehmen	Herr B	12	323,4	470,7
15	Unternehmen	Herr B	7	9,9	23,4
16	Unternehmen	Herr A	18	2,2	3,6

Patent Nr.	Gesamt-umsatz	Fix-kosten	A Ergebnis-beitrag	B / D Aktueller Beitrag	C / E Wert Intellectual Property
1	150.000	33,487	61,72	0,61%	375,15
2	150.000	33,487	416,35	4,09%	2.530,56
3	150.000	33,487	425,73	4,18%	2.587,52
4	150.000	33,487	23,39	0,23%	142,16
5	150.000	33,487	3.030,04	29,77%	18.416,25
6	150.000	33,487	4.730,23	46,48%	28.749,85
7	150.000	33,487	33,26	0,33%	204,35
8	150.000	33,487	391,47	3,85%	2.379,29
9	150.000	33,487	449,30	4,41%	2.730,82
10	150.000	33,487	132,87	1,31%	807,58
11	150.000	33,487	34,71	0,34%	210,94
12	150.000	33,487	1,09	0,01%	6,62
13	150.000	33,487	222,52	2,19%	1.352,47
14	150.000	33,487	218,32	2,15%	1.326,91
15	150.000	33,487	4,68	0,05%	28,42
16	150.000	33,487	1,40	0,01%	8,49
			10.177,43	4,03%	61.857,38

F:
Um die Jahresabschreibung jedes einzelnen Patentes zu ermitteln, ist der Wert jedes Patentes durch dessen Restlaufzeit zu dividieren.

Patent Nr.	Restlaufzeit in Jahren	Wert Intellectual Property	Jahres-abschreibung
1	7	375,15	53,59
2	6	2.530,56	421,76
3	4	2.587,52	646,88
4	9	142,16	15,80
5	11	18.416,25	1.674,20
6	13	28.749,85	2.211,53
7	17	204,35	12,02
8	11	2.379,29	216,30
9	14	2.730,82	195,06
10	18	807,58	44,87
11	18	210,94	11,72
12	8	6,62	0,83
13	16	1.352,47	84,53
14	12	1.326,91	110,58
15	7	28,42	4,06
16	18	8,49	0,47
		61.857,38	5.704,19

Zusammenfassung Intellectual Property

Die durchschnittliche Nutzungsdauer für das Intellectual Property beträgt 10,8 Jahre, die jährlich vorzunehmende Abschreibung darauf beläuft sich auf 5.704,19 Euro.

Ad Schritt 3. Die Anwendung des Abschreibungsmodells auf die festgelegten Determinanten des Firmenwertes

A.	Human Capital	Anteil am Firmenwert	Nutzungsdauer	Jahresabschreibung
		787.832,07	20,5	**38.430,83**
aa.	**unter Berücksichtigung der Halbwertszeit des Wissens**	**622.387,34**	degressiv	siehe Abb. 30

B.	Customer Capital	Anteil am Firmenwert	Nutzungsdauer	Jahresabschreibung
1.)	Kunden	**79.582,10**	2,25	**35.369,82**
2.)	Marke	**198.955,26**	6,5	**30.608,50**
3.)	Glaubwürdigkeit und Umwelt	**119.373,15**	9	**13.263,68**
		397.910,51		

C.	Process Capital	Anteil am Firmenwert	Nutzungsdauer	Jahresabschreibung
1.)	Strategie	**224.570,92**	5	**44.914,18**
2.)	Einkaufsgepflogenheiten, Lieferantenstruktur und Lieferantenverlässlichkeit	**64.163,12**	9,74	**6.587,59**

D.	Intellectual Property	Anteil am Firmenwert	Nutzungsdauer	Jahresabschreibung
1.)	Patent 1	375,2	7,0	53,6
2.)	Patent 2	2.530,6	6,0	421,8
3.)	Patent 3	2.587,5	4,0	646,9
4.)	Patent 4	142,2	9,0	15,8
5.)	Patent 5	18.416,2	11,0	1.674,2
6.)	Patent 6	28.749,8	13,0	2.211,5
7.)	Patent 7	204,3	17,0	12,0
8.)	Patent 8	2.379,3	11,0	216,3
9.)	Patent 9	2.730,8	14,0	195,1
10.)	Patent 10	807,6	18,0	44,9
11.)	Patent 11	210,9	18,0	11,7
12.)	Patent 12	6,6	8,0	0,8
13.)	Patent 13	1.352,5	16,0	84,5
14.)	Patent 14	1.326,9	12,0	110,6
15.)	Patent 15	28,4	7,0	4,1
16.)	Patent 16	8,5	18,0	0,5
		61.857,4		**5.704,2**

Summe der durch die Anwendung des Modells entstandenen Abschreibung: 174.878,80

Abbildung 28: Zusammenfassung des angewandten Modells

Abschreibung des Humankapitals unter Berücksichtigung der Halbwertszeit des Wissens:

a.a. Humankapital (keinem degressiven Verbrauch unterliegend):

	Anteil am Firmenwert	Nutzungsdauer	Jahresabschreibung
	165.444,73	20,5	**8.070,47**

a.b. Humankapital unter Berücksichtigung der Halbswertszeit des Wissens:

Jahr	Anteil am Firmenwert	Nutzungsdauer (degressive AfA)	Jahresabschreibung
	622.387,34		
1			**191.915,89**
2			**85.794,91**
3			**55.542,16**
4			**48.372,89**
5			**39.785,52**
6			**33.088,95**
7			**29.386,14**
8			**21.901,73**
9			**16.632,26**
10			**13.393,15**

A. Abschreibung des Humankapitals der ersten 10 Jahre:

Jahr	Anteil am Firmenwert	Nutzungsdauer (aus aa. und ab.)	Jahresabschreibung
	787.832,07		
1			**199.986,37**
2			**93.865,39**
3			**63.612,64**
4			**56.443,36**
5			**47.855,99**
6			**41.159,42**
7			**37.456,61**
8			**29.972,21**
9			**24.693,73**
10			**21.763,62**

Abbildung 29: Nutzungsdauer des Humankapitals unter Berücksichtigung der Halbwertszeit des Wissens

Ad Schritt 4. Berücksichtigung im Jahresabschluss (Bilanz sowie Gewinn- und Verlustrechnung)

Zunächst soll die unter den gegebenen handelsrechtlichen Bestimmungen ausgewiesene Bilanz sowie die Gewinn- und Verlustrechnung der im Fallbeispiel beschriebenen Gesellschaft abgebildet werden (s. Abb. 30, S. 186: Gewinn- und Verlustrechnung des Jahres 2003 ohne Anwendung des Modells sowie Abb. 31, S. 187: Bilanz des Jahres 2003 ohne Anwendung des Modells). In weiterer Folge werdendie sich unter Anwendung des entwickelten Modells ergebenden Veränderungen hervorgehoben und die sich dabei ergebenden wesentlichen Differenzen kommentiert sowie in der Zusammenfassung abschließend erläutert. In diesem Fallbeispiel steht ausschließlich die Behandlung des Firmenwertes im Fokus der Betrachtung. Da man davon ausgeht, dass im Anlagevermögen keine stillen Reserven enthalten sind, bleibt eine allfällig vorzunehmende Zuweisung der stillen Reserven auf das Anlagevermögen unberücksichtigt. .

Der nach dem Kauf zu aktivierende Firmenwert in Höhe von € 1.536.334,– wird grundsätzlich auf eine Dauer von 15 Jahren linear abgeschrieben. Das ergibt einen jährlichen Abschreibungsbedarf in Höhe von € 102.422,27. Legte man der Abschreibung jedoch das hier entwickelte Modell zugrunde (s. Abb. 28, S. 183: Zusammenfassung des angewandten Modells), so würde das zu einem zusätzlichen Abschreibungsbedarf im Ausmaß von € 72.456,53 führen. Der Firmenwert wäre demnach nicht erst nach 15 Jahren, sondern bereits nach 8,8 Jahren vollständig abgeschrieben. Berücksichtigt man darüber hinaus den Verlauf der Abnutzung des Humankapitals unter Anwendung der ergänzenden Überlegungen hinsichtlich der Halbwertszeit des Wissens, reduziert sich die Nutzungsdauer nochmals wesentlich.

Auch wenn in diesem Beispiel der Wert des aktivierten Goodwill absolut betrachtet nicht sehr groß ist, wird doch deutlich, dass die tatsächliche wirtschaftliche Nutzungsdauer des Firmenwertes in der Regel deutlich unter den derzeit steuer- und handelsrechtlich vorgesehenen 15 Jahren liegt.

Gewinn- und Verlustrechnung für das Geschäftsjahr 2003

	2003 €	€
1. Umsatzerlöse		151.256.142,54
2. Veränderung des Bestands an fertigen und unfertigen Erzeugnissen	–1.689.098,77	
3. sonstige betriebliche Erträge		
a) Erträge aus dem Abgang von Anlagevermögen mit Ausnahme der Finanzlagen	433.065,00	150.000.107,77
4. Aufwendungen für Material und sonstige bezogene Herstellungsleistungen		
a) Materialaufwand	52.930.367,00	
b) Aufwendungen für bezogene Leistungen	765.420,00	53.695.787,00
5. Personalaufwand		
a) Löhne	37.461.044,22	
b) Gehälter	31.964.490,88	
c) Aufwendungen für Abfertigungen	2.486.888,72	
d) Aufwendungen für gesetzlich vorgeschriebene Sozialabgaben sowie vom Entgelt abhängige Abgaben und Pflichtbeiträge	2.236.605,69	
e) sonstige Sozialaufwendungen	2.646.570,49	76.613.600,00
6. Abschreibungen auf immaterielle Gegenstände des Anlagevermögens und Sachanlagen		5.588.976,04
7. sonstige betriebliche Aufwendungen		11.984.872,87
8. Zwischensumme Z 1 bis 7 (Betriebserfolg)		**2.116.871,86**
9. Erträge aus Wertpapieren des Finanzanlagevermögens		2.943.689,00
10. Sonstige Zinsenerträge		1.207.269,77
11. Erträge aus der Zuschreibung zu Finanzanlagen		0,00
12. Aufwendungen aus Finanzanlagen Abschreibungen		–2.544.957,10
13. Zinsenaufwendungen		–3.339.882,58
14. Zwischensumme aus Z 9 bis 13 (Finanzerfolg)		**–1.733.880,91**
15. Ergebnis der gewöhnlichen Geschäftstätigkeit		**382.990,95**
16. Steuern vom Einkommen		–130.216,92
17. Jahresüberschuss		**252.774,03**
18. Auflösung unversteuerter Rücklagen sonstige unversteuerte Rücklagen Investitionsfreibetrag gem. §10 EStG		755.643,00
19. Auflösung von Kapitalrücklagen		0,00
20. Zuweisung von unversteuerten Rücklagen sonstige unversteuerte Rücklagen Investitionsfreibetrag gem. §10 EStG		0,00
21. Zuweisung zu Gewinnrücklagen andere Rücklagen (freie Rücklagen)		0,00
22. Gewinnvortrag aus dem Vorjahr		377.533,00
23. Bilanzgewinn		**1.385.950,03**

Abbildung 30: Gewinn- und Verlustrechnung des Jahres 2003 ohne Anwendung des Modells

Bei Anwendung der handels- und steuerrechtlich vorgesehenen Abschreibungsdauer von 15 Jahren gelangt man zu einer Jahresabschreibung i. H. von € 102.422,27

Bei Anwendung des entwickelten Modells ergibt sich eine um ca. 70 % höhere Abschreibung. Dies führt zu einer Nutzungsdauer von 8,8 Jahren.

Bilanz zum 31.12.2003

Aktiva:	Stand am 31.12.2003 T€
A. Anlagevermögen	
I. Immaterielle Vermögensgegenstände	
1. Firmenwert	**1.433.911,73**
2. Mietrechte, Lizenzen, Konzessionen und Software	5.864.520,82
II. Sachanlagen	
1. Grundstücke und Bauten	23.966.438,04
2. Betriebs- und Geschäftsausstattung	18.036.534,55
III. Finanzanlagen	
Wertpapiere des Anlagevermögens	56.609.403,85
	105.910.808,99
B. Umlaufvermögen	
I. Vorräte	
1. Rohmaterial	6.477.523,98
2. unfertige und fertige Erzeugnisse	10.022.867,92
	16.500.391,90
II. Forderungen	
1. Forderungen aus Lieferungen und Leistungen	28.544.391,41
2. sonstige Forderungen	9.514.797,14
	38.059.188,55
III. Kassenbestand, Guthaben bei Kreditinstituten	**1.189.349,64**
C. Rechnungsabgrenzungsposten	**67.942,86**
	161.727.681,93

Passiva:	Stand am 31.12.2003 T€
A. Eigenkapital	
I. Stammkapital	500.000,00
II. nicht gebundene Kapitalrücklage	2.000.000,00
III. satzungsmäßige Gewinnrücklagen	18.823.654,00
IV. Bilanzgewinn	1.385.950,03
davon Gewinnvortrag: 377.533,-	
	22.709.604,03
B. Unversteuerte Rücklagen	
sonstige unversteuerte Rücklagen	643.598,67
C. Rückstellungen	
1. Rückstellungen für Abfertigungen	15.386.339,87
2. Steuerrückstellungen	5.951.000,00
3. sonstige Rückstellungen	13.866.249,05
D. Verbindlichkeiten	
1. Verbindlichkeiten gegenüber Kreditinstituten	70.366.429,87
2. Erhaltene Anzahlungen auf Bestellungen	4.882.756,46
3. Verbindlichkeiten aus Lieferungen und Leistunge	21.622.865,00
4. sonstige Verbindlichkeiten	6.298.838,98
davon aus Steuern € 2.003.216,33	
davon im Rahmen der Sozialen Sicherheit € 1.132.857,02	
	161.727.681,93

Abbildung 31: Bilanz des Jahres 2003 ohne Anwendung des Modells

Gewinn- und Verlustrechnung bei Anwendung des entwickelten Abschreibungsmodells

– angepasste Gewinn- und Verlustrechnung für das Geschäftsjahr 2003

	2003 €	€
1. Umsatzerlöse		151.256.142,54
2. Veränderung des Bestands an fertigen und unfertigen Erzeugnissen	–1.689.098,77	
3. sonstige betriebliche Erträge		
a) Erträge aus dem Abgang von Anlagevermögen mit Ausnahme der Finanzlagen	433.065,00	150.000.107,77
4. Aufwendungen für Material und sonstige bezogene Herstellungsleistungen		
a) Materialaufwand	52.930.367,00	
b) Aufwendungen für bezogene Leistungen	765.420,00	53.695.787,00
5. Personalaufwand		
a) Löhne	37.461.044,22	
b) Gehälter	31.964.490,88	
c) Aufwendungen für Abfertigungen	2.486.888,72	
d) Aufwendungen für gesetzlich vorgeschriebene Sozialabgaben sowie vom Entgelt abhängige Abgaben und Pflichtbeiträge	2.236.605,69	
e) sonstige Sozialaufwendungen	2.646.570,49	76.613.600,00
6. Abschreibungen auf immaterielle Gegenstände des Anlagevermögens und Sachanlagen		5.661.432,57
7. sonstige betriebliche Aufwendungen		11.984.872,87
8. Zwischensumme Z 1 bis 7 (Betriebserfolg)		**2.044.415,33**
9. Erträge aus Wertpapieren des Finanzanlagevermögens		2.943.689,00
10. Sonstige Zinsenerträge		1.207.269,77
11. Erträge aus der Zuschreibung zu Finanzanlagen		0,00
12. Aufwendungen aus Finanzanlagen Abschreibungen		–2.544.957,10
13. Zinsenaufwendungen		–3.339.882,58
14. Zwischensumme aus Z 9 bis 13 (Finanzerfolg)		**–1.733.880,91**
15. Ergebnis der gewöhnlichen Geschäftstätigkeit		**310.534,42**
16. Steuern vom Einkommen		–105.581,70
17. Jahresüberschuss		**204.952,72**
18. Auflösung unversteuerter Rücklagen sonstige unversteuerte Rücklagen Investitionsfreibetrag gem. §10 EStG		755.643,00
19. Auflösung von Kapitalrücklagen		0,00
20. Zuweisung von unversteuerten Rücklagen sonstige unversteuerte Rücklagen Investitionsfreibetrag gem. §10 EStG		0,00
21. Zuweisung zu Gewinnrücklagen andere Rücklagen (freie Rücklagen)		0,00
22. Gewinnvortrag aus dem Vorjahr		377.533,00
23. Bilanzgewinn		**1.338.1280,72**

Abbildung 32: Gewinn- und Verlustrechnung unter Anwendung des entwickelten Abschreibungsmodells

Da in diesem Beispiel der Effekt des Modells auf den Jahresabschluss lediglich des ersten Jahres nach Aktivierung eines Firmenwertes dargestellt ist, stellt sich die Frage nach den Auswirkungen einer determinantenspezifischen Abschreibung in den folgenden Perioden.

Wie zuvor beschrieben, weisen die Determinanten eine voneinander vollkommen unabhängige wirtschaftliche Nutzungsdauer auf, weshalb es sukzessive zu einer Reduktion der sich aus dem Firmenwert ergebenden Abschreibung kommt. Die folgende Grafik (Abb. 33: Gegenüberstellung lineare vs. determinantenspezifische Abschreibungsvariante) zeigt, wie sich die Abschreibungen im Laufe der Zeit verändern, bis die letzte Determinante des entgeltlich erworbenen Firmenwertes schließlich keinen Restbuchwert mehr aufweist.

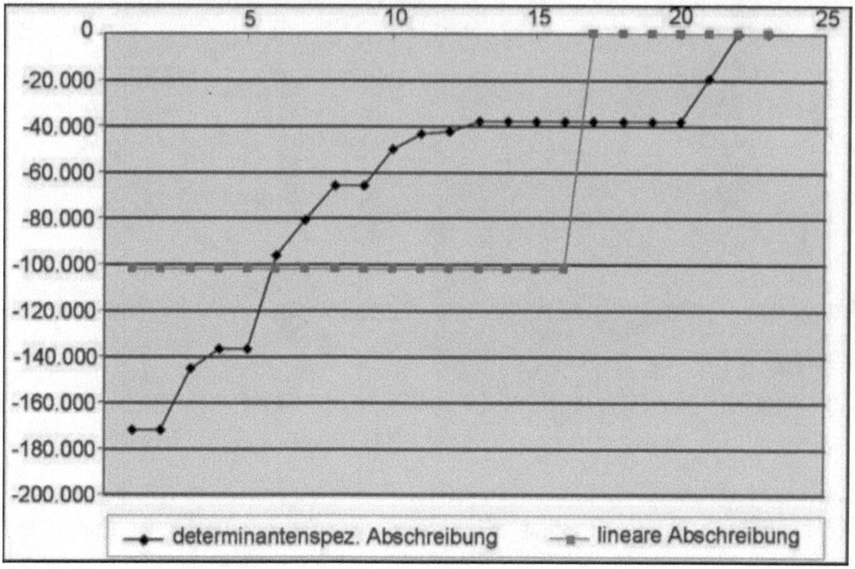

Abbildung 33: Gegenüberstellung lineare vs. determinantenspezifische Abschreibungsvariante

Dabei stellt die dunklere Kurve die Jahresabschreibung unter Anwendung des hier entwickelten Modells der determinantenspezifischen Abschreibung dar, wohingegen die hellere Kurve den aktuellen, gesetzlich vorgesehenen linearen Abschreibungsmodus zeigt. Anhand dieser Gegenüberstellung wird deutlich, dass unter Anwendung des neuen Modells in den ersten Jahren eine deutlich höhere Abschreibung notwendig erscheint, als dies eine lineare, auf 15 Jahre verteilte Abschreibung zulässt.

Auch ein Vergleich der Barwerte der beiden Abschreibungsmodelle bestätigt in diesem Beispiel, dass eine determinantenspezifische Abschreibung einen höheren Barwert ausweist. In Abhängigkeit von der Höhe des Diskontierungszinssatzes steigt mit wachsendem Zinssatz der Differenzbetrag zwischen den beiden Barwerten und damit die Attraktivität einer determinantenspezifischen Abschreibung.

Vergleicht man die Abschreibungsbeträge unter Anwendung des entwickelten Modells mit jenen, die sich bei einer Ertragswertabschreibung ergeben, so zeigt sich in der Gegenüberstellung der Barwerte ein ähnliches Bild (Abb. 34):

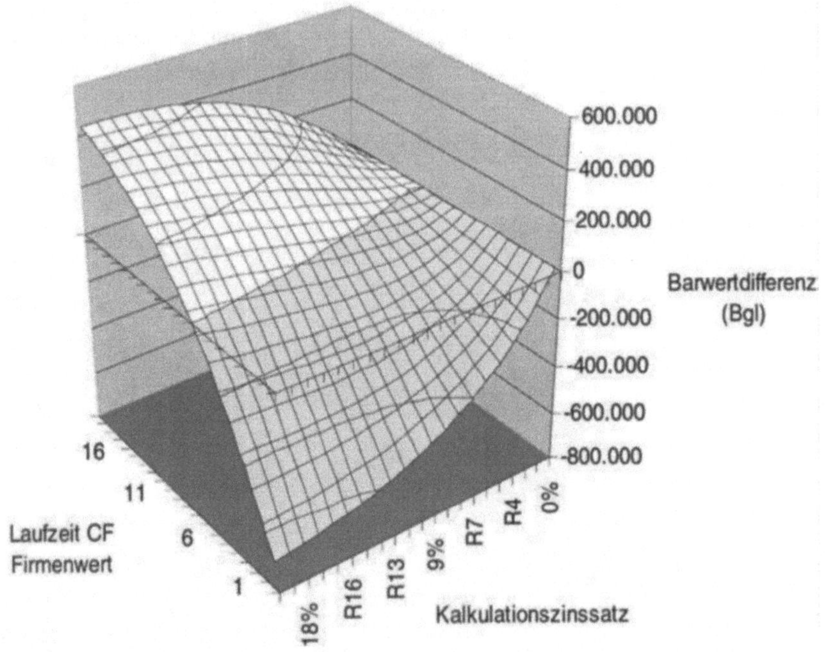

Abbildung 34: Gegenüberstellung der Barwerte einer determinantenspezifischen Abschreibung und einer Ertragswertabschreibung

Dabei zielt die Ertragswertabschreibung ähnlich der Besteuerung von Finanzinvestitionen, bei denen lediglich der Zinsertrag der Bemessungsgrundlage für die Steuer dient, auf eine Besteuerung der Zinstangente. Der Gedanke, dass alternativ zur Anlage in Investitionsgüter auch Finanzanlagen angeschafft werden können, spielt bei diesen Überlegungen eine entscheidende Rolle. Die Grafik zeigt, dass bei einem Kalkulationszinssatz von 0% zwischen den beiden Modellen kein Unterschied besteht. Je höher jedoch der Diskontierungszinssatz und je länger die Laufzeit (d. h. je länger der Firmenwert in der Lage ist, Cashflows zu generieren), desto attraktiver wird das Modell einer determinantenspezifischen Abschreibung im Vergleich zu einer ertragswertabhängigen Abschreibung.

9 Zusammenfassung

Das Ziel dieser Arbeit und der darin vorgenommenen Untersuchungen ist die Entwicklung eines Modells zur determinantenspezifischen Abschreibung des Firmenwertes als Basis zur Ermittlung der Steuerbemessungsgrundlage im betrieblichen Bereich.

Dazu war eine kritische Auseinandersetzung mit dem Bilanzposten „Firmenwert" sowie mit monetären Bewertungsfragen um diesen Faktor notwendig. Nach Aufarbeitung der theoretischen Grundlagen und der Entwicklung eines Abschreibungsmodells wurde versucht, anhand einer empirischen Erhebung in einer Reihe von Industrieunternehmen, Gesetzmäßigkeiten für die Aufteilung der Pauschalgröße Firmenwert auf dessen Determinanten zu ermitteln. Ergebnis der empirischen Untersuchung ist, dass eine allgemeingültige Aufteilung aufgrund der individuell sehr unterschiedlich ausgestalteten Unternehmensumfelder nicht möglich ist. Eine unmittelbare Kausalität zwischen Unternehmenstypus „Industrieunternehmen" und einer allgemein gültigen Determinantenzuteilung kann demnach nicht schlüssig abgeleitet werden. Daher verzerrt die derzeitige steuerliche Regelung, dass ein Firmenwert pauschal auf 15 Jahre verteilt abgeschrieben werden muss, die Investitionsentscheidung zwischen Real- und Finanzinvestition.

Zweck der Abschreibung von Wirtschaftsgütern ist die Vorsorge für den notwendigen Reinvestitionsbedarf von Unternehmen. Um diesem Zweck gerecht zu werden, muss entsprechend dem wirtschaftlichen Leistungsverzehr abgeschrieben werden. Dies wäre im Idealfall der Ertragswertabschreibung gegeben. Allerdings ist diese aufgrund intersubjektiv schwer bzw. nicht nachvollziehbarer Einflussparameter zur Ermittlung einer Steuerbemessungsgrundlage nicht praktisch einsetzbar. Das hier entwickelte Modell zur determinantenspezifischen Abschreibung ermöglicht dagegen erstmals ein mit empirischen Daten fundiertes Abweichen vom üblichen pauschalen Abschreibungsansatz des Steuerrechtes, das dem Ziel der Entscheidungsneutralität der Bemessungsgrundlage besser entspricht als eine pauschale Abschreibung. Da es durch das entwickelte Modell möglich ist, diesen Determinanten eine intersubjektiv nachvollziehbare wirtschaftliche Nutzungsdauer zuzuweisen, kann die verzerrende Wirkung der derzeitigen Abschreibungsregelung zumindest gemindert werden. Damit wurde in dieser Arbeit eine umsetzbare Möglichkeit der intersubjektiven, determinantenspezifischen Abschreibung eines derivativen Firmenwertes von Industrieunternehmen gezeigt.

Literaturverzeichnis

Arbeitsgruppe der Industriellenvereinigung: Zukunft. Nachhaltig. Gestalten, Wien 2004

Baumann, W./Kössler, W./Promberger, K.: Betriebliche Umweltmanagementsysteme, Anforderungen, Umsetzung, Erfahrungen, Innsbruck 2002

Baumbach, O.: Die Bewertung von Handels- und Dienstleistungsunternehmen, Nürnberg 1997

Becker, G.: Human Capital, A Theoretical and Empirical Analysis with Special Reference to Education, 3. Auflage, Chicago 1993

Berens, W./Branner, H.: Due Diligence bei Unternehmensakquisitionen, 2. Auflage, Stuttgart 1999

Berger, P.: Customer lifetime value: marketing models and applications, 1998

Bertl, R./Hirschler, K./Mandl, D.: Handbuch zum Rechnungslegungsgesetz (Handbuch RLG), Wien 1997

BFH-Urteile vom 12.11.1985 VIII R 286/81, BFHE 145, 62, BStBl 1986, 55, m. w. N.; vom 14.4.1988 IV R 271/84, BFHE 153, 125, BStBl II 1988. 667

Bond, S./Devereux, M.: Generalised R-based and S-based taxes under uncertainty, Journal of Public Economics 87, 2003

Born, K.: Unternehmensanalyse und Unternehmensbewertung, Stuttgart 1995

Boulton, R./Libert, B./Samek, S.: Cracking the Value Code, New York 2000

Brooking, A.: Intellectual Capital: Core Asset for the Third Millenium Enterprise, International Thomson Business Press, New York 1996

Bruhn, M./Meffert, H./Wehrle F. (Hrsg.): Marktorientierte Unternehmensführung im Umbruch. Effizienz und Flexibilität als Herausforderung des Marketing, Stuttgart, 1994

Bruhn, M.: Marketing. Grundlagen für Studium und Praxis, 2. Auflage, Wiesbaden 1995

Bugdahl, V.: Marken machen Märkte: Eine Anleitung zur erfolgreichen Markenpraxis, München 1998

Caroll, A.: A Three Dimensional Conceptual Model of Corporate Performance, in: Academy of Management Review, 4/1979

Caroll, A.: Business and Society, Ethics and Stakeholdermanagement, Dallas 1989

Casanova, M.: Marketing, St. Galler Business School, St. Gallen 2002

Cheng, R./Dunne, K./Nathan, K.: Target Shareholders' Returns: The Effect of Diversity in Accounting Standards and Tax Treatments in Cross-Border Acquisitions, Journal of Accounting and Public Policy, 16/1997

Chridito, Y.: Markenbewertung, Zürich 2003

Churyk, N.: Reporting goodwill: are the new accounting standards consistent with market valuations?, Journal of Business Research, forthcoming 2005

Copeland, T./Koller, T./Murin J.: Valuation – Measuring and Managing the Value of Companies, New York 1994

Cortolezis, V.: Steuern und Recht, ÖGWT: per saldo, Wien 3/98

Dawo, S./Heiden, M.: Aktuelle Entwicklungen zur Erfassung immaterieller Werte in der externen Berichterstattung. Neuorientierung durch die Verwendung kennzahlenbasierter Konzepte, Deutsches Steuerrecht 40/2001

Denk, C.: Die Bilanzierung eines negativen Geschäfts-(Firmen)wertes im Einzelabschluß, Lindeverlag, Wien 1998

Deutsches Institut für Interne Revision e. V., Fragebogen Interne Revision, Bühl/Baden 1984

Doralt, W.: Einkommensteuergesetz Kommentar, Wien 2000

Doralt, W.: Steuerrecht 2001, Einführung und Überblick, Wien 2001
Drosdek, A.: Credibility Management, Frankfurt am Main 1996
Dyllik, T.: Ökologisch bewusste Unternehmensführung. Herausforderung eines zukunftsorientierten Managements, Ökologische Lernprozesse in Unternehmungen
Edvinson, L./Malone, M.: Intellectual Capital, realizing your company's true value by finding its hidden brainpower, NewYork 1997
Edvinson, L./Malone, M.: Intellectual Capital: The proven way to establish your company's real value by measuring its hidden brainpower, London 1997
Egner, H.: Arbeitstechnik der Internen Revision, Bilanz- und Buchhaltungspraxis 1971
Ehrhardt, M./Daves, P.: The Adjusted Present Value: The Combined Impact of Growth and Tax Shield of Debt on the Cost of Capital and Systematic Risk, Knoxville 1999
Eidgenössisches Departement für Umwelt, Verkehr, Energie und Kommunikation, Erläuterungen zur Verordnung über die Abgaben zur Sanierung von Altlasten (VASA), Februar 2000
Fattinger in Bertl, R./Mandl, G.: Handbuch zum Rechnungslegungsgesetz (Handbuch RLG), Wien 1997
Fellnberg, G.: Lebensraum Stadt, Stuttgart 1991
Freeman, R./Gilbert, D.: Corporate Strategy and the Search for Ethics, Englewood Cliffs NJ 1988
Freeman, R.: Strategic Management, A Stakeholder Approach, in: Advances in Strategic Management, 1983
Friesl, C.: Ethik und Unternehmensführung, Alpbacher Finanzsymposium, Alpbach Oktober 2003
Gassner, W./Lahodny-Karner, A./Urtz, C.: in Straube, HGB, Band 2 Rechnungslegung, 2. Auflage, Wien 2000
Gerson, R.: Der Marketingplan, Wien 1992
Gossow, V.: Altlastensanierung, Gütersloh 1995
Granstrand, O.: The Economics and Management of Intellectual Property, Northampton, MA 1999
Grün, A.: Menschen führen, Leben wecken, Münsterschwarzach 1998
Güldenberg, S.: Wissensmanagement und Wissenscontrolling in lernenden Organisationen, Wiesbaden 1998
Hannak, K.: Grundbegriffe des Bürgerlichen Rechts, Wien 1987
Harrison, S./Sullivan, P.: Profiting from intellectual capital, learning from leading companies, in: Journal fo Intellectual Capital, MCB University Press, Palo Alto 2000
Haslinger, S.: Mitarbeiterkapitalbeteiligung, Wien 1997
Heidinger, M./Rabel, K./Peissl, C./Schellman, G./Heidinger, T.: Rechtsformgestaltung II, Wien 1994
Heinen, E.: Industriebetriebslehre als entscheidungsorientierte Unternehmungsführung, Wiesbaden 1991
Herzig, N.: IAS/IFRS und steuerliche Gewinnermittlung, Die Wirtschaftsprüfung, Heft 5/2005, 211
HGB, 2. Band, 2. Auflage, § 196, Rz. 5
Hinterhuber, H.: Den Führungskräften fehlt oft die Demut, in: Die Presse, 6. Nov. 2004
Hinterhuber, A.: Strategische Erfolgsfaktoren bei der Unternehmensbewertung, 2. Auflage, Wiesbaden 2002
Hinterhuber, H.: Business Information for Management, Wien 2002
Hinterhuber, H.: Leadership, Frankfurt am Main 2003

Hinterhuber, H.: Strategische Unternehmensführung, II. strategisches Handeln, 6. Auflage, Berlin/New York 1997
Hinterhuber, H.: Wettbewerbsstrategie, 2. Auflage, Berlin/New York 1990
Hofians, R.: Bilanzierungshilfen des Handelsrechts im Bilanzsteuerrecht, Wien 1986
Hölscher, L.: Käuferbezogene Unternehmensbewertung, Frankfurt 1998
Horvath, P.: Controlling, 4. Auflage, München 1991, Controlling – Entwicklung und Stand einer Konzeption zur Lösung der Adaptions- und Koordinationsprobleme der Führung, ZfB 1978
http://rsw.beck.de/rsw/shop/default.asp?docid=49698&docClass=NEWS&from=BC.920 (4. 8. 2004)
http://www.1000ventures.com/business_guide/marketing_brands.html (26. 9. 2004)
http://www.alphalogs.de/maut_projektangebot.pdf (30. 9. 2004)
http://www.atsdr.cdc.gov/tfacts5.html (9. 4. 2004)
http://www.bstbl.de/daten/1_99/BSTBL_I_1999_14_686.htm (22. 5. 2004)
http://www.duesseldorf.ihk.de/de/InnovationundUmwelt/Umweltschutz/Abfall.jsp (12. 4. 2004)
http://www.ephorie.de/hindle_pareto-prinzip.htm (27. 10. 2004)
http://www.fh-landshut.de/~hskopp/docs/wp/m&a4.ppt (30. 9. 2004)
http://www.fvginternational.com/SFAS/SFAS_141_142.html (6. 8. 2004)
http://www.fvginternational.com/SFAS/SFAS_141_142.html (6. 8. 2004)
http://www.ifrs-portal.com/(8. 1. 2006)
http://www.intellectualcapital.nl/(7. 11. 2003)
http://www.intellectualcapital.se/ic_rating_eng.html, (5. 11. 2003)
http://www.iuk.bwl.uni-muenchen.de/lehre/vorlesung/finanzanalyse/fa_2.pdf (23. 8. 2004)
http://www.ivt.rwth-aachen.de/De/Forschung/Membranverfahren/pv_def.html (20. 7. 2004)
http://www.kfw-mittelstandsbank.de/mportal/Gruenderzentrum/d020Marke/d010Market/d010Planu/d040ProduL/d040ProduL.jsp (22. 5. 2004)
http://www.marketingpower.com/live/mg-dictionary-view1862.php (26. 9. 2004)
http://www.personal-office.de/inhalt/hbvo_gewinnverteilung.html (14. 4. 2004)
http://www.quickmba.com/strategy/matrix/ansoff/(22. 5. 2004)
http://www.rechnungswesen-office.de/inhalt/hco_produkt_lebenszyklus_kurve.html (22. 5. 2004)
http://www.redmark.de/downloadServiceDetail?chorid=00561721&DID=404338 (2. 11. 2004)
http://www.statistik.at/fachbereich_03/bevoelkerung_tab6.shtml (30. 8. 2004)
http://www.syre..com/ersionanglaise/Intllcap.htm, (08. 11. 2003)
http://www.umweltbundesamt.de/uba-info-daten/daten/polychlorierte-biphenyle.htm (9. 4. 2004)
http://www.umweltbundesamt.de/usub/bwirkung.htm (3. 11. 2004)
http://www.umweltlexikon-online.de/fp/archiv/RUBluft/Abluft.php (8. 4. 2004)
http://www.umweltmanagement.at/(6. 4. 2004)
http://www.uni-muenster.de/Rektorat/Forschungsberichte-1999-2000/fo04ib01.htm (22. 5. 2004)
http://www.uniterra.de/rutherford/ele080.htm (8. 4. 2004)
http://www.unmoralische.de/zitate/zitate11.htm (23. 8. 2004)
http://www.wipo.int/about-ip/en/industrial_designs.html (12. 5. 2004)
http://www.wipo.int/about-ip/en/overview.html (12. 5. 2004)

http://www.wipo.int/about-ip/en/patents.html (12. 5. 2004)
http://www3.bus.osaka-cu.ac.jp/apira98/archives/htmls/25.htm, (1. 6. 2004)
http://zit1.zit.tu-darmstadt.de/lehre/umweltwissenschaften/oekologie2/wemmer_21.html (9. 4. 2004)
http:/www.iasplus.com/standard/ias38.htm (15. 11. 2004)
INTERBRAND GROUP: The world's gratest brands. An international review by Interbrand, New York 1992
Jungreithmeier, T.: KPMG, Studie zu Unternehmensbewertungen, Wien 2004
Kammer der Wirtschaftstreuhänder: Zur Unternehmensbewertung, Fachgutachten Nr. 74 der Kammer der Wirtschaftstreuhänder (1989)
Kaplan, R./Norton, D.: Harvard Business Review, The Balanced Scorecard – Measures That Drive Performance, Boston January–February 1992
Kappler, E./Laske, S.: Blickwechsel, Freiburg 1990
Kastner, W./Doralt, P./Nowotny, C.: Grundriss des österreichischen Gesellschaftsrechts, 5. Auflage, Wien 1990
Klostermann, M.: RWZ 10/2005, Artikel-Nr. 90, Intellectual Capital im Rahmen traditioneller und moderner Rechnungslegung
Kranebitter, G.: Due Diligence, Risikoanalyse im Zuge von Unternehmenstransaktionen, München 2002
Kraus-Grünewald, M.: Gibt es einen objektiven Unternehmenswert?, in: Betriebsberater, Heidelberg 1995
Kreikebaum, H./Jahnke, R./John, T.: Personalberatung im Europäischen Binnenmarkt, Empirische Analyse, Anforderungen, Konsequenzen, Wiesbaden 1994
Kroeder-Riel, W./Weinberg P.: Konsumentenverhalten, 6. Auflage, München 1996
Küting, K./Weber, C: Handbuch der Konzernrechnungslegung, 2. Auflage, Stuttgart 1998
Kutz, O.: Handbuch Marketing-Controlling, 2000
Lechner, K./Egger, A./Schauer, R.: Einführung in die Allgemeine Betriebswirtschaftslehre, 17. Auflage, Wien 1997
Lindner, A.: Ausbildungsinvestition in einfachen gesamtwirtschaftlichen Modellen, Heidelberg 1996
Loch, C.: Management von Innovation und Wachstum, Disziplin oder Flexibilität, Wiesbaden 1997
Logsdon, J./Palmer, D.: Issues Management and Ethics, in: Journal of Business Ethics, 3/1988
Lukas, A.: Unternehmensbewertung und intellektuelles Kapital, Berlin 2004
Lukschanderl, L.: Benefit statt Profit, in: Zeitschrift für Umweltschutz, 2001
Luthy, D.: Intellectual Capital and its Measurement, Utah 1998
Malik, F.: Führen Leisten Lernen, Stuttgart München 2000
Mandl, G./Rabel, K.: Unternehmensbewertung, Eine praxisorientierte Einführung, Graz 1999
Margreiter, M./Wakounig, M./Glega, G.: Steuerliche Sonderbilanzen in der Praxis, Wien 1996
Matschke, M.: Funktionale Unternehmensbewertung. Der Arbitriumwert der Unternehmung, Band II, Wiesbaden 1979
Meffert H.: Marketing, Grundlagen der Absatzpolitik, 7. Auflage, Wiesbaden 1986
Meffert, H./Backhaus, K./Becker, J.: Arbeitspapier Nr. 117, Abnutzbarkeit und Nutzungsdauer von Marken – ein Beitrag zur steuerlichen Behandlung von Warenzeichen, Münster 1998

Meinicke, K.: Bibliographisches Institut & F. A. Brockhaus AG, Halle 2001
Mellerowicz, K.: Der Wert der Unternehmung als Ganzes, Essen 1952
Moral, F.: Die Abschätzung des Wertes industrieller Unternehmungen, 2. Auflage, Berlin 1923
Moxter, A.: Grundsätze ordnungsmäßiger Unternehmensbewertung, Wiesbaden 1983
Moxter, A.: Verbreitete Mißverständnisse bei Unternehmensbewertungen, in: G. Seicht: Gläubigerschutz, Betriebswirtschaftslehre und Recht, Wien 1993
Mulhern, F.: Customer profitability analysis: measurement, concentration, and research directions, 1999
Münstermann, H.: Wert und Bewertung der Unternehmung, Wiesbaden 1999
Nagele, T./Holden, K.: The Strategy and Tactics of Pricing, New York 1995
Nieschlag, R./Dichtl, E./Hörschgen, H.: Marketing, 14. Auflage, Berlin 1985
Nobes, C./Norton, J.: International Variations in the Accounting and Tax Treatments of Goodwill and the Implications for Research, Journal of International Accounting, Auditing & Taxation 1996
North, K.: Wissensorientierte Unternehmensführung, 3. Auflage, Gabler Verlag, Wiesbaden 2002
Oestreicher, A./Spengel C.: Steuerliche Abschreibung und Standortattraktivität, Schriftenreihe des ZEW, Band 66, 2003.
Pellens, B./Sellhorn, T.: Neue Goodwill-Bilanzierung nach US-GAAP, Der Betrieb 2001
Persch, P.: Die Bewertung von Humankapital – eine kritische Analyse, München 2003
Peschke, M.: Wertorientierte Strategiebewertung, Wiesbaden 1997
Popp, M.: Vergangenheits- und Lageanalyse, in: Peermüller, Volker H., Praxishandbuch der Unternehmensbewertung, 2. Auflage, Berlin 2002
Popper, K.: Alles Leben ist Problemlösen, München 1995
Porter, M.: Strategie – Die brillanten Beiträge der weltbesten Experten, New York 1996
Rädler, A.: The impact of IAS accounting on tax accounting, Steuer & Wirtschaft International (SWI) 2003
Rieg, S.: Wertorientierte Steuerung von Tochtergesellschaften im mittelständischen Konzern, Controller Magazin 26. Jg., Heft 2/2002
Ries, A./Trout, J.: Die 22 unumstößlichen Gebote im Marketing, 2. Auflage, München/Düsseldorf 2001
Rissiek, J.: Investitionen in Humankapital, Wiesbaden 1998
Rolf, W.: Wirtschaftswissenschaften – Eine Einführung, Paderborn 1997
Sanfleber-Decher, M.: Unternehmensbewertung in den USA, 1992
Schmidt, K.: in Schlegelberger, Kommentar HGB § 177 Rz 15; allgemein Torggler-Kucsko in Straube, HGB I § 105/Art 7 Nr. 1 Rz 33; Gerkan in: Röhrich/Westphalen, Kommentar zum HGB § 161 Rz 20; BGH 1. 6. 1987, BGHZ 101, 123, 129
Schneider, D.: Konzernrechnungslegung nach IAS als Besteuerungsgrundlage?, Betrieb-Berater 2003
Schneider, D.: Steuerlast und Steuerwirkung, Oldenbourg 2002
Schulze zur Wiesche, P.: in: Finanz-Rundschau, Heft: 10
Seicht, G./Lorson, C./Heiden, M.: Jahrbuch für Controlling und Rechnungswesen 2002, Intellectual Capital Statement und Goodwill-Impairment, Wien 2002
Seidl, C./Beutelmeyer, W.: Die Marke ICH – So entwickeln Sie Ihre persönliche Erfolgsstrategie, Wien 1999
Seiler, K.: Unternehmensbewertung, Heidelberg 2004
Selgrad, V.: Due Diligenceuntersuchung im Zusammenhang mit einem Unternehmenserwerb, Natters 2004

Sellhorn, T.: Ansätze zur bilanziellen Behandlung des Goodwill im Rahmen einer kapitalmarktorientierten Rechnungslegung, in: der Betrieb, 2000
Senger, H.: Strategeme, Band I, Bern/München/Wien 2000
Siege, T./Bareis, P.: Der „negative" Geschäftswert" – eine Schimäre als Steuersparmodel?, Heidelberg 1993
Simon, H.: Unternehmenskultur und Strategie, Corporate Culture and Strategy, Frankfurt am Main 2001
Solomon, R./Hanson, K.: It's Good Business, New York 1985
Sprenger, R.: Mythos Motivation, Frankfurt am Main 1998
Srivastava, R./Shervani, T./Fahey, L.: Marketing, business processes, and shareholder value, Liam 1999
Stahl, H./Mathler, K./Hinterhuber, H.: Linking customer lifetime value with shareholder value, Industrial Marketing Management, Innsbruck 2002
Steinmaurer, H.: Die praktische Anwendung von Wissensmanagement am Beispiel der Bilanzierung der Abfertigungsrückstellung, VWT 2003
Stewart, T.: Der vierte Produktionsfaktor: Wachstum und Wettbewerbsvorteile, München/Wien 1998
Strehl, W./Promberger, K.: Das Management der Umweltbeziehungen in der Vergangenheit und seine Entwicklung heute, Innsbruck 1994
Sveiby, K.: Wissenskapital – das unentdeckte Vermögen, Immaterielle Vermögenswerte aufspüren, messen und steigern, Landsberg/Lech, 1998
Thommen, J.: Glaubwürdigkeit – Die Grundlage unternehmerischen Denkens und Handelns, Zürich 1996
Tichy, G.: Unternehmensbewertung in Theorie und Praxis, Wien 1994
Tichy, G.: Unternehmensbewertung, Grundlagen-Methoden-Praxen, Wien 1992
Ulrich, P./Hill, W.: Wissenschaftstheoretische Aspekte ausgewählter Betriebswirtschaftlicher Konzeptionen, Valen 1979
Venzin, M./Rasner, C./Mahnke, V.: Der Strategieprozess, Frankfurt/New York 2003
Versteyl, L.: Abfall und Altlasten, 2. Auflage, München 2002
Viel, J./Bredt, O./Renard, M.: Die Bewertung von Unternehmungen und Unternehmensteilen: ein Leitfaden mit Bewertungsbeispielen, Zürich 1960
VwGH 15.3.1961, 1590/58, ÖStZB 1961, 78; auch VwGH 18.11.1987, 84/13/0083, ÖStZB 1988, 228
VwGH 23.2.72, 699, 700/71, ÖstZB 211, VwSlg 6237 F.
VwGH 23.2.72, 699, 700/71, ÖstZB 211, VwSlg 6237 F.
Wagenhofer, A.: International Accounting Standards, Frankfurt/Wien 2002
Welge, M./Al-Laham, A.: Strategisches Management, 4. Auflage, Wiesbaden 2003
Wöhe, G.: Einführung in die Allgemeine Betriebswirtschaftslehre, 19. Auflage, München

Kolibri 360 GmbH
Ferdinand-Jühlke-Straße 7
99095 Erfurt, Deutschland
produktsicherheit@kolibri360.de